知识生产的原创基地
BASE FOR ORIGINAL CREATIVE CONTENT

颉腾科技
JIE TENG TECHNOLOGY

U0402689

数字经济
与5G新商机

彭昭 著

THE NEW
BUSINESS OPPORTUNITIES
OF DIGITAL ECONOMY
AND 5G

北京理工大学出版社
BEIJING INSTITUTE OF TECHNOLOGY PRESS

版权专有　侵权必究

图书在版编目（CIP）数据

数字经济与5G新商机 / 彭昭著. -- 北京：北京理工大学出版社，2021.7
ISBN 978-7-5763-0073-4

Ⅰ. ①数… Ⅱ. ①彭… Ⅲ. ①信息经济—关系—第五代移动通信系统—研究—中国 Ⅳ. ①F492②TN929.53

中国版本图书馆CIP数据核字(2021)第137508号

出版发行 / 北京理工大学出版社有限责任公司
社　　址 / 北京市海淀区中关村南大街5号
邮　　编 / 100081
电　　话 /（010）68914775（总编室）
　　　　　（010）82562903（教材售后服务热线）
　　　　　（010）68948351（其他图书服务热线）
网　　址 / http: // www.bitpress.com.cn
经　　销 / 全国各地新华书店
印　　刷 / 文畅阁印刷有限公司
开　　本 / 710毫米 × 1000毫米　1 / 16
印　　张 / 17.25　　　　　　　　　　　　　　　责任编辑 / 张晓蕾
字　　数 / 160千字　　　　　　　　　　　　　　文案编辑 / 张晓蕾
版　　次 / 2021年7月第1版　2021年7月第1次印刷　责任校对 / 周瑞红
定　　价 / 69.00元　　　　　　　　　　　　　　责任印制 / 李志强

图书出现印装质量问题，请拨打售后服务热线，本社负责调换

谨以此书献给我挚爱的家人

本书亮点

1 / 新基建·新变革·新机遇
一本书揭露 5G 时代的商业秘密

2 / 技术前瞻·产业洞见·资本风向
数字经济时代，5G 如何成为最强推动引擎？

3 / 5G+ 智联网 AIoT
一本书描绘数字经济最强图谱

4 / 新基建 + 数字经济
新基建重构数字经济产业变革及投资逻辑

5 / 重磅解读
5G 时代的产业变革与投资机会

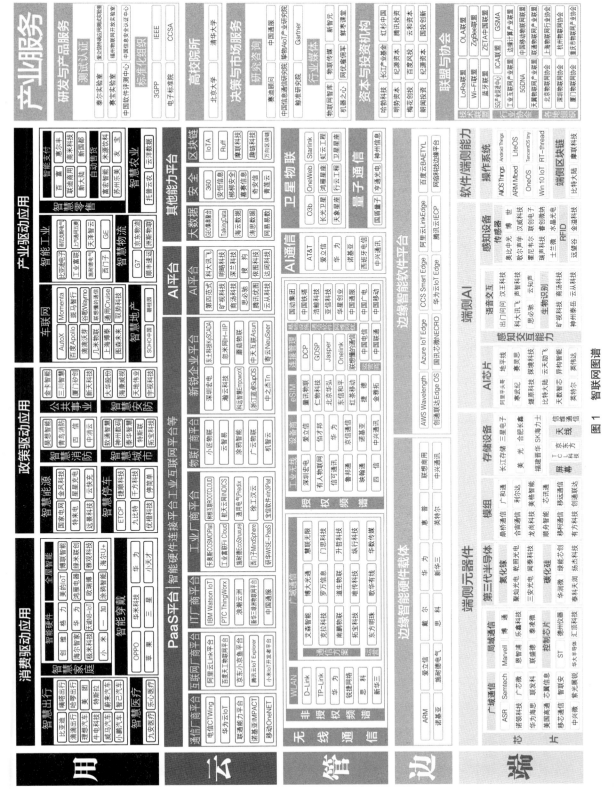

图 1 智联网图谱

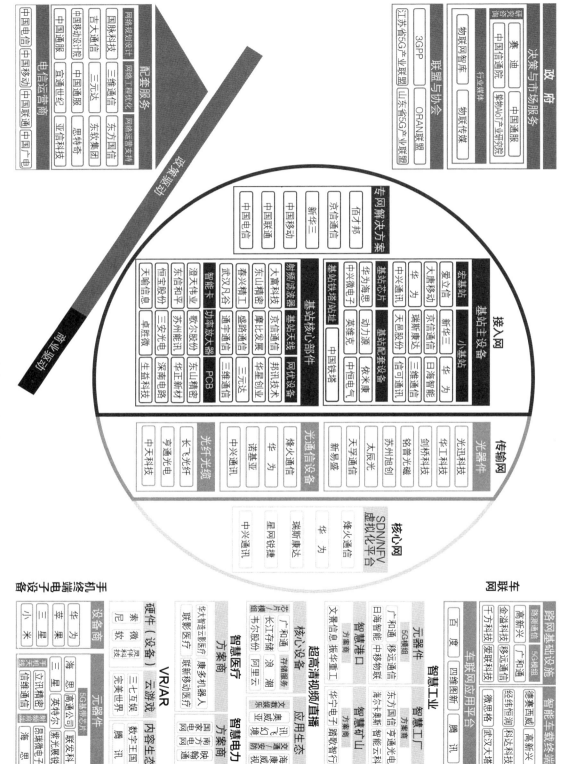

图 2 2021 年中国 5G 产业全景图谱

Foreword One｜推荐序一

驾驭商业变革，穿越技术迷宫

彭昭——物联网女皇！这是一位行业大咖第一次向我介绍她时，所进行的简洁而丰富的描述。我想，能够被业内大咖加冕为王，她对行业必有深厚广博的理解。因此，我也一直在关注她所创办的物联网智库发布的各种产业观察，以及她所推动的各种产业交流活动。我的结论是，彭昭不负此名！她给我的最深刻的印象不仅仅是她对于产业发展规律和技术演进脉络的深刻理解以及饥渴般的探索，更是一种为推动产业从发展理念到实践过程中信仰般的执着。

《数字经济与 5G 新商机》是她的第三本科普著作，她一如既往地一方面如展示画卷般地向读者摊开着行业浪潮之下正在发展的各项技术的全景图谱，另一方面穿针引线般地引领读者识别其中的缘由、作用和目标。无论对那些希望了解技术发展内容、把握产业发展规律的创新创业者而言，还是对那些希望通过数字化技术推动企业更上一层楼的经营管理者而言，都是十分宝贵的地图和攻略。

其实，本书已然非常精练地点明了整个产业目前正在上演的剧目梗概：技术融合、场景变革、模式创新、生态重塑。我们曾经分别圈围在不同领域进行研究和应用的设备运营技术（OT）、信息技术（IT）、通信技术（CT）、数据技术（DT），乃至人工智能与机器学习技术（AT）等，正在从它们各自的围墙中走出来并互相渗透、互相交合形成全新的技术应用体系；我们曾经熟悉的产业运作场景，正在被各种数字化技术或分拆至更小的颗粒，或连接成更宏大的体系。因此，我们感知场景的方式更加丰富，我们认知规律的内容更加深刻。我们拥有了完全不同的，且从未如此丰富的商业元素，也可以构建更加合理、更加高效的业务模式。这一切的改变，构建的不仅仅是每一个角落技术落地的形态和它们商业变现的方式，更是由此所将聚合的新的生态组织，从技术协作、业务协同、资本协助，再到商业协行，产业之中的各种角色都将构建和参与到崭新的生态之中。

我们所期待的数字经济时代正在疾速地与时代相撞，在这样的撞击之下，各个技术领域自然会迅猛地向前演进以承接变革之力，各种商业形态自然会有深刻和长远的变化以把握变革之利，无论我们识或不识，会或不会，机遇就在那里。每个时代也都必然会出现新的豪杰书写传奇。厘清错综复杂的技术迷宫，洞悉参差交错的商业脉络，你也有机会成为未来之王！

亚信集团高级副总裁
祝刚

Foreword Two 推荐序二

向这个最好的时代致敬！

一口气读完彭昭女士的这本新书，我对 5G 的认识又提到了一个新的高度。我突然意识到彭昭女士之前先后出版的两本姊妹篇专著《智联网——未来的未来》《智联网·新思维》和眼前这本《数字经济与 5G 新商机》承上启下，循序渐进，竟像是武学中的"形无形，意无意，无意之中是真意"。

这些年来，我们一直坚持对新一代信息技术等领域的创新型中小企业进行投资，我们的选择无疑是幸运的，也是正确的，我们赶上了又一个好的时代。正如书中所述："5G 时代，是一个技术横向融合、纵向交织的时代。信息革命、工业革命和通信革命，在同一时期汇聚，创造了这次技术更新的奇景。"作为网络强国建设的排头兵，5G 格外受到关注。今年政府工作报告明确提出，加大 5G 网络和千兆光网建设力度，丰富应用场景。"十四五"期间，将加快信息基础设施的优化升级，加快 5G 网络规模化部署，前瞻性地布局 6G 网络技术储备，全面推动 IPv6 应用的规模部署。5G 产业上游，诸如光芯片、光器件、射频器件市场会同步上涨；5G 产业中游，基站建设、基站相关产业、传输设备与光纤光缆,以及网络优化等也会扩大市场规模;5G产业下游,发展重点在于5G手机,其他如智能汽车、物联网与工业互联网等领域的终端也会有不小的增长。当下国家全力推动数字经济和实体经济深度融合,而5G技术的大力发展必将催生数字经济业态前所未有的高速前进。

彭昭女士既是我们的合伙人,更是一位严于律己、令人尊敬的国内数字经济领域的资深技术专家,多年来她倾注心血对物联网、智联网、5G等领域进行全方位、全产业链的深入研究,并形成了一系列专业的宝贵研究成果。在这本书里,她带领读者由浅入深地近距离观察5G,条分缕析,并逐步将数字经济业态全貌展现在读者面前。她对数字经济相关领域的研究近乎痴迷,经常不顾身体、花整夜的时间进行写作。她是一位布道者,甘心做灯塔,不图回报,心系整个行业的发展,通过自己和团队的不懈努力,让该领域的从业者在迷途中拨云见日,找到正确的方向。

让我们一边读着这本书,一边向这个最好的时代致敬!

云和资本董事长
赵云

Preface 自序

"十四五"规划建议提出,加快数字化发展。发展数字经济,推进数字产业化和产业数字化,推动数字经济和实体经济深度融合,打造具有国际竞争力的数字产业集群。加强数字社会、数字政府建设,提升公共服务、社会治理等数字化智能化水平。

从技术角度讲,大数据、云计算、物联网、区块链、人工智能、5G通信等新兴技术,都属于数字经济范畴。而5G正在给数字经济带来前所未有的变革,除了运营商之外,来自不同领域的企业都将搭乘5G这趟高速列车,进行数字化转型。不同领域的技术底蕴和思维方式,在5G这一催化剂的作用下,促成各跨界技术、各行业、各企业、各生态的融合和重塑。本书将带你深入浅出地理解与5G相关的各种新技术、新企业和新模式,为你展现出5G对数字经济的巨大推动作用。爱因斯坦曾说:"一切都应该尽可能地简单,但不要太简单。"如果近距离地观察5G展开的画布,从供应侧到价值创造的过程,再到需求侧,都已改变。这些环节彼此互相影响,持续进化,进而构造了新的生态圈,这就是数字经济生态(见图3)。

图3 数字经济生态

所以,为了更好地理解该生态,我们有必要知道5G从何而来,从而深切感知这种生态为何被称为"数字经济生态"。

在《李嘉诚全传》一书中,讲述了3G的发展故事。那时,虽然很多人看到3G的确是一个大蛋糕,但是无论挥舞起资金的利刀切下多么大的一块,都不是马上就能吃下肚的,这个蛋糕还需要经过一段时期的发酵才会成熟。这是一个考验人的信心和耐心的时期,而耐心更需要实力的支撑,"超人"李嘉诚也不例外。

3G标准由国际电信联盟(ITU)确定。2000年5月,ITU确定了WCDMA、CDMA2000以及TD-SCDMA三大主流无线接口标准,并将其写入3G技术指导性文件——《2000年国际移动通信计划》。日本是全球范围内最早商用3G的国家,早在2001日本的电信运营商NTT就实现了3G网络正式商用。日本商用3G的当年,分析师预计到2010年,全球的3G收益将达到3220亿美元。李嘉诚对3G也是极为看好,他的和记黄埔不仅在中国香港从仅有的四张牌照中抢下了一张，还在英国、意大利、瑞典、澳大利亚等国砸重金拿下了珍贵的 3G 牌照。遗憾的是，此时的 3G 还没有出现合适的盈利模式。

没有盈利模式，只能烧钱。2003 年的 3G 让李嘉诚吃尽了苦头，那一年的手机商不愿意出 3G 手机，表示没有应用和设备，做不了；应用商表示没手机供应；设备商则表示，做了也不赚钱，因为消费者根本不买账。这个死循环，让李嘉诚仅在电信业务上就亏损了 183 亿港元，相当于每天烧掉 5000 万港元。当时香港最资深 IT 分析师之一的徐启棠是 3G 最早一批的使用者，他认为 3G 最大的问题是耗电量太快，他对和记黄埔的 3G 服务幽默地表示："使用 3G 需要时刻准备好'3 个'备用电池和'3 个'充电器。"

2004 年 3 月，李嘉诚公开表示，和记黄埔 3G 业务的亏损数字将会扩大，主要是因为 3G 手机销售上升而导致补贴增加，而早前定下的 2003 年年底取得 100 万名 3G 客户的目标也未能如期达到。当时野村证券的分析师大胆预测，和记黄埔到 2006 年将会放弃 3G 业务。理由很简单："我们看不到和记黄埔的 3G 有达到收支平衡的可能。"野村证券对和记黄埔 3G 的估值为负 630 亿港元。据估计，和记黄埔每天用于 3G 上的投资额高达 1 亿港元。在这种局面下，和记黄埔完全可能放弃 3G 业务。这是一次壮士断腕，只不过，这个腕太大了一些。一时间，3G 对于和记黄埔来说成了一个负面的话题。有媒体甚至说，3G 似乎已经成为和记黄埔香港公司头顶的一片阴云。

事情到了 2008 年才逐渐出现起色，那年被称为"手机上网元年"。手机上网必须满足三项条件，缺一不可。一是手机的中央处理器的处理能力要大幅度提高，这个能力从 2001 年到 2008 年增长了 24 倍。二是通信速度要加快，这在 8 年间增长了 375 倍。三是屏幕分辨率，也就是画面精细度的提升，也增长了 24 倍。苹果、谷歌、微软等领导全球 IT 行业的顶尖企业，都预测这三个条件将在 2008 年左右成熟，并为此做了充足准备。因此，乔布斯以 2008 年为目标开发出 iPhone，绝非偶然。

在我国，工业和信息化部在 2009 年 1 月 7 日才向三大运营商发布 3G 牌照，标志着我国正式进入 3G 时代，比日本晚了近 8 年。整体上来看，尽管 3G 在 2004 年就开始在全球商用，但是其用户增长量以及终端销售量都未达到预期。2010 年之前，全球手机出货量仍以 2G 手机为主。2010 年第一季度，3G 手机销售量首超 2G 手机，渗透率达到 50%。这时距 3G 在全球首度商用，已经过去了 10 年。

5G 时代，情况则更加复杂，这次它将渗透到"慢车道"，从消费者市场进入企业市场，并持续扩张。但此时的企业发展却面临一个严峻问题：过去的经验并不适用。因此各种企业纷纷进入"冲浪模式"：如果冲浪者可以顺利冲上浪尖，并停留在那里，那么他能够冲很长一段时间；但如果他没冲上去，就会被海浪吞没。

此前我国 3G、4G 都相对落后，但 5G 整体进度已经赶上并处于第一梯队。2019 年 6 月 6 日，工业和信息化部向中国电信、中国移动、中国联通、中国广电正式颁发 5G 牌照，标志着我国正式进入 5G 商用时代，2019 年即为我国的 5G 商用元年。

因此，本书将从技术、场景、模式、生态四个角度，解读 5G 给我们带来的全面、深度的新变革，以及变革过程中产生的疑问：

- 除了 CT（通信技术），IT（信息技术）和 OT（运营技术）为什么会不约而同地走到了一起，在 5G 时代交会？（参见第 1 章）
- 5G 是不是伪需求？它引发了哪些新的技术迭代？随之将有哪些新的机遇产生？（参见第 2 章和第 3 章）
- 这次由 5G 引发的技术变革中，一些成功与失败的标准可能被重新定义，它将会如何重塑科技运行的底层逻辑？（参见第 4 章）
- 5G 改变了以消费者为中心的态势，并转移到各类企业、机构等。这种转变

将会带来哪些挑战？又会产生哪些价值？（参见第 5 章）

- 在 5G 的应用场景中，工业互联网不容小觑。它将如何与 5G 产生深度融合？（参见第 6 章）

- 5G 的兴起将会如何改变经济增长和商业竞争的法则？（参见第 7 章）

- 在 5G 的演进道路中，会诞生哪些有价值的公司？大型企业将会如何重塑发展战略？新生初创企业如何挑战传统巨擘，5G 幕后的投资机构起了哪些作用？（参见第 8 章和第 9 章）

- 数字经济的未来会怎样？（参见第 10 章）

Contents 目录

第 1 篇　技术融合

第 1 章　欢迎来到技术的交界点　001

　　1.1　5G 重塑互联网的发展　003
　　1.2　工业革命的新进程　006
　　1.3　殊途同归的下半场　009

第 2 章　吹散技术名词的"雾霾"　015

　　2.1　开源正在"吞噬"世界　018
　　2.2　通信的终极目标是互联互通　028
　　2.3　CPU 和 GPU 是什么　038
　　2.4　人工智能的下半场是应用智能　046
　　2.5　虚拟现实，这本是一个矛盾词　054
　　2.6　XaaS，万物皆可服务　059

第 3 章　从乌托邦到现实　　067

3.1　IPv6 降临人间，"门牌号"多达 340 万亿个　　074
3.2　无线通信技术中最值得关注的三个进展　　078
3.3　边缘智能正在触发万亿市场　　080
3.4　平台之上的平台、工具与服务　　083
3.5　AIoT 应用是数据价值变现的标配　　086

第 2 篇　场景变革

第 4 章　场景变革，授人以渔　　089

4.1　重心转移，从 B2C 到 B2B　　092
4.2　如何利用 AIoT 进行降维打击　　095
4.3　各行各业的范式转移　　097
4.4　为何数字化转型常常陷入困境　　104
4.5　没钱进行数字化转型的企业该怎么办　　106

第 5 章　工业互联网的力量　　111

5.1　从传统基建到新基建　　115
5.2　工业互联网不限于"工业"　　119
5.3　从被动预防到主动预测　　122
5.4　低代码：加速工业互联网的"王牌"　　127
5.5　5G 如何赋能工业互联网　　129
5.6　工业互联网的撬动作用　　135

第 3 篇　模式创新

第 6 章　新秩序背后的新定律　139

- 6.1　康威定律　142
- 6.2　沃森定律　143
- 6.3　变比定律　144
- 6.4　创新理论　145
- 6.5　马太效应　149
- 6.6　各种理论的综合作用　150

第 7 章　拥抱 5G 新模式　153

- 7.1　5G 赋能产业新模式　157
- 7.2　为何明星项目会陨落　159

第 4 篇　生态重塑

第 8 章　生态建设：关键企业　167

- 8.1　华为：5G 助力千行百业进入"第二曲线"　168
- 8.2　阿里巴巴："新制造"与"新零售"无缝合体　175
- 8.3　西门子：让"中国智造"走出自身的特色之路　181
- 8.4　施耐德：工业互联网江湖里自成一派的"侠者"　190
- 8.5　GSMA：5G 如何翻越资金、需求和生态的三座高山　192
- 8.6　亚马逊、谷歌、苹果：罕见联手示范"一流企业定标准"　197

8.7　小米、华为、海尔、中国移动……携手破解物联网难题　　201

第 9 章　幕后推手：投资机构　　205

9.1　云和资本：专注产业投资，助力科技强国　　210
9.2　翊翎资本：物联网中间层仍有机会，或将成长出百亿级独角兽　　216
9.3　常垒资本：以产业思路融合物联网，一切从需求出发　　222
9.4　名川资本：IoT 是新经济的基础设施，行业渗透将无所不在　　228
9.5　丰厚资本：人工智能 + 物联网将"感官"延伸，应用将更加智能　　233

第 10 章　智能革命的未来　　239

10.1　6G 终将到来　　241
10.2　创新不会穷尽　　245
10.3　奇点的到来悄无声息　　247

跋　　250
参考文献　　252

第 1 篇　技术融合

5G 时代，是一个技术横向融合、纵向交织的时代。信息革命、工业革命和通信革命，在同一时期汇聚，创造了这次技术更新的奇景。在这个过程中，你是否有种被各种技术名词的"雾霾"笼罩的感觉？拨开云雾，你就会发现它们的本质极为简单。

01
第 1 章

欢迎来到技术的交界点

- 5G 重塑互联网的发展
- 工业革命的新进程
- 殊途同归的下半场

世间的万物不是孤立存在的,它们在某种层面都有一定的共性。很多表面上泾渭分明的事物,实则都有相似的内核。在本章中,你将会看到,IT 领域的计算机、CT 领域的移动电话和 OT 领域的工业控制器,这些"无关"的事物正在按照相似的脉络演进,并即将在智能时代通过某种方式"融合"到一起(见图 1-1)。

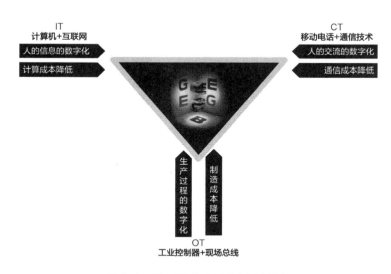

图 1-1　IT、CT 和 OT 正在逐步融合

过去，我们将大卫·李嘉图的比较优势理论运用到国际贸易领域；未来，比较优势理论将渗透到我们生活的方方面面。不同的技术之间、不同的企业之间、不同的生态系统之间，都可以通过比较优势进行各种"能力交易"，跨界融合。那么 IT、CT、OT 领域的技术有哪些相似？为什么它们不会分道扬镳，而是彼此融合？这些技术应该如何"交易"？这些问题的答案，就藏在计算机、手机和工业控制器的发展历程中。

1.1 5G 重塑互联网的发展

计算机解决"人的信息"的数字化问题，互联网解决这些信息的互联互通。随着计算机和互联网的发展，人类各种信息处理和计算的成本被极大地降低，在很多领域计算机的计算能力优于人脑，互联网将这些信息以极低的成本在全球范围内进行传播。在这个过程中，很多虚拟事物被创造出来，如游戏、搜索、视频、网络文学……各种各样创新的内容层出不穷。不过现在人们认为计算机与互联网的增长遇到了瓶颈，进入了下半场。在上半场，"人的信息"已经被极大地激发和创造，极有可能会遇到天花板。在下半场，计算机和互联网的主要任务是解决"物的信息"的数字化和互联互通问题，而这也正是 5G 的目标之一。

随着智能手机的广泛应用，相信大家对 2G、3G、4G 网络并不陌生。然而，对于什么是 2G、3G、4G 网络，很多人可能认为只是上网速度有差异。其实，从个人用户的角度来说，上述理解无可厚非。G 指的是 Generation，也就是"代"的意思。1G 到 5G 的定义的差别，主要是从速率、业务类型、传输时延，还有各种切换成功率角度所给出的具体实现的技术有所不同。所以 1G 就是第一代移动通信系统，2G、3G、4G、5G 就分别指第二、三、四、五代移动通信系统，而这也确实是人为划分的。要知道，在以前，虽然大家总是言之凿凿地大谈 2G、3G、4G，但是这些叫法都只是在民间流传的简化叫法，以及商人市场宣传的口号。官方从来不会这么叫，一定要用一串字母才显得高端，例如什么 GSM、WCDMA、LTE 之类的，晦涩难懂，简直太不接地气了，与这一串名称相伴的，是通信界那段混乱不堪的群雄逐鹿史。

1G 通信技术，可谓处于开天辟地的时代，各路英雄纷纷登场，百家争鸣，八仙过海、各显神通，通信标准自然也是五花八门。例如，北欧移动电话系统（NMT）曾在挪威、瑞典、荷兰、俄罗斯等国使用，AMPS 曾在美国及澳大利亚等地使用，TACS 曾经在英国使用，C450 曾在德国、葡萄牙及南非等地使用。除此之外，还有法国的 RadioCom 2000、意大利的 RTMI、日本的 TZ-801 等。

其实我们不必在意 1G 时代这些拗口的缩写到底代表了什么，只需知道这些技术作为开天辟地的先驱，值得我们尊敬。这些先驱为移动通信植入了蜂窝通信的基因，即使到了 5G 时代也依然在传承。然而，这些通信标准各自为政，没法互通，费用昂贵，当时的手机自然是只有有钱人才用得起，远未飞入寻常百姓家，再加上 1G 时代的模拟通信在技术上也确实不占优势，于是 2G 时代很快来临。

1991 年，2G 通信技术在欧洲开始商用，而我国 1995 年才正式开通 2G 网络，比欧洲晚了 4 年。有了 1G 的经验，大家都意识到像 1G 时代那样混乱的局面行不通，通信还是需要遵守相同的标准，彼此互通对大家都有利，成本也最低。基于这样的共识，欧洲联合起来组成了欧洲电信标准化协会（ETSI），搞出来的 2G 标准叫作全球移动通信系统（GSM），这个标准的名字起得确实够大气，事实也是如此，后来 GSM 席卷了全世界，现在仍与 3G 和 4G 共存，果真是生命力顽强。

与此同时，美国高通公司主导的码分多址（CDMA）技术和 cdmaOne 标准（也简称 CDMA），成为 2G 标准中在全球范围内抗衡 GSM 的最强力量。要说 CDMA 技术确实是开创性的伟大发明，虽然在 2G 时代未能取得优势，却在后来的 3G 时代大放异彩。作为全球通信技术重要的策源地之一，日本总是独树一帜，他们关起门来搞了个叫作个人数字蜂窝电话（PDC）的技术。虽然在技术上，PDC 没有 GSM 和 CDMA 那么强大，但也算是在日本普及开来了，最高峰时期曾经有近 8000 万的用户。

从 1G 时代的百家争鸣，到 2G 时代的三足鼎立，地球也逐渐变成了"地球村"，各标准组织之间有竞争，但合作与融合逐渐成为主题。3G 通信技术迎来的是一个融合和竞争并存的时代。1998 年，在全球 7 个区域标准制定组织合作的基础上，一个新的标准化组织——3GPP 成立，它把制定 GSM 演进的下一代移动通信标准（也就是 3G）作为目标，WCDMA 技术由此诞生。那么，另一大 2G 标准 cdmaOne 该怎么发展演进到 3G 呢？高通肯定不允许自己在 CDMA 技术上的话语权旁落。于是在此需求之上聚集了一帮伙伴，3GPP2 组织应运而生，目标就是制定 cdmaOne 到 3G 的演进标准，CDMA2000 标准也由此诞生。

与此同时，中国在这个阶段迎头赶上了，我们也要制定自己主导的通信标准。经过各种努力，最终大家熟知的 TD-SCDMA 技术于 2000 年 5 月被国际电信联盟认定为 3G 标准之一，提案也被 3GPP 接纳。就这样，在 3G 时代，移动通信标准依然是三足鼎立。WCDMA 使用范围相对最广，CDMA2000 主要在美国使用，TD-SCDMA 主要在中国使用。3G 依然是这三种技术的民间统称，并不适合作为某个标准官方名称而存在。

随着人民日益增长的流量需求和网速之间的矛盾不断升级，国际电信联盟说：我们需要下一代通信技术了，并且峰值速率要达到吉比特每秒（Gbps）！于是 3GPP 和 3GPP2 这对孪生兄弟又都拿出了自己阵营的下一代技术。与此同时，另一个狠角色电气与电子工程师协会（IEEE）也加入战局，试图分得一杯羹。

因此在 4G 通信技术的候选名单上，存在 3GPP 的 LTE（Long Term Evolution）、3GPP2 的 UMB（Ultra Mobile Broadband），还有 IEEE 的 WiMAX（Worldwide Interoperability for Microwave Access），虽然这三种技术的最初版本

都还达不到国际电信联盟 4G 的要求，但并不妨碍它们在技术上的激烈角逐。

经过时间的检验，由于业界对 UMB 技术的支持者寥寥，UMB 技术率先宣告流产。WiMAX 由于自身的缺陷，虽然也有少量的运营商支持，但也难挽颓势。最终，曾经力挺 WiMAX 的芯片厂家英特尔也被迫放弃 WiMAX 技术，WiMAX 的发展进入死胡同，日渐凋零。时也，势也。LTE 此时在通往 4G 的道路上，已是奔逸绝尘。

5G 通信技术终究是来了。不过，在 5G 的标准化上 3GPP 一家独大，这次全球高度统一，再也没有其他组织能扛起 5G 的大旗了。因此，关于 5G 技术的名称，也不用再费劲思考技术化的命名了。再说 5G 包含了三个主要应用场景，用到的技术很多也不好提炼名称。

在 5G 之前的 1G 到 4G 全部都是为了服务于"人与人"之间交流和通信而存在。而 5G，主要是为了服务于"物与物"和"人与物"之间的通信需求。也就是说，人类第一次将"物联网"提升到和"人联网"相同的级别，甚至比"人联网"更高的级别。这意味着，人类对通信的认知发生了根本性的变化。通信的目的变了，通信的技术和架构也就随之改变。因此，业内人士普遍认为，5G 与 4G 的差异，比得上 4G 和 1G 的差异。

1.2　工业革命的新进程

与计算机和手机类似，工业界也有自己的"神器"——工业控制器，它就像是一种能够在复杂环境下稳定工作的工业计算机。顾名思义，工业控制器的作用是控制各种生产过程，尽量减少人的操作，让整个制造过程能够有序、高效、优质地开展。工业控制器主要分为三大类：工业计算机、可编程逻辑控制器（PLC）和单片机（及其高级形态的嵌入式系统）。其中，PLC 推动了工业自动化的进程，在此我们便以 PLC 为例，简述工业控制器的发展历程。

1968 年的元旦，美国工程师迪克·莫利（Dick Morley）绘制了人类历史上第一个工业控制器蓝图。这个还没被命名的东西应有如下特性：没有过程中断、数据进入存储器、坚固的外观、运行稳定，还要有自己独特的编程语言。后来，迪克·莫利就和他的朋友创立了莫迪康公司来完成这个构想，PLC 随后便诞生了，迪克·莫利也因此被誉为 PLC 之父。

也是在 1968 年，为了适应汽车型号不断更新的需求，确保在竞争激烈的汽车工业中占有优势，通用汽车公司提出要研制一种新型的工业控制装置来取代继电器控制装置，为此，通用汽车拟定了 10 项公开招标的技术要求。通过一番角逐，迪克·莫利发明的 PLC 凭借编程简单、操作便利、环境适应性强等特点，成功获得了通用汽车的控制器研发项目，开启了 PLC 正式大规模商用历程。随着应用的普及，PLC 一举开创了一个新的时代：工控时代。PLC 集软件编程、芯片技术、自动化技术于一体，堪称完美。在工业自动化的世界，还没有哪个单一发明能对制造业造成如此大的影响。

PLC 既有单机设备也有联网设备，联网设备需要与工业通信网络搭配使用。这种网络被称为现场总线。现场总线技术的主要功能是将当时的 PLC 以一种较简捷的方式连接起来，不同的应用需求催生了不同的总线系统，当时自动化公司设计开发总线标准也是行业趋势和时髦的事情。类似 1G 时期群雄逐鹿的阶段，为了创造和保护商业利益，各个公司都研发了不同的现场总线通信协议，以便搭配自己公司的 PLC 使用。

那么，为什么工业现场总线没有被某一种协议一统江湖呢？其实国际电工委员会(IEC)在 1985 年曾经设想通过委员会确定一种唯一的标准化的总线系统，来统一工厂和流程自动化的各种网络。但是经过 14 年的技术和政治斗争，最终失败了。经过来自各个国家、各家公司的代表长达十几年的争论，最终的总线标准繁多，有很多客观原因造成了这一局面。首先，工业现场有各种网络拓扑类型，如星形、环形、总线型、混合型等。工业现场总线是数字化的通信标准，用于取代模拟信号传输，让更多的信息可以在现场设备和高层的控制系统之间进行双向传输。其次，工业现场需要传输的数据的特点不同。从总线需要传输的数据特点就有许多种，有的数据要求实时性高，有的数据是周期性的，有的数据则是突发的，有的数据是生产数据，有的数据是管理数据，有的数据是在总线上走隧道……这些差异也决定了不可能用一种总线体系来传输各种不同特点的数据，不同层面的业务需求是不同的，因此需要根据实际的应用场景对相应的总线协议进行优化设计。再次，技术进步和市场需求导致出现新的总线标准，2000 年后，由于以太网的发展和控制器对实时性提出更高的要求，许多原来基于串口的总线，改为以太网网络，因此又有了各种基于以太网协议的总线标准，同时由于这段时间无线传感网的技术发展，现场总线也出现了各种无线版本。最后，不同企业、不同的国家要制定自己的现场总线标准，通过标准获利。

工业控制器和现场总线这对组合在过去取得了非凡的成就。它们将生产过程数字化，降低了工人的工作量，同时极大地降低了生产成本。然而随着新一轮工业革命的到来，工业控制器和现场总线遇到了发展瓶颈。在过去的工业时代里，因为生产厂家无法低成本地了解每一个客户的需求，所以往往采用"一刀切"的方法，就是把多种性能组合到一起，制作出一款产品。例如，你想要一双适合你的脚的鞋子，鞋厂是无法知道你的脚码的，所以只能测量很多人的脚之后，把最集中的尺码分成 40 号、41 号、42 号等，但是如果你的脚偏肥或偏瘦，对不起，概不伺候。互联网改变了这个局面，人与人、人与制造商，可以低成本地实现联结，从而让每个人的个性需求被放大，人们越来越喜欢个性化的东西。但是个性化的东西需求量没有那么大，这就需要工业企业能够实现小批量、定制化的快速生产。

随着 5G 等互联网技术的发展，工业也将进入智能化时代，各种产品的生产过程需要具备充分的柔性能力，灵活地根据消费者的需求调整制造流程。新一轮的工业智能革命，一方面推进了生产过程中的智能化、数字化进程，另一方面提高了产品从研发、制造到销售，再到售后的全流程中各种生产设备、零部件、半成品、成品等的数字化程度。

1.3　殊途同归的下半场

计算机和互联网、手机和通信技术、工业控制器和现场总线，每对搭配都是为了解决特定领域的特定问题，本来它们之间并没有太多交集，但是它们如今在各自领域的发展都遇到了瓶颈，5G 的到来，促使它们进一步融合，进行互联互通的数字化转型，并开拓新蓝海。这个新蓝海目前的叫法是物联网、万物互联或者智联网（AIoT）（见图 1-2）。在我的作品《智联网·新思维》中，曾经给出过智联网的定义：

<u>智联网是建立在互联网、大数据、人工智能、物联网等基础之上，是可以智能地连接万事万物的互联网，是智能时代的重要载体和思维方式。智联网通过将物理世界抽象到模型世界，并借此建立完整的数字世界，构筑新型的生产关系。智联网改变旧有思维模式，从而实现人与人、人与物、物与物之间的大规模社会化协作。</u>

IT、CT 和 OT 之前在各自的领域都可谓所向披靡，但是进入智联网时代，它们将采用比较优势理论进行融合、协作。比较优势理论是由大卫·李嘉图提出的，这个理论诞生于工业时代前期，最初被用于国际贸易领域，而且从未被颠覆，生命力相当顽强。大卫·李嘉图是《政治经济学及赋税原理》一书的作者，这本书被认为是亚当·斯密《国富论》后最重要的经济学著作，其中的比较优势理论，也成为自由贸易最强大的理论支持。

什么是比较优势呢？先看看李嘉图版的比较优势。假定英国生产一定数量

图 1-2 各种技术殊途同归的下半场——智联网（AIoT）

的毛呢需要 100 人、葡萄酒需要 120 人，而葡萄牙生产相同数量的毛呢需要 90 人、葡萄酒需要 80 人。注意，无论毛呢还是葡萄酒，葡萄牙都比英国有效率；但相对而言，葡萄牙生产葡萄酒的优势高于毛呢的优势，所以两国的最佳方案，应该是葡萄牙专心生产葡萄酒（生产成本相对于毛呢更低），英国专心生产毛呢（生产成本相对于葡萄酒更低），彼此交换以实现双赢。比较优势原理的含义是说：在一个社会里面，不论个体是一个人、一个家庭、一个地区，甚至一个国家，如果他们把有限的资源（包括时间和精力），只用来生产他们的机会成本比较低的那些产品，也就是他们具有比较优势的产品，然后进行交换，这样整个社会产品的总价值能够达到最大，而且每一个个体都能够得到改善，而不论他们的绝对生产能力是高还是低。

这个原理有几个要点：它指的个体可以是个人、家庭、地区，甚至国家，都适用。它有一个前提条件，那就是每个个体的时间和资源是有限的。这看上去像是一个假设，但其实是一个基本的事实。任何人每天都只有 24 小时，每个人、每个家庭、每个国家，上天给他的禀赋都是有限的。最重要的是，比较优势不是自己的优势跟别人的优势相比，而是自己跟自己比，是指自己生产一种产品、从事一种活动，所放弃的其他机会。我们在这种放弃的机会之间进行比较，然后找出其中一个最小的。所以，每个人都有自己的比较优势，因为是自己跟自己比，不是自己跟别人比。自己跟别人比，从绝对优势来讲，你可能样样都比别人差，没有绝对优势。但是自己跟自己比，一定会有比较优势。这是比较优势的含义。如果每个个体，都集中生产他们具有比较优势的那种产品，把有限的时间、精力和资源，放在那些放弃的机会最小的，也就是成本最小的那些生产活动上面去，这时，整个社会总的产量就会达到最大。他们每一个个体的处境，都能够通过交换得到改善，比较优势的核心不是成本，而是成本比例。比较优势导致分工合作，分工就是合作。

在智联网时代，不同的技术和不同的企业之间，也可以利用比较优势找准自己的定位。这时参与衡量的标准不仅限于设备、产品和人力，还包括各种知识、服务和资金（见图1-3）。

图 1-3　评价不同技术时需要考虑的重要因素

两项不同的技术，它们所对应的设备、人力、资金、服务、知识有所差异，我们不应该把两种技术进行直接比较，而是应该观察两种技术对于同一种场景的应用落差，创造与每种技术相适应的生存环境，促进技术之间和企业之间的分工协作，从而将整个社会的总价值和总效益最大化（见图1-4）。

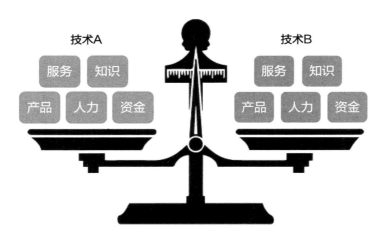

图1-4　比较优势理论的作用

基于比较优势建立的技术针对不同场景和应用之间的相互分工，才有了技术之间更好地进行集成的基础。智联网形成的是一个巨系统，这就要求参与的企业一定要有很强的系统集成能力。如今在实体经济中，一个国际性领先的企业的能力，绝对不在某一项技术上，而是在若干项垂直维度的技术上以及水平维度的集成能力上，如集成技术、集成产品、集成渠道、集成客户群、集成系统，这样才能成为一个世界性的领先企业。系统集成能力是未来竞争的关键，而系统集成能力一定建立在技术分工的基础之上，分工之后形成技术之间的互相融通。

企业在这种情况下，需要简化成能够综合运用各种技术的"新物种"。无论这些技术是企业自己研发的，还是其他企业提供的，来源并不重要，重要的是充分应用技术以体现其价值。这种趋势已经发生，根据市场研究机构IDC对

2020年全球情况的分析，已有83%的企业拥有数字化平台，可以轻松访问并且利用其他供应商的技术。

开源技术也是企业值得拥抱的趋势之一，因为开源有助于将企业内部开发或者来自外部的解决方案等多种来源的技术，整合到一个更大的系统中，将企业打造成一个数字化的创新工厂。同样根据IDC的统计数据，2019年企业程序库中只有20%的代码来自外部，而到了2025年，企业数字服务中将有80%的代码来自外部。

越来越多的企业使用敏捷开发和DevOps（Development和Operations的组合词，这是一组过程、方法与系统的统称，用于促进开发、技术运营和质量保障部门之间的沟通、协作与整合）的方法来创建和管理软件，更多的模块化软件随之产生。预计到2024年，全球企业将开发和部署超过5.2亿个创新应用和服务，来支持数字经济的发展。

如此多的新应用和新服务，需要企业之间彼此共生、彼此融合，将自身打造成一个"数字化创新工厂"。成功的企业不仅需要提供产品或服务，而且还需要提供创新的动力和能力。有些服务通过企业自己的能力对外提供，有些服务需要通过共生的其他企业背靠背地提供合作，每家企业都依托由此形成的生态系统扩大发展，并在其中找准自己的定位。

目前在智联网领域的玩家，包括来自IT和互联网领域的IBM、通用电气GE、谷歌、微软、亚马逊、思科，也包括来自CT领域的华为、中兴、沃达丰、中国移动、中国联通、中国电信，还包括来自OT领域的西门子、施耐德、ABB、研华科技、罗克韦尔，而且还有各种初创企业，典型的有艾拉物联、涂鸦智能、树根互联、Semtech等，单个企业计划投入资金数以亿美元计甚至十亿或百亿美元计，都对未来踌躇满志，大有一种不达目的不罢休的决心。

由于互联设备的连接数、各种智能技术创新数量、参与企业的数量急剧扩张，智联网的发展到达了临界点，好比雪球越滚越大，而且带动的雪花越来越多。

霍尼韦尔公司建筑智能系统部全球总裁曾说，他在这个行业服务了27年，在过去5年，尤其是最近两年看到的技术变革数量比之前25年还要多。而这个由共生企业形成的生态系统之间彼此协同、融合，将构成一个更大的完整生态，这将是一个巨系统，每家企业都是智联网生态中的一员，使用智联网技术，并对外提供智联网产品和服务（见图1-5）。

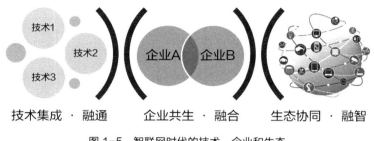

图1-5 智联网时代的技术、企业和生态

智联网作为一个巨系统，很多人可能认为其准入市场的门槛一定很高，如果不是大公司或者手头至少揣着几个亿，就不要去凑热闹。但是事实并非如此，智联网的生态系统具有多样性，初创公司和小微企业同样可以大有所为。关于智联网生态系统的构成，将在本书的后续章节进行详细的介绍。

如今，智联网技术提供商、集成商、服务商的数量激增，已将智联网生态系统逐渐变成一个高度复杂的环境，巨系统已经初具规模。为了应对多种应用的挑战，智联网基础设施通常需要集成跨域硬件和应用系统。同样，它还必须足够灵活，以便有效集成未来不同型号的设备。除了特定行业或应用中的垂直集成之外，数字生态系统的多样性还意味着不同设备和系统之间的横向互操作性也将是智联网成功的关键。

接下来，先从各种技术的迭代开始讲起，下一章将使用通俗易懂的语言，介绍需要关注的创新技术，以及这些技术的发展情况。

技术融合

5G时代，是一个技术横向融合、纵向交织的时代。信息革命、工业革命和通信革命，在同一时期汇聚，创造了这次技术更新的奇景。在这个过程中，你是否有种被各种技术名词的"雾霾"笼罩的感觉？拨开云雾，你就会发现它们的本质极为简单。

02
第 2 章

吹散技术名词的"雾霾"

- 开源正在"吞噬"世界
- 通信的终极目标是互联互通
- CPU 和 GPU 是什么
- 人工智能的下半场是应用智能
- 虚拟现实,这本是一个矛盾词
- XaaS,万物皆可服务

  对于智联网系统而言,建立一整套多元的思维框架并不容易。我猜你可能也被各种各样的新概念轮番轰炸过,如人工智能(Artificial Intelligence,AI)、虚拟现实、区块链、云计算、大数据、工业 4.0、智能制造、工业互联网等。有时这么多新的概念会影响我们对事物本质的理解。按照阿里研究院副院长安筱鹏博士的话说,我们正在面临一个叫作"新概念雾霾"的困境,这个"雾霾"影响着我们的视线,使我们看不清智能时代的全貌。

  一切越简单越好,又不能过于简单,找准其中的平衡并不容易。想要了解智联网,我们必须掌握一些术语,同时还需要掌握基本的系统架构。但是需要掌握的新概念可能没有你想象的那么多。因为每种技术都是沿着某种脉络演进,都是从一些最基础的原理逐步迭代而来,我们只需要搞懂少数几个,把它们吃透,就能提纲挈领、触类旁通。接下来,我们就拨开"新概念雾霾",通过新技术星云图(见图 2-1)和新技术的 26 个字母(见表 2-1)帮你强力拆解智联网那些必备的"高深"术语。

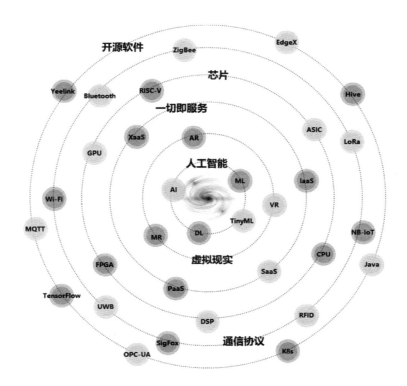

图 2-1　新技术星云图

表 2-1　新技术的 26 个字母

A	B	C	D	E	F	G
AI、AR、ASIC	Bluetooth	CPU	DL、DSP	EdgeX	FPGA	GPU
H	I	J	K	L	M	N
Hive	IaaS	Java	K8s	LoRa	MR、ML	NB-IoT
O	P	Q	R	S	T	U
OPC-UA	PaaS	mQtt	RFID、RISC-V	SaaS、Sigfox	TinyML	UWB
V	W	X	Y	Z		
VR	Wi-Fi	XaaS	Yeelink	ZigBee		

这 26 个字母，可以划分为 6 个系列，开源软件、芯片技术、人工智能、虚拟现实、通信协议和一切即服务。

2.1 开源正在"吞噬"世界

硅谷著名的风险投资人 Marc Andreessen 曾在《华尔街日报》发表《软件正在吞噬整个世界》一文,如今这句话在 IT 界可谓无人不知,无人不晓。此后,软件的确正在慢条斯理地吞噬世界。软件真的正在吞噬世界吗?是的。我们身处购物、吃饭、健身、交停车费都需要使用软件的年代,平均每人每天都要花费 5~6 个小时使用手机 App 和各种计算机软件,还有什么理由不相信软件正在吞噬整个世界呢?如今我们每个人都在享受软件和互联网带来的便利。饿了点外卖,打车用滴滴,住宿用 Airbnb 或者其他短租 App……

当软件正在吞噬世界的同时,与 Marc Andreessen 一起做风投的同行更进一步地断言说:"开源软件正在吞噬整个软件业。"真的如他所言吗?是的。因为在软件越来越充裕的年代,不开源的软件,最终是没法和开源软件竞争的。举个简单例子,如果有人要在很多个文件加密软件中选择一个使用,在功能和价格都差不多的情况下,选择开源的还是不开源的?当然要选择开源的,因为开源软件很可能更透明、更安全。

为什么这么多软件公司和软件开发者愿意共享自己的工作成果?为什么他们在一个项目上投入了大量时间和数百万美元后会选择将项目开源供大家,甚至是竞争对手免费使用,只是因为他们乐善好施吗?这就要从开源软件的诞生说起。1969 年 10 月,"阿帕网"投入使用,通过专门的接口和专门的线路,把美国的几个军事及研究用计算机主机连接起来。不过在 20 世纪 60 年代,计算机还没有普及,只有少数人才能使用,而且当时的计算机系统都是批处理的,就是把一批任务一次性提交给计算机,然后等待结果,中途还不能和计算机交互。往往准备作业都需要花费很长时间,这时别人也不能用计算机,导致了计算机资源的浪费。

为了改变这种状况,贝尔实验室、麻省理工学院以及通用电气公司联合起来,准备研发一个分时多任务处理系统，简单来说，就是实现多人同时使用计算机，这个项目叫作 MULTICS。MULTICS 是 MULTiplexed Information and Computing System 的缩写，中文翻译为多路信息计算系统。

但是由于项目太复杂，加上其他原因导致了项目进展缓慢，贝尔实验室觉得这个项目可能不会成功，于是中途就退出不玩了。贝尔实验室退出之前，实验室里的那批"学有余力"的科学家并没闲着，其中一个叫作肯·汤普森的工程师写了一个叫作"太空大战"（Space Travel）的游戏。现在看起来，这个游戏实在不怎么好玩，就是一个很简单的打飞机的游戏，但是这个游戏是运行在 MULTICS 上的。

当贝尔实验室退出了 MULTICS 项目后，汤普森就没有了 MULTICS 的使用环境，为了能够继续玩游戏，他花了一个月的时间写了一个小型的操作系统，用于运行这个"太空大战"。系统完成之后，他便邀请众多小伙伴来体验游戏，令人意外的是，他们对汤普森运行游戏的新系统的兴趣远远超过这个无聊的游戏，为与 MULTICS（多路信息计算系统）形成"呼应"，他们将这个系统命名为 UNiplexed Information and Computing System，缩写为 UNICS，即单路信息计算系统。后来大家取其谐音，称其为 UNIX。这个时候已经是 1970 年，于是 1970 年就被定为 UNIX 元年。

后来，UNIX 这个小操作系统就在贝尔实验室内部流行开了，并经过不断的改良，最终在 1974 年 7 月 UNIX 发展到第 5 个版本时，贝尔实验室公开了 UNIX，结果引起了学术界的广泛兴趣，并希望得到源代码。所以，UNIX 第 5 个版本就以"仅用于教育目的"的协议，提供给各大学作为教学之用，成为当时操作系统课程的范例。各大学开始通过 UNIX 源代码对 UNIX 进行了各种各样的改进和拓展。

不过后来贝尔实验室决定将 UNIX 商业化，如果想继续使用就需要购买授权，一份授权 4 万美元。在昂贵的授权费用下，很多大学不得不停止对 UNIX 的研究，导致老师上课也不知道讲什么了。直到 1991 年 8 月 25 日，还是大学生的林纳斯·托瓦兹在互联网上公布了自己写的 Linux 操作系统，同时他还发布了一个帖子，大概就是说：我写了一个操作系统的内核，开放源代码，但是还不够完善，你们可以用任何方式使用，而且不收费。帖子发出后引起了强烈的反响。在大家的努力下，1994 年，Linux 的 1.0 版本正式发布。Linux 为什么会引起如此强烈的反响呢？因为 UNIX 有版权，而 Linux 是自由软件，可以免费使用。自此，Linux 成为开源软件的代表。

开源软件参与者众多，水平参差不齐，难道不会影响软件的质量和开发速度吗？当然不会，因为 Linux 拥有成千上万不计报酬的开发者，它的迭代效率必定远远高于一些公司的开发小组或者大学的研究团队，这样的行动所产生的力量是个人和公司难以匹敌的。可以说，如果没有互联网的普及，开源社区模式将无法实现。任何人都可以自由地选择自己想要参加的那部分工作，不存在任何强制性的分工，也可以随时离开，这些也是大公司内所没有的。

Linux 引发了人们在利用科技工具时的更多思考。懂得使用开源工具，不仅可以提高研发效率，而且意味着企业可以获得数十位，乃至上百位开发者的帮助，可以借助开源社群的网络效应，从此驶入研发与学习之路的"快车道"。

2008 年，3 个极客创立了一家名为 GitHub 的公司。GitHub 的两个做法彻底改变了开源社群，一是 GitHub 集成了即时通信功能，开发者可以互相审核、评论和打分；二是 GitHub 有分布式的版本控制系统，而不是中央性的代码库。GitHub 更像是一个程序员的社交网络，核心是人与人之间的协作，而不仅仅是开源代码本身。根据官方发布的数据，2018 年加入的新用户比 GitHub 的最初 6 年加入的总和还要多，而且这一增长并没有任何放缓的迹象，同时 2018 年的独立贡献者数量是 2017 年的 1.6 倍。GitHub 的成功再次验证拥抱开源可以缩短研发周期、节省成本、降低系统性试错的风险，并享受群体智慧以及持续更新带来的好处。

拥抱开源，对于智联网时代来说不是可选项，而是必选项。开源工具不仅仅是一种工具，更是一种社群力量。开源具有双向性，一方面是在现有开源工具的基础上进行操作；另一方面是将自己研发的工具放到开源平台，吸引更多的生态开发者和合作者参与其中。下面将逐一介绍智联网时代所需的关键开源工具。

2.1.1 EdgeX Foundry

2017年4月，Linux基金会发布了一个开源物联网边缘计算项目：EdgeX Foundry。EdgeX Foundry并不是一项新标准，而是统一标准和边缘应用的一种方式。它的主要目的是：打造并推广EdgeX这种面向物联网的通用开放标准；围绕可互操作的即插即用部件打造一个生态系统。

"边缘"一词具有迷惑性，令人感觉似乎很远、很外围，并且不重要。事实正好相反，边缘设备中的数据质量，决定了智联网项目的成败。我们都知道，数据分析正在变得比设备本身更有价值，而在最为接近设备端的边缘地带，能够最大化地发挥出实时数据的价值。能以实时或者近乎实时的速度深入分析巨量的设备和环境数据，是成为智联网企业的核心竞争力之一。

据统计，边缘计算的市场前景非常广阔，未来60%的设备数据将会通过边缘计算处理。很多应用程序需要在边缘侧发起，产生更快的网络服务响应，满足行业在实时业务、应用智能、安全与隐私保护等方面的基本需求。

然而大部分边缘设备的现实情况是，像位于农场玉米地里的传感器那样，被埋在地下，不仅要应对恶劣的工况，还要在有限的电池电量耗尽之前，尽力以最低功耗测量土壤的温度、湿度、养分等各项指标，及时与网关进行通信，指导农业的灌溉设施。

位于边缘处的智能计算能力，负责从各种设备中经由多种的协议转换提取所需的数据和功能，实时处理或者上传到云端。在提供传输能力的同时，位于边缘计算层的网关还负责提供数据过滤、数据清理、数据聚合、数据监控等功能。网关负责管理设备的整个生命周期，提供唯一的标识 ID 识别设备、进行资产管理并更新设备固件。边缘智能层不仅连通应用层和设备层，同时还要保证整个物联网架构中端到端的安全性。

这时，一个开源的边缘计算框架就显得非常必要，它有助于降低初创企业的门槛，使创业者可以更好地分配资源、集中精力专攻特色功能和定制界面，而不必浪费过多时间在边缘计算的基础架构层面。EdgeX Foundry 提供可互操作的组件和即插即用功能，它的主要任务是简化和标准化边缘计算，同时保持其开放性。

2.1.2 Hadoop

在维基百科上，Hadoop 的定义是："一个用 Java 语言编写的便于大型数据集合的分布式存储和计算的软件框架。"简单来说，这是计算机领域的一个开源软件，任何程序开发者都可以看到它的源代码，并且可以对其进行编译。它的出现让大数据的存储和处理一下子变快了很多，也便宜了很多。

大数据时代我们面临的是以 TB、PB 甚至 EB 为单位的数据，因此，首先需要建立一个既能存得下如此大量的数据，而且还能高速、高效地读写文件的文件管理系统。其次，还要考虑如何利用好这些数据。人们常常会通过数据之间的关联挖掘出数据中的潜在价值，而杂乱无章的数据会增加数据挖掘的难度。这时就需要建立一个编程模型对数据进行整理。

举个例子来说明，Hadoop 是怎么做到将大数据存储和处理变得又快又便宜的。例如，现在需要数清一个图书馆里有多少本书。一个人数肯定很慢，需要很多个人数，而且最好每一个区域的书都有 2～3 个人数一遍，这样统计的数量才比较准确。所以就需要有一个机制将书籍分好区，规定每一个人负责数哪几个区的书，这样即使有人生病了，也不会影响总体统计工作的完成。这里的人就是 Hadoop 所操控的一台台个人计算机，机制就是 Hadoop 的编程模型方法。Hadoop 的分布式计算功能就像一个精明的图书馆馆长设计的工作分配制度，既保证工作的完成不会特别依赖某一个人，又保证了如果工作量上升了只需要再雇一个劳工就能解决问题。

从 2006 年诞生至今的十余年里，Hadoop 已经经历了数次更新，更是开发出了多种延伸功能。各种以 Hadoop 为基础开发产品的公司早已遍布世界各地，各种 Hadoop 技术应用的案例也是数不胜数，Hadoop 早已成为我们生活的一部分。

2.1.3　K8s

Kubernetes 简称 K8s，是一种容器技术。容器技术的思想来自集装箱。集装箱解决了什么问题？在一艘大船上，各种类型的货物，小到奶粉、化妆品，大到机器设备、跑车，都可以被装到一个标准的集装箱内。托运货物的人只需要保证货物在集装箱内的密封和固定，而无需关心集装箱如何被摆放和运输。同理，容器技术也可以让开发者更加关注应用程序本身，而不需要关心底层的操作系统和依赖环境，即容器技术的诞生其实主要解决了智联网平台层的技术实现。

容器技术的诞生不管在运维还是开发上，都给开发人员带来了诸多方便，节约了不少成本。在很久以前，想要在线上服务器部署一个应用，首先需要购买一个物理服务器，在服务器上安装一个操作系统，然后安装好应用所需要的各种运行环境，最后才可以进行应用的部署，而且一台服务器只能部署一个应用。

这就造成了以下几个明显问题：部署应用非常慢、需要花费的成本非常高，而且容易造成资源的浪费，因为一个应用往往用不了一整个服务器的资源，并且应用还难以迁移和扩展。Kubernetes 就是一个开源的，用于管理云平台中多个主机上的容器化的应用,它的目标是让部署容器化的应用简单并且高效,它提供了应用部署、规划、更新、维护的一种机制。

如前文所述,容器技术为软件开发和系统运维带来了颠覆性的突破,而随着容器技术的普及,系统开发和管理的效率必将上升到一个新的台阶,从而为企业带来不可估量的效益。Kubernetes 就是通过部署容器方式实现:每个容器之间互相隔离,每个容器有自己的文件系统,容器之间进程不会相互影响,能区分计算资源。相对于虚拟机,容器能快速部署,由于容器与底层设施、机器文件系统是解耦的,所以它能在不同云、不同版本的操作系统间进行迁移。因此容器占用资源少、部署快,每个应用可以被打包成一个容器镜像,每个应用与容器间成一对一关系也使容器有更大优势。

2.1.4 OPC-UA

什么是 OPC?最经典且最通常的说法是 OLE for Process Control,即用于过程控制的 OLE。那么问题又来了,什么是 OLE? OLE 即对象链接和嵌入,是 Windows 的基本早期构建块,它允许应用程序在它们之间共享复杂的信息。也就是说,OLE 技术在办公中的应用,就是满足用户在一个文档中加入不同格式数据的需要,如文本、图像、声音等,即解决建立复合文档问题。在 Windows 3.0 的第一个演示中,人们实现了将 Excel 电子表格嵌入 Word 文档中的"壮举",还可以在 Word 中更新所插入的电子表格,提高了工作效率。原始的 OPC 标准即源于此。

目前,OPC 的含义演进为 Open Platform Communications,开放平台通信。其实无论它的定义是什么,其目标保持不变:消除自动化软件和硬件平台之间互操作性的障碍,提高工作效率,为用户提供更多选择。

更进一步,OPC-UA 是 OPC 的新一代技术,提供安全、可靠和独立于厂商的数据传输,跨越制造层级、生产计划层级和企业资源管理层级。OPC-UA 中的 UA 是 Unified Architecture（统一架构），它通过提供一个完整的、安全和可靠的跨平台的架构，以获取实时和历史数据与时间。

在智联网项目落地的过程中，数据互联是第一个障碍。在数据采集、传输与生产运营中，需要对现场的机器状态、生产能耗、质量相关参数、生产相关参数进行采集，但是，如果缺乏统一的标准与信息模型，我们会遇到非常大的困境。通过 OPC-UA 作为数据互联的基础标准与规范，所有需要的数据信息在任何时间、任何地点、对每个授权的应用、每个授权的人员都可使用。这种功能独立于制造厂商的原始应用、编程语言和操作系统。

2.1.5　MQTT

MQTT 最初的全称是 Message Queuing Telemetry Transport，消息队列遥测传输，不过现在业内已经不用这个说法了，MQTT 就是 MQTT，不再是其他单词的缩写。它是一个即时通信协议。该协议支持所有平台，几乎可以把所有联网物品和设备都连接起来，用来当作各种传感器和执行器的通信协议。

1999 年，IBM 设计发明了 MQTT 协议，用于医疗系统中。传感器采集病人的数据，然后可以通过 MQTT 系统即时推送给医生。MQTT 协议要实现的目标是：易于实施和部署、提供高质量的服务器消息分发功能、轻量高效低带宽、数据不可探听（消息加密），以及可持续会话。

由于 MQTT 协议的信息内容精简，非常适合用于处理器资源及网络带宽有限的智联网设备，再加上已经有许多 MQTT 程序陆续被开发出来，用于 Arduino 控制板、JavaScript、Python 等，加上开放源代码的 MQTT 服务器，使得开发用于设备之间的通信变得非常简单。Facebook Messenger 的即时消息也是使用的 MQTT 协议。

随着智联网的迅速发展，MQTT 被广泛地使用，还成立了一个专门的

MQTT 技术委员会，负责定制基于 MQTT 技术的智联网标准协议。很多智联网设备都采用这些协议传输数据，因此 MQTT 在智联网中的地位非常重要。在如今的智联网世界中，谁不懂 MQTT 都不好意思说自己是搞智联网的。

2.1.6　RISC-V

RISC-V（读作 RISC Five）是第五代精简指令集架构的缩写。RISC-V 由美国加州大学伯克利分校的一个研究团队于 2010 年发明。目前，计算机体系架构领域的泰斗、2017 年图灵奖获得者 David Patterson 教授一直在推广 RISC-V。

2010 年，RISC-V 项目的创始人开始思考，既然在网络、操作系统、编译器、视频等产业都有开放的标准、免费及开放的实现方式和私有化的实现方式，那么有没有可能在 IC（Integrated Circuit）芯片领域也打造一个真正开放、免许可、免授权费用的指令集架构？未来，能否用模块化 IC 芯片或者用软件定义硬件的理念，加之社区运营的方式，去设计和维护相关标准呢？在这一背景下，RISC-V 应运而生。

第五代精简指令集架构 RISC-V 有三个特点：精简（模块化，可扩充）、开源、免费。RISC-V 将基准指令和扩展指令分开，基准指令只有几十条，用户可以通过扩展指令，选择不同的模块组合，以满足不同的场景需要。RISC-V 架构的各种优点也得到了众多专业人士的好评，以及众多商业公司的相继加盟。2016 年，RISC-V 基金会的正式启动在业界产生了不小的影响。如此种种，使得 RISC-V 成为迄今为止最具备革命性意义的开放处理器架构。

2.1.7　Yeelink

在开源部分的结尾，我们来看一个关于开源平台转型的故事。Yeelink 是一个开源的物联网平台，目前 Yeelink 的开源社区已经归于平静。Yeelink 是国内一个非常知名的对标 Xively 的开源物联网平台。而 Xively 这个名字，有些人觉得陌生，有些人觉得怀念，足以检验智联网圈里的"代沟"。就像"海鸥牌照相机"之于 70 后，"燕舞牌音响"之于 80 后一样。作为第一批可以让所有人平等地、便捷地、公开地发现并使用智能设备的物联网平台之一，Xively 绝对是新手入门的范本，在其光辉时刻号称已接入了 2.5 亿智能设备。Xively 及其曾用名 Pachube、Cosm 也因此成为足以载入物联网发展史册的标志性名称。

纵观 Xively 的发展，大致可以划分为三个阶段：由发起人乌斯曼主导的 Xively 初始阶段，被 LogMeIn 公司并购之后 Xively 与 LogMeIn 的"基因"磨合阶段，以及 Xively 管理者集体离职之后由 LogMeIn 主导的发展阶段。

2018 年 2 月，Google 从 LogMeIn 手中收购了 Xively，Google 宣布他们已经与 LogMeIn 公司签署了收购 Xively 的协议，收购价格为 5000 万美元。Google 表示，希望这次收购是一个跳板，能借此打入日益增长的 IoT 市场，增加 Google IoT 平台的产品组合。有了 Google 强大的资金、品牌和用户优势加持，希望 Xively 有朝一日能够成为真正意义上的通用物联网平台。

国内与 Xively 类似的 Yeelink，在快速试错之后转而从智能终端入手，专注智能照明这一垂直市场，并最终搭上了小米生态的快车。"我们坚信随着智能手机市场的迅猛发展，家居自动化市场也会受到刺激不断繁荣起来，这就是我们成立 Yeelink 的初衷，"创始人姜兆宁说，"我们选择照明灯具作为起点是因为我们觉得照明是日常生活中不可或缺的一样东西，并且互联网的连通性可以为这些日常必需的领域带来革命性的变化。"

紧接着，姜兆宁和刘达平找到了小米寻求进一步发展。两人设想了公司的第一款产品，Yeelight Blue，功能基本和飞利浦的个人无线智能照明产品 Hue 相似，但是却比 Hue 更人性化也更加便宜。"我们选择了一个进入门槛比较低的技术，这样我们就可以单个地出售我们的产品，不像飞利浦的 Hue，只能三个起售。我们的定价在每个 20～30 美元，所以即便用户对此不是非常感兴趣，随手买一个也无妨。"姜兆宁解释道。2019 年，脱胎于 Yeelink 的 Yeelight 营收已超 10 亿元。2020 年 4 月，Yeelight 完成了 C+ 轮融资，并发布中文品牌名"易来"。

2.2 通信的终极目标是互联互通

万物互联的世界中，生态系统发展的真正障碍在于系统之间的互操作性，实现互操作性的关键是实现标准化，尤其是协议的标准化。遵循统一的"语言"，不同终端才能彼此发现、连接和对话。消费者真正需要的是不同品牌、不同类型的各种终端之间的无缝连接，大量互相竞争的不同协议对消费者毫无益处。

要达到互联互通的目的，首先要解决"物"与"网"的连接问题，智联网生态系统的核心组成部分是连接和通信。

智联网时代的无线接入技术种类众多，分别满足不同场景的需求，如 ZigBee、Wi-Fi、Bluetooth 等短距离无线通信技术，LoRa、SigFox、NB-IoT 等长距离无线通信技术。其中，受业界青睐的低功耗广域技术（LPWAN）既包括广域非授权频谱技术 LoRa 和 SigFox，也包括授权频谱的 eMTC 和 NB-IoT 等。

总之，万物的连接和互通需要多种企业和系统的彼此协作，芯片、操作系统、模块、通信协议、平台、应用都有所涉及，涵盖设备提供商、网络提供商、平台提供商，以及应用开发者等不同角色。总体而言，通信协议和网络提供商在其中起到了不可或缺的作用。

在介绍各种智联网的连接技术之前，还需要了解一种硬件——通信模块，因为它是各种通信技术的载体。只要对通信概念有所了解的人，一定不会对"通信模块"这个词感到陌生。无论在产业新闻、访谈文章还是行业报告中，都经常会看到这一名词，如蜂窝通信模块、Wi-Fi 模块、5G 模块、NB-IoT 模块、LoRa 模块等，可谓花样百出、层出不穷。那么，该如何理解通信模块呢？

智联网通信模块有两重价值：第一重价值是实现了硬件集成与软件设计，融合多种通信制式，满足不同应用场景下的环境要求，大大简化了应用厂商的工作；第二重价值是，模块处于上游标准化芯片与下游分散化垂直领域的中间环节，需要满足不同客户、不同应用场景的特定需求。

模块厂商的盈利模式是自己采购上游材料，并负责产品设计和销售，生产可以自己进行，也可以外包给第三方加工厂。厂商可以按照应用厂商对不同应用场景的要求，进行定制化开发。无论这个设备多么难缠，都尽量做到让它满意。因为智联网是各行各业设备终端的联网化，包含各种各样的应用场景，不同的应用场景需要不同的无线通信模块，所以模块的应用场景特别丰富，市场空间非常大。

讲完了各种通信协议的重要硬件载体之后，再来看各种通信协议本身，它们分别适用于不同的通信场景，各有优势。

2.2.1　Bluetooth

蓝牙（Bluetooth）是一种大容量、近距离无线数字通信技术标准。蓝牙技术最早始于 1994 年，由电信巨头爱立信公司研发，是在两个设备间进行无线短距离通信的最简单、最便捷的方法，实现固定设备、移动设备和楼宇个人域网之间的短距离数据交换。

从 1998 年到 2009 年，蓝牙版本经过了 1.0 到 3.0 的版本迭代后，主要应用于耳机、音箱、鼠标、键盘等近距离传输领域。

2010 年，蓝牙发布 4.0 版本蓝牙低功耗（Bluetooth Low Energy，BLE），针对万物互联的应用需求进一步简化了蓝牙技术，BLE 较传统蓝牙最大的特点就是低功耗，应用于对实时性要求较高，但对数据传输速率要求比较低的场景。通过 BLE，蓝牙技术的演进方向开始直接对准物联网。

2016 年，蓝牙发布 5.0 版本，蓝牙 5 与蓝牙 4.0 相比，提高了传输速率，增加了有效工作距离，增强了抗空口干扰的能力，并提高了室内定位的精确度。2019 年 1 月，蓝牙 5.1 标准推出，在蓝牙 5.0 的基础上，新增了天线功能，增强了蓝牙的定位能力，定位精度由原先的 10 米级别提升至厘米级别，这一定位精度可使其在室内导航、物体追踪等领域大有可为。

当前正处于全球物联网快速发展的节点，蓝牙技术在物联网领域的应用一旦铺开，将会依靠其巨大的出货量与兼容性，以及在产品生态系统上的优势，为万物互联提供一种非常具有竞争力的高性价比解决方案。

2.2.2 LoRa

LoRa（Long Range Radio），作为一种线性调频扩频的调制技术，最早由法国几位年轻人创立的公司 Cycleo 推出。2012 年 Semtech 收购了这家公司，并将这一调制技术封装到芯片中，并基于 LoRa 技术开发出一整套 LoRa 通信芯片解决方案，包括用于网关和终端上不同款的 LoRa 芯片，开启了 LoRa 芯片产品化之路。

不过，一个基于 LoRa 调制技术的收发芯片还远不足以撬动广阔的物联网市场，在此后的发展过程中，由于多家厂商发起的 LoRa 联盟，以及不断推出迭代的 LoRa 通信协议和系统架构规范，催生出一个全球数百家厂商支持的广域组网标准体系，从而形成广泛的产业生态。

大约从 2014 年起，国内首批企业开始研发 LoRa 相关产品。经过多年的发展，LoRa 已经从一个小范围使用的无线技术成长为物联网领域无人不晓的事实标准。推动这一生态的相关技术标准、产品设计、应用案例等都是多个厂商共同参与的过程，这些也是形成目前庞大产业生态更为关键的元素，但它们并不属于 Semtech 单个公司所有，而是形成了全球多个厂商共同参与的开放标准，任何组织或个人都可以根据这些规范进行产品开发和网络部署。

近年来，科技巨头纷纷入局 LoRa，加入 LoRa 联盟，可以看出各企业都希望借助 LoRa 这个切入点来确立自身在物联网和产业互联网领域的地位。阿里巴巴和腾讯两大互联网巨头将 LoRa 作为其智联网布局的重要入口。另外，铁塔公司、中国联通以及多地广电公司也开始针对 LoRa 产业进行布局，进一步促进其在各行业应用的落地。

LoRa 因其功耗低、传输距离远、组网灵活等诸多特性与物联网碎片化、低成本、大连接的需求十分契合，因此被广泛部署在智慧社区、智能家居和楼宇、智能表计、智慧农业、智能物流等多个垂直行业，前景广阔。从目前的市场结构看，国内已有上千家企业参与到 LoRa 产业生态中，呈现出大中小型企业、传统企业与互联网企业共同参与的格局。国内提供给 LoRa 发展的产业大环境不断利好，LoRa 联盟自身力量也在不断壮大。

2.2.3　Java

EdgeX 和 Hadoop 都是基于 Java 语言编写的，因此我们有必要了解下这个语言。Java 诞生于 20 世纪 90 年代，那时计算机领域的微软已经靠自己的操作系统占据了大部分市场，显露出行业垄断的气象，但是不乏一些有志抵抗这种气象的企业，Sun 公司就是其中之一，当然这也许是微软的崛起蚕食了这个曾经的行业"老大哥"太多利益所产生的后果。无论如何，Sun 公司一直酝酿把微软拉下神坛，可惜手里没有什么"屠神利器"。

在那个时期，C 语言一直都是主流，是最基础的编程语言，如微软在行业内的地位一样，但是它也存在一些明显的缺陷，如不能跨平台、难以掌握和调试等，程序员们对其有怨言，但是并没有人提出什么好的解决办法。在这样的背景下，后来被国内程序员亲切称作"高司令"的詹姆斯·高斯林（James Gosling）入职了 Sun 公司。

不像那些划时代的天才们，一入公司就身居高位，高司令在刚入职 Sun 的时候只是一位勤杂工，在这里他被安排做一些为老系统升级软件的琐碎工作。不过，是金子，总会发光的。Sun 的创始人发现了高司令这颗金子，调他去领导一个名为 GREEN 的项目研发团队，开发数字家电产品，目的是开拓消费类电子产品市场，如交互式电视、烤面包机等。

有点儿戏剧意味的是，高司令和他的团队对自己要做的东西并没有清晰的头绪，但是领导"你办事，我放心"的任命方式，让高司令满怀热情地投入研发工作中，这种热情还真的推动着团队把数字家电给搞了出来，然而悲催的是，上万美元才能收回成本的定价注定没什么市场前景。

不过在研发电子家电的过程中，高司令搞出了副产品：一种在虚拟机中面向对象的编程语言。当时没有认识到这种语言价值的高司令，没有发愁主业的失败，倒是发愁给这副产品起个什么名字，于是他就下楼买了一杯咖啡……

一直没有意识到 Java 价值的高司令，在 1994 年看到了网景公司推出的新型网络浏览器——"万维网"开始席卷全球之后，突然发现，自己写的这个语言好像在网络上的适用性更强。自己写的时候就是让它"一次编写，到处运行"，网络上传播到哪儿，它便用到哪儿，还没有竞争对手。终于意识到关键的高司令，一语点醒了团队成员，他们立刻开始了编写针对互联网的 Java 应用，短短一年时间，Java 借助互联网的东风迅速风靡起来。

可惜的是，尽管高司令所在的 Sun 公司手握 Java 这柄"屠神利器"，但是他们并不具备用好它的能力，随着互联网泡沫的冲击和公司战略的失败，这家公司从行业巨头迅速衰落成一个普通企业。不过 Java 早已是世界范围内最受欢迎的编程语言，它深入到了互联网的各个角落。在 Java 融入世界的同时，高司令也对自己的"孩子"Java骄傲不已,他总是喜欢重复一句话:"你知道巴西的税务系统、亚马逊的Kindle阅读器,以及韩国的第一大镁板制造厂有什么共同点吗?这些系统同世界上另外的100亿个设备一样,它们共享一个元素,那就是Java。"

2.2.4　NB-IoT

NB-IoT是指窄带物联网(Narrow Band Internet of Things)技术,是一种基于蜂窝技术的低功耗广域网络标准,用于连接使用无线蜂窝网络的各种智能传感器和设备,是一种可在全球范围内广泛应用的新兴技术。

其实在NB-IoT之前就已经存在其他类似技术,早先,我们也使用2G、3G网络连接物联网设备,虽然现在看来2G和3G网络频谱效率、吞吐率等不高,但是对于数据量极小的物联网设备来说已经足够了。

随着时间的推移,人们对物联网设备的需求与落后的技术之间的矛盾越来越大:一方面考虑到物联网设备的数量,原有的通信模块成本偏高;另一方面低电池容量的物联网设备也与曾经那些相对复杂的通信协议天生难以相容。此外,考虑到2G即将被"退群",人民群众对新的物联网通信解决方案的需求也日渐高涨。

窥见这一技术空白的各通信大厂自然明争暗斗,各种标准不断被推出。2014年5月,华为、沃达丰提出了NB M2M技术,而后又进化成NB-CIoT。2015年7月,诺基亚、爱立信、英特尔提出了NB-LTE技术,随后3GPP组织在上述两者之上于2016年7月确定标准,至此,NB-IoT正式诞生。

总体而言,NB-IoT的特点包括:低功耗,聚焦小数据量、小速率应用,因此NB-IoT设备功耗可以做到非常小,设备续航时间可以从过去的几个月大幅提升到几年;低成本,NB-IoT可以在现有网络的基础上进行改造,可以很快组网,很快扩展;强连接,在同一基站的情况下,NB-IoT 可以提供现有无线技术 50~100 倍的接入数;广覆盖,NB-IoT 室内覆盖能力强,不仅可以满足农村这样的广覆盖需求,对于厂区、地下车库、井盖这类对深度覆盖有要求的应用同样适用。

2.2.5 RFID

射频识别(Radio Frequency Identification,RFID)是一种无线通信技术,可以通过无线电信号识别特定目标并读写相关数据。

RFID 的工作原理非常简单。一套 RFID 系统由阅读器、电子标签及应用软件系统三个部分组成。阅读器发射无线电波能量,用以驱动电子标签中的电路将数据送出,之后阅读器再接收解读数据,发送给应用程序做处理。

在商业应用方面,沃尔玛是 RFID 技术在零售和物流业部署当之无愧的鼻祖,对 RFID 技术的大力推广也是功不可没。沃尔玛自 2003 年开始计划部署 RFID,目标是要能够跟踪到所有的货物。2008 年,在沃尔玛 6 万家供应商中,600 家部署了 RFID,虽然从商家数量上仅占 1%,但这 600 家供应商占据了沃尔玛 75% 的销售份额。据零售业分析师估计,通过采用 RFID,沃尔玛每年可以节省 83 亿美元,其中大部分是因为不需要人工查看进货的条码而节省的劳动力成本。

2.2.6 SigFox

SigFox 既是公司名称,又是通信协议。作为公司,SigFox 成立于 2009 年,是一家法国公司。作为通信协议,SigFox 是为打造物联网的无线网络而生的,其优势在于没有传统无线网络的包袱,针对物联网的特点,压缩成本、广泛覆盖及提升速率,多适用于海外智能制造等场景。

SigFox 在欧洲的推广非常成功，在全球范围内有自己的基站，目前在全球接近 60 个国家和地区开通了网络。包括除俄罗斯以外的欧洲主要 25 个国家，其中西欧很多国家实现了全覆盖。另外，在北美和中国也有覆盖。拉美则是 SigFox 网络覆盖最好的区域。SigFox 无线电设备采用一种被称为超窄带（UNB）调制的技术，偶尔以低数据速率传送短消息。由于是窄带宽和短消息，因此对于仅需发送较小的不频繁数据的突发应用，SigFox 是绝佳选择。当然，SigFox 也有一些缺点。例如，如将数据发回传感器的能力受到严格限制，信号干扰也可能成为问题。

不过，SigFox 最吸引人的是其商业模式。SigFox 采用的就是最为典型的"网络建设开路"模式，在全球各地疯狂地跑马圈地，扩张速度非常快，大有"物联网领域沃达丰"之势。SigFox 认为，真正廉价的应用程序是推动人们进入市场的方式。因此芯片厂商只要获得商业的授权，就可以获得技术上的授权制造芯片，诸如意法半导体、爱特梅尔和德州仪器等大型制造商生产 SigFox 无线电。

SigFox 的一块芯片几美元，一个模块的成本低于 10 美元，所以 SigFox 合作伙伴并没有在硬件上获得多少利润。SigFox 通过让网络运营商向客户转售其技术栈并支付版权费用来获得收入。换句话说，SigFox 放弃了大部分硬件收入，而是通过销售软件技术和网络即服务获得收入。SigFox 的最终目标是让大型网络运营商在世界各地部署其网络，因此它的铺设速度也是物联网技术中最具侵略性的。

2.2.7 UWB

苹果在最新的 iPhone 里使用了 UWB 技术，这对"果粉"和 UWB 研发者来说都是令人兴奋的事情。UWB，即 Ultra-Wide Band，中文叫"超宽带"。它源于 20 世纪 60 年代兴起的脉冲通信技术。

从 20 世纪 60 年代到 20 世纪 90 年代，这项技术仅限于机密计划中的军事应用，包括定位和通信技术。随着 20 世纪 90 年代对无线通信的需求增长，UWB 的优势变得更加明显。但是，UWB 系统的商业部署需要在频率分配、谐波和功率限制等方面达成全球协议。在随后与 Wi-Fi 和蓝牙的竞争中，UWB 败下阵来。从通信角度来讲，"高速"有 Wi-Fi，"低速"有蓝牙，UWB 通信很"尴尬"。

不过，UWB 的测距和定位潜能，却由于物联网的发展被逐步发掘出来。由此，UWB 技术进入了高速发展期，各种技术方案围绕着 UWB 国际标准的制定也展开了激烈的竞争。苹果对 UWB 的首次使用是提供定位数据，主要应用于 AR、VR、游戏、设备恢复、文件共享和广告信标等领域。目前 UWB 凭借其实现实时定位系统的能力，在智能工业、物联网和车联网等众多市场中实现了很多创新应用。

做个归纳，相比 Wi-Fi 和蓝牙定位技术，UWB 具有如下优势：

（1）抗多径能力强，定位精度高。带宽决定了信号在多径环境下的距离分辨能力。UWB 的带宽很宽，多径分辨能力强，能够分辨并剔除大部分多径干扰信号的影响，得到精度很高的定位结果。UWB 可以在距离分辨能力上高于其他传统系统，复杂环境下其精度甚至可以达到 Wi-Fi、蓝牙等传统系统的百倍以上。

（2）时间戳精度高。超宽带脉冲信号的带宽在纳秒级，由定时来计算位置时，引入的误差通常小于几厘米。

（3）电磁兼容性强。UWB 的发射功率低，信号带宽宽，能够很好地隐蔽在其他类型信号和环境噪声中，不会对其他通信业务造成干扰，同时也能够避免其他通信设备对其造成干扰。

（4）能效较高。UWB 通信系统能效较高，这意味着对于电池供电设备，系统的工作时间可以大大延长，或同样发射功率限制下，覆盖范围比传统技术大得多。

2.2.8 Wi-Fi

Wi-Fi 大家都比较熟悉，俗称无线宽带网，以更快、更大容量的通信而闻名，是一种允许电子设备连接到无线局域网（WLAN）的技术。

Wi-Fi 的工作原理与传统的晶体管收音机类似，Wi-Fi 网络使用无线电波在空中传输信息，无线电波是一种电磁辐射，其在电磁波谱中的波长比红外光长。Wi-Fi 无线电波通常具有 2.4GHz 或 5.8GHz 的频率。这两个 Wi-Fi 频带之后被细分为多个信道，而每个信道可能同时会被很多不同的网络所共享。

当通过 Wi-Fi 网络下载文件时，一个被称为无线路由器的设备首先通过宽带互联网连接从互联网接收数据，然后将其转换成无线电波。接下来，无线路由器会向周围区域发射无线电波，并由已发起下载请求的无线设备捕获它们并对其进行解码。

在智联网时代，Wi-Fi 演进到了最新的下一代无线标准 Wi-Fi 6。Wi-Fi 的升级模式与传统 2G、3G、4G、5G 蜂窝网一样，Wi-Fi 技术的升级也主要是沿着更快速率、更优体验的方向。Wi-Fi 6 可以提供更快的数据传输速度。如果你在单个设备上使用 Wi-Fi 路由器，与 Wi-Fi 5 相比，Wi-Fi 6 的最大潜在速度可高出 40%。

2.2.9 ZigBee

在蓝牙技术的使用过程中，人们发现尽管蓝牙技术有许多优点，但仍存在许多缺陷。对工业、家庭自动化控制和工业遥测遥控领域而言，蓝牙技术显得太复杂，有功耗大、距离近、组网规模太小等缺点，而工业自动化对无线通信的需求变得越来越强烈。正因此，经过人们长期努力，ZigBee 协议在 2003 年通过后，于 2004 年正式问世了。

ZigBee 技术是一种短距离、低功耗的无线通信技术，其特点是近距离、低复杂度、自组织、低功耗和低数据速率，可以连接 10～100 米范围内的设备，需要通过集中器和网关接入。ZigBee 主要用于自动控制和远程控制领域，可以嵌入各种设备中。简而言之，ZigBee 就是一种便宜的、低功耗的近距离无线通信技术，适用于物联网的各种场景。

ZigBee 被正式提出来是在 2003 年，ZigBee 的出现是因为蓝牙、Wi-Fi 无法满足工业需求，它的出现弥补了蓝牙、Wi-Fi 等通信协议的一些缺陷。ZigBee 的名称取自蜜蜂，蜜蜂（Bee）是通过 Z 字形的"舞蹈"(Zig) 来与同伴传递花粉所在的方位信息，依靠这样的方式构成了群体中的通信网络。因此 ZigBee 的发明者形象地利用蜜蜂的这种行为来描述这种无线信息传输技术。

ZigBee 网络有什么优势呢？第一，它具有一定的安全性，迄今为止，ZigBee 技术在全球没有被攻破的案例。第二，它有自修复能力，因为它是一个网状网络，某一个设备坏了或者节点坏了，其他的设备会自动寻找其他的节点，自动组成网络。第三是它的网络规模比较大，会承载更多的未来应用。理论上它可以连接 6 万多个设备，事实上有厂商在实际应用中通过一个 ZigBee 网关连接了 400 多个设备。第四就是它的功耗低，随着芯片制造能力的提升，预期中 ZigBee 的功耗将会越来越低。

2.3　CPU 和 GPU 是什么

半导体（IC）产业由设计、制造、封装测试三个环节构成。从业务模式划分，半导体产业目前主要有两种业务模式，一种是整合元件制造商模式（Integrated Device Manufacturing，IDM）；另一种是垂直分工模式，即知识产权（IP）核、Fabless、Foundry，以及封装测试厂。IDM 拥有自己的晶圆厂，能够一手包办芯片设计、芯片制造、芯片封装、测试，甚至延伸到了下游电子终端。一般来说，IDM厂商需要雄厚的资本才能支撑此运营模式，故目前仅有极少数的企业能维持。

当然，作为目前全球最为主流的一种半导体模式，IDM的优势还是非常明显的。首先，IDM可以整合内部资源。在IDM企业内部，从芯片设计到完成制造所需的时间较短，主要的原因是不存在工艺流程对接问题，所以新产品从开发到面市的时间较短。其次，IDM利润率高。在整个IC产业链，最前端的产品设计、开发与最末端的品牌和营销利润率最高，中间的制造、封装测试环节利润率较低。譬如，在美国上市的IDM企业平均毛利率是44%，净利率是9.3%，远远高于垂直分工模式的企业。最后，IDM有绝对领先的技术优势。大多数IDM都有自己的知识产权开发部门，经过长期的研发与积累，企业技术储备比较充足，技术开发能力很强，具有绝对领先的技术优势。

（1）知识产权（IP）核模式。IP核的供应商处于半导体产业的最上游，由于现在的IC设计已步入系统级芯片时代，所以一款芯片内可能会包含CPU、DSP、存储器，以及各类I/O接口等，而这些内部单元都是以IP的形式集成在一起的。目前，全球各大IP核供应商主要靠授权费和版税来挣钱，设计公司一般会先购买IP技术授权，在芯片设计完成并销售后，再按照芯片销售的平均价格向IP供应商支付一定比例的版税。

（2）Fabless。Fabless是Fabrication(制造)和less(无、没有)的组合，是指"没有制造业务、只专注于设计"的集成电路设计的一种运作模式，也就是IC设计公司没有自己的加工厂和封装测试厂，IC产品的生产只能依靠专门的代工厂和封装测试厂商。当然，除了进行IC设计还要负责IC产品的销售。某些Fabless具有强大的研发实力，也拥有顶尖的IP核产品，IP授权费和版税就成为其重要的收入来源。

（3）Foundry。代工厂，在集成电路领域是指专门负责生产、制造芯片的厂家。

Foundry 原意为铸造工厂、翻砂车间、玻璃熔铸车间，从它的字面意思可以看出其与集成电路的联系，因为硅集成电路的制造也跟"玻璃"和"砂"有关。目前，全球 Foundry 模式的厂商大多聚集在亚洲。一般来说，Foundry 只专注于 IC 制造环节，不涉足设计和封装测试，不推出自己的产品，只提供代工服务，并收取一定比例的代工费。

（4）封装测试厂。如前文所述，一块芯片的诞生大致会经历如下三个阶段：设计、制造、封装测试。封装测试企业只专注于封装测试环节，提供相应服务，并收取一定比例的加工费。

纵贯全球半导体产业发展的时间轴，可以划分出七大时间节点：20 世纪 40～50 年代，晶体管时代及 IC 的诞生；60 年代，集成电路制造进入量产阶段，IC 进入了商用阶段；70 年代，PC（个人计算机）出现，大规模集成电路进入民用领域；80 年代，PC 普及，整个行业基本都在围绕 PC 发展；90 年代，PC 进入成熟阶段；21 世纪前 10 年，互联网大范围推广，网络泡沫和移动通信时代来临，消费电子取代 PC 成为半导体产业新驱动因素；2010 年至今，大数据时代到来，半导体产业经历了增速放缓，逐步成熟。

尤其最近几年，半导体产业可谓风起云涌。一方面，中国半导体异军突起，另一方面，全球产业面临超级周期，加上人工智能等新兴应用的崛起，各种芯片将在未来发挥越来越重要的作用，我们需要从半导体的功能分类进行全面了解。

2.3.1　ASIC

特定用途集成电路（Application Specific Integrated Circuits，ASIC），通俗地说，ASIC 芯片就是对一个 CPU 不停地做减法，把这个 CPU 当中不适合算法的模块全部移除，然后在降低功耗这个领域里做极致的优化。

ASIC 是按用户需要，面向特定用途而专门设计制作的集成电路。大量生产并标准化的通用集成电路一般不能满足全部用户的需要，研制新的电子系统通常需要各种具有特殊功能或特殊技术指标的集成电路。定制集成电路是解决这个问题的重要途径之一，是集成电路发展的一个重要方面。

近年来，随着以比特币为代表的虚拟货币市场的火爆，催生了一大批生产"挖掘"虚拟货币设备的矿机厂商，相较于常见的 CPU、GPU 等通用型芯片来说，ASIC 芯片的计算能力和计算效率都是直接根据特定的需要进行定制的，所以其可以实现体积小、功耗低、可靠性高、保密性强、计算性能高、计算效率高等优势，特别适合矿机这种对芯片算力要求高、功耗要求小的特定应用领域。缺点是 ASIC 不同于 GPU 和 FPGA 的灵活性，定制化的 ASIC 一旦制造完成就不能更改，设计要求高、初期成本高、开发周期长。

人工智能（AI）是 ASIC 的主要应用领域，随着人工智能时代的到来，传统的神经网络算法在通用芯片上效率不高，功耗比较大，因此从芯片的设计角度来说，通用型往往意味着更高的成本。在提升效率、降低功耗方面，ASIC 具有独特优势。目前从全球范围来看，基于人工智能方向的 ASIC 领域并未出现"一家独大"的局面，反而呈现出国内外电子科技巨头、科研院所和国内初创型公司互相竞争的格局。

2.3.2　CPU

中央处理器（Central Processing Unit，CPU）就是机器的"大脑"，也是布局谋略、发号施令、控制行动的"总司令官"。CPU 的结构主要包括运算器（Arithmetic and Logic Unit，ALU）、控制单元（Control Unit，CU）、寄存器（Register）、高速缓存器（Cache）和它们之间通信的数据、控制及状态的总线。简单来说，就是计算单元、控制单元和存储单元。

从字面上也很好理解，计算单元主要执行算术运算、移位等操作以及地址运算和转换；存储单元主要用于保存运算中产生的数据以及指令等；控制单元则对指令译码，并且发出为完成每条指令所要执行的各个操作的控制信号。

是不是有点儿复杂？没关系，我们只需要知道，CPU 遵循的是冯·诺依曼架构，其核心就是：存储程序，顺序执行。因为 CPU 的架构中需要大量的空间去放置存储单元和控制单元，相比之下计算单元只占据了很小的一部分，所以它在大规模并行计算能力上极受限制，而更擅长于逻辑控制。

另外，因为遵循冯·诺依曼架构，CPU 就像是一个一板一眼的管家，人们吩咐的事情它总是一步一步来做。但是随着人们对更大规模与更快处理速度的需求的增加，这位管家渐渐变得有些力不从心。于是，大家就想，能不能把多个处理器放在同一块芯片上，让它们一起来做事，这样效率不就提高了吗？没错，GPU 便由此诞生了。

2.3.3 GPU

在正式讲解 GPU 之前，先来讲讲上面提到的一个概念——并行计算。并行计算（Parallel Computing）是指同时使用多种计算资源解决计算问题的过程，是提高计算机系统的计算速度和处理能力的一种有效手段。它的基本思想是用多个处理器求解同一问题，即将被求解的问题分解成若干个部分，各部分均由一个独立的处理机来并行计算。

并行计算可分为时间上的并行和空间上的并行。时间上的并行是指流水线技术，比如说工厂生产食品的时候分为四步：清洗—消毒—切割—包装。如果不采用流水线，一个食品完成上述四个步骤后，下一个食品才进行处理，耗时且影响效率。但是采用流水线技术，就可以同时处理四个食品。这就是并行算法中的时间并行，在同一时间启动两个或两个以上的操作，大大提高计算性能。

空间上的并行是指多个处理机并发的执行计算，即通过网络将两个以上的处理机连接起来，达到同时计算同一个任务的不同部分，或者单个处理机无法解决的大型问题。例如，小李准备在植树节种 3 棵树，如果小李 1 个人需要 6 个小时才能完成任务，植树节当天他叫来了好朋友小红、小王，3 个人同时开始挖坑植树，2 个小时后每个人都完成了种植 1 棵树的任务，这就是并行算法中的空间并行，将一个大任务分割成多个相同的子任务，来加快问题解决速度。

所以说，如果让 CPU 来执行这个种树任务，它就会一棵一棵地种，花费 6 个小时的时间，但是让 GPU 来种树，就相当于好几个人同时在种。GPU 全称为 Graphics Processing Unit，中文译为图形处理器，就如它的名字一样，GPU 最初是用在个人电脑、工作站、游戏机和一些移动设备（如平板电脑、智能手机等）上运行绘图运算工作的微处理器。

为什么 GPU 特别擅长处理图像数据呢？这是因为图像上的每一个像素点都有被处理的需要，而且每个像素点处理的过程和方式都十分相似，也就成了 GPU 的天然温床。GPU 的构成相对简单，有数量众多的计算单元和超长的流水线，特别适合处理大量的类型统一的数据。

GPU 无法单独工作，必须由 CPU 进行控制调用才能工作。CPU 可单独作用，处理复杂的逻辑运算和不同的数据类型，但当需要大量地处理类型统一的数据时，则可调用 GPU 进行并行计算。有一点需要强调，虽然 GPU 是为了图像处理而生的，但是通过前面的介绍可以发现，它在结构上并没有专门为图像服务的部件，只是对 CPU 的结构进行了优化与调整，所以现在 GPU 不仅可以在图像处理领域大显身手，它还被用在科学计算、密码破解、数值分析、海量数据处理、金融分析等需要大规模并行计算的领域。所以也可以认为 GPU 是一种较通用的芯片。除了 CPU 和 GPU 之外，芯片家族还有另外一名"成员"——FPGA。

2.3.4 FPGA

比起前面两位，FPGA 鲜为人知，但这并不妨碍它成为民用领域和军用领域的"宠儿"。它不仅在 5G 通信、大数据、物联网领域有巨大的潜力，就连绝大部分的大型军用电子设备也十分依赖 FPGA。

FPGA 出现之前，所有集成电路都可以看成是雕塑家，但是雕成一个成品，往往要浪费很多半成品和原料，这就是 ASIC 的不足之处。后来 FPGA 出现了，FPGA 就是块橡皮泥，什么硬件电路都能模仿，万用 IC，想捏成什么样都行，捏得不好，可以重新再捏，也可以把 FPGA 当作积木。

FPGA 全称是 Field-Programmable Gate Array（现场可编程门阵列），通俗地说，就是这块芯片允许你在上面编程。然而就是这块如此重要的芯片，国内能生产的厂家却寥寥无几，进口比例高达 98%。为何会如此？

第一，对 FPGA 芯片进行编程非常困难。除了赛灵思和阿尔特拉等几家美国公司之外，英特尔、IBM、三星、东芝、飞利浦、摩托罗拉等全球 60 多家公司都试图涉足，均惨败而归。

第二，FPGA 芯片专利技术壁垒太高。目前为止，赛灵思和阿尔特拉、莱迪思、美高森等公司用 9000 多项专利构建了一道坚实的知识产权堡垒，大大地堵死了 IBM 等公司的追赶之路。当年英特尔耗资 167 亿美元收购阿尔特拉，也仅仅是获得 FPGA 领域的"敲门砖"。要知道，从 20 世纪 80 年代开始，赛灵思花费了 30 多年的时间积累 FPGA 技术和经验，才能在该领域留下丰厚的技术和知识底蕴。

第三，FPGA 的市场偏小。全球半导体的市场总额为 4000 亿美元/年，而 FPGA 仅有 50 亿美元/年，相对狭窄的市场也加剧了激烈的竞争（市场份额难以养活全球的大公司），仅仅留下少数生存下来的佼佼者。

第四，国外限制。赛灵思、阿尔特拉等公司的 FPGA 芯片一直采用最先进的制程工艺，再加上如英特尔等掌握先进制造工艺的企业对国内 IC 设计公司的技术保护（限制最先进的制程工艺），比如采购 IP 做集成可以，自主研发 IC 则设置各种限制。令国内企业面对高昂的制程工艺成本，失去先机，无力追赶。

2.3.5 DSP

数字信号处理（Digital Signal Processing，DSP），是用数值计算的方式对信号进行加工的理论和技术。另外，DSP 也是 Digital Signal Processor 的简称，即数字信号处理器，它是集成专用计算机的一种芯片，只有一枚硬币那么大。

20 世纪 60 年代以来，随着计算机和信息技术的飞速发展，数字信号处理技术应运而生并得到迅速的发展。在 DSP 芯片出现之前，数字信号处理只能依靠微处理器来完成。但由于微处理器处理速度较低，根本就无法满足越来越大的信息量的高速实时要求。因此，应用更快、更高效的信号处理方式成了日渐迫切的社会需求。

DSP 作为一种独特的微处理器，有完整指令系统，用数字信号来处理大量信息。它的最大特点是内部有专用的硬件乘法器和总线结构，对大量的数字信号进行高速处理，其独特之处在于它能即时处理资料，因此 DSP 适合应用于低延迟信息处理领域。

DSP 采用的是数据总线和地址总线分开的方式，使程序和数据分别存储在两个分开的空间，允许读取指令和执行指令完全重叠。也就是说，在执行上一条指令的同时就可读取下一条指令，并进行译码，这大大提高了微处理器的速度。另外，还允许在程序空间和数据空间之间进行传输，因为增加了器件的灵活性。由于它运算能力强、速度快、体积小，而且采用软件编程具有高度的灵活性，因此为从事各种复杂的应用提供了一条有效途径。

2.4 人工智能的下半场是应用智能

近几年，人工智能迎来了井喷式的爆发。AI 被分为两类，这些执行具体任务的 AI 属于"弱人工智能"；另一类"强人工智能"，又称"通用人工智能"（Artifical General Intelligence，AGI），能够模仿人类思维、决策，有自我意识，可自主行动。后者目前主要出现在科幻作品中，还没有成为科学现实。

作为计算机科学的一个分支，人工智能学科大约有 70 年历史。论述人工智能发展历程和未来趋势的书籍很多，值得推荐的包括《人工智能简史》和《AI 的 25 种可能》等。这里重点来谈谈人工智能的下半场：应用智能。

任何技术的发展都有波峰和波谷，AI 研发史上经历过两次"寒冬"，2018 年人们又开始谈论"第三个 AI 寒冬将至"的可能性。为什么如日中天的人工智能存在再次陷入寒冬的可能性呢？数据是否可以被采集、数据的质量、数据如何被分析和应用，这些与人工智能的价值直接相关。没有数据，人工智能就是无源之水。数据质量不佳，人工智能的分析结果可能还会酿成大错。

目前存在两种与人工智能的火热发展极不搭配的相反态势：从上游来看，人工智能赖以生存的基础，大数据的发展和数据质量的提升，远不及预期；从下游来看，人工智能的应用"出口"仅限于语音和视频的"狭窄"场景，更广泛的应用天地还尚未开拓。

因此，当提到人工智能时，往往同时也会提到大数据和物联网，可以说物联网是器、大数据是魂、人工智能是手段。而这三者的集成与融合，就会形成智联网。现在可以运用大量传感器、物联网设备，甚至用户数据，在所有业务领域进行预测和决策，但前提是用户必须了解这些数据的含义和来源。孤立地使用物联网、大数据或人工智能无法快速取胜，物联网设备、传感器、机器人技术和人工智能是同一系统中的不同组成部分。

智联网（AIoT）作为各大传统行业智能化升级的通道，已经成为物联网发展的必然趋势。AI、IoT"一体化"后,"人工智能"逐渐向"应用智能"的方向演进。应用智能的真谛恰恰是"实用主义",之所以提出"实用",是因为过去常常见到一些炫技的产物,这些产物大多是以单一孤立的身份存在,但这些孤立存在的物品并不能给生活带来真正的改变。正如物联网之父凯文·阿什顿(Kevin Ashton)曾说的一句话:"不是我说,那些智能酒瓶、智能比基尼、智能水杯什么的,都是渣渣。"在这位1999年就提出"全球物品信息实时共享的实物互联网"的老教授眼中,物联网的真正奥义在于高效化的大数据,而不是这些"过家家"的玩意儿。

应用智能与大数据、物联网和人工智能,都有一脉相承的关联。王坚博士在《在线》一书中曾说:"互联网变成基础设施,数据变成新的生产资料,计算变成公共服务,这三者裂变的结果是新经济的出现,我把它称作计算经济,它是在线时代的经济。无论欧洲所说的工业4.0和数字经济,还是美国所说的各项经济以及产业互联网,它们相结合的结果就是以互联网、数据和计算为基础的计算经济。"

应用智能正在逐渐影响着生产、制造、生活的方方面面。应用智能背后的大数据主要源于各类传感器和网络系统,源数据输入来自实时的智能手机、汽车、无线基站、建筑物、路由等,以及传送位置、时间、正在使用的服务项目等信息。应用智能让人工智能这门复杂而前沿的科学变得更加通用,为智联网(AIoT)提供基础设施和智能引擎。

为了更好地推进应用智能的落地,我们需要对人工智能的基础知识有一定的了解,涉及的概念包括机器学习、深度学习、神经网络等。

2.4.1 AI

刚刚接触人工智能的内容时,经常会看到人工智能、机器学习、深度学习还有神经网络等术语，一个个都很高冷，以至于分不清它们之间到底是什么样的关系，很多时候都会误认为是一个东西的不同表达而已。下面我们对这些概念进行一个大致的划分。

人工智能是研究、开发用于模拟、延伸和扩展人的智能的理论、方法、技术及应用系统的一门技术科学。机器学习是一种实现人工智能的方法，深度学习是一种实现机器学习的技术。

现在人们普遍把1956年叫作人工智能元年。人工智能作为一门学科，在这个时期起步并取得了早期成功。1956年夏天，当时4位AI鼻祖写了一份提案，申请开一个研讨会研究人工智能。那次会议上，人工智能的先驱们就梦想着用当时刚刚出现的计算机来构造复杂的、拥有与人类智慧同样本质特性的机器。这就是现在所说的"强人工智能"。这个无所不能的机器，它有着我们所有的感知（甚至比人更多）、我们所有的理性，甚至可以像我们一样思考。人们在电影里也总是看到这样的机器：友好的，像星球大战中的C-3PO；邪恶的，如终结者。强人工智能现在还只存在于电影和科幻小说中，原因不难理解，我们还没法实现它们，至少目前还不行。

我们目前能实现的，一般被称为"弱人工智能"（Narrow AI）。弱人工智能是能够与人一样，甚至比人更好地执行特定任务的技术。人工智能研究的领域主要有五层：

（1）底层是基础设施建设，包含数据和计算能力两部分，数据越大，人工智能的能力越强。

（2）第二层为算法，如卷积神经网络、LSTM序列学习、Q-Learning、深度学习等算法，都是机器学习的算法。

（3）第三层为重要的技术方向和问题，如计算机视觉、语音工程、自然语言处理等。还有另外的一些类似决策系统，像增强学习，或像一些大数据分析的统计系统，这些都能在机器学习算法上产生。

（4）第四层为具体的技术，如图像识别、语音识别、机器翻译等。

（5）顶端为行业的解决方案，如人工智能在金融、医疗、互联网、交通和游戏等方面的应用，这是我们最关心的它能带来的价值。

2.4.2　DL

2012年以后，得益于数据量的上涨、运算力的提升，以及深度学习（Deep Learning，DL）等机器学习新算法的出现，人工智能开始大爆发。

深度学习是一种实现机器学习的技术。机器学习同深度学习之间是有区别的，机器学习是指计算机的算法能够像人一样，从数据中找到信息，从而学习一些规律。虽然深度学习是机器学习的一种，但深度学习是利用深度的神经网络，将模型处理得更为复杂，从而使模型对数据的理解更加深入。

深度学习是机器学习中一种基于对数据进行表征学习的方法。深度学习是机器学习研究中的一个新的领域，其动机在于建立、模拟人脑进行分析学习的神经网络，它模仿人脑的机制来解释数据，如图像、声音和文本。同机器学习方法一样，深度学习方法也有监督学习与无监督学习之分。不同的学习框架下建立的学习模型很是不同。

因此，深度学习本来并不是一种独立的学习方法，其本身也会用到有监督和无监督的学习方法来训练深度神经网络。但由于近几年该领域发展迅猛，一些特有的学习手段相继被提出（如残差网络），因此越来越多的人将其看作一种独立的学习方法。

2.4.3　ML

如前文所述，机器学习（Machine Learning，ML）是一种实现人工智能的方法，它是一门多领域交叉学科，涉及概率论、统计学、逼近论、凸分析、算法复杂度理论等多门学科。机器学习是人工智能的核心，是使计算机具有智能的根本途径，其应用遍及人工智能的各个领域，它主要使用归纳、综合，而不是演绎。机器学习最基本的做法，是使用算法来解析数据、从中学习，然后对真实世界中的事件做出决策和预测。与传统的为解决特定任务、硬编码的软件程序不同，机器学习是用大量的数据来"训练"，通过各种算法从数据中学习如何完成任务。

机器学习最成功的应用领域是计算机视觉，虽然仍然需要大量的手工编码来完成工作。人们需要手工编写分类器、边缘检测滤波器，以便让程序能识别物体从哪里开始，到哪里结束；写形状检测程序来判断检测对象是否有八条边；写分类器来识别字母 STOP。使用以上这些手工编写的分类器，人们才可以开发算法来感知图像，判断图像是否为一个停止标志牌。

机器学习有三类：第一类是无监督学习，指的是从信息出发自动寻找规律，并将其分成各种类别，有时也称"聚类问题"。第二类是监督学习，指的是给历史一个标签，运用模型预测结果。如有一个水果，根据水果的形状和颜色去判断到底是香蕉还是苹果，这就是一个监督学习的例子。最后一类是强化学习，指的是可以用来支持人们去做决策和规划的一种学习方式，它是对人的一些动作、行为产生奖励的回馈机制，通过这个回馈机制促进学习，这与人类的学习相似，所以强化学习是目前研究的重要方向之一。

任何学科的发展从来都不是一条路走到黑，而是同行之间互相学习、互相借鉴、博采众长、相得益彰，站在巨人的肩膀上不断前行。人工智能的研究也是一样。未来哪种机器学习算法会成为热点呢？深度学习三大巨头之一的吴恩达曾表示，继深度学习之后，迁移学习将引领下一波机器学习技术。但最终机器学习的下一个热点是什么，谁又能说得准呢。

2.4.4 TinyML

一个趋势是，AI 正在加快速度从"云端"走向"终端"，进入越来越小的智联网设备中。你可能很好奇，因为分布最广的智联网设备往往体积很小、电量有限，它们被作为终端硬件，通过嵌入式传感器采集各种数据；计算能力有限，对功耗极为敏感。这类设备也能实现人工智能吗？是的。作为一种实现人工智能的方法，在终端和边缘侧的微处理器上实现的机器学习过程，被称为微型机器学习，即 TinyML。更准确地说，TinyML 是指工程师们在毫瓦（mW）功率范围以下的设备上实现机器学习的方法、工具和技术。一批企业正在利用 TinyML 相关的技术与产品，探索如何在这些无处不在的小型设备上更好地搭载机器学习，以便提高设备的分析能力和运行效率。TinyML 是不同技术领域和推动因素的交集，它位于物联网设备、机器学习和边缘计算之间的结合部，并因为多种驱动力的综合作用，进展很快。

技术的进步和生态的发展，为 TinyML 的发展赋予了巨大的动能。目前，TinyML 的影响力正在持续发酵，势必将有大批产品和解决方案问世，是一个值得重点把握和关注的领域。接下来就近距离地观察 TinyML。

到底什么是 TinyML？如上所述，TinyML 是机器学习在微控制器上的应用，是超低功耗边缘侧人工智能。它背后的趋势是：机器学习正在变得越来越小。无论何时何地，数据都需要即时可用，这一趋势越来越明显。全球各行各业都在经历由这种需求推动的"数字化转型"。根据 IDC 的分析，到 2025 年，全球创建的数据中，超过 1/4 的数据在本质上都是实时数据，而智联网实时数据将占这部分数据的 95% 以上。

大量涌现的数据催生出了一系列全新的技术——机器学习、自然语言处理和人工智能，它们将数据分析从不常见的、追溯式的实践，转变成为战略决策和行动的前摄式推动因素。这些技术可以大大提高各种行业、环境和应用数据分析的频率、灵活性和即时性。同样根据 IDC 的预测，到 2025 年，属于数据分析的全球数据总量将增长至原来的 50 倍，达到 5.2ZB；而机器学习所"触及"的分析数据总量将增长至原来的 100 倍，达到 1.4ZB。目前存在的机器学习可以划分为三种状态：云端 ML、边缘 ML 和 TinyML。TinyML 正是针对占比超过 95% 以上的智联网实时数据处理场景。因此，目前针对不同类型的计算平台，在不同时间创建和使用的数据量，机器学习被较为清晰地划分为三种类型，发挥着各自差异化的作用。

- 云端 ML：是指机器学习在企业内部或云端特定计算数据中心的应用。这些云服务器涵盖所有类型，包括公共云、私有云和混合云。此外，它还包括运营控制中心，如管理电网或电话网络的那些运营控制中心。
- 边缘 ML：是指机器学习在不处于核心数据中心的、企业级计算机/设备中的应用。边缘设备包括服务器机房、现场服务器，以及位于各个地区以加快响应速度为目的的小型数据中心。
- TinyML：是指超低功耗的机器学习在智联网各种终端微控制器中的应用。TinyML 通常功耗为毫瓦级别甚至更低，因此可以支持各种不同的电池驱动的设备，需要始终在线的应用。这些设备包括智能摄像头、远程监控设备、可穿戴设备、音频采集硬件以及各种传感器等。

再看 TinyML 的发展现状，从算法、软件、硬件这三个维度分析，TinyML 已经进化到"足够好"并可以实际应用的阶段。TinyML 是一个新兴领域，是快速增长的机器学习技术和应用，是一片巨大的、未被充分开发的蓝海。数以亿计的微控制器和各种各样的传感器结合在一起，在未来可能会激发一些非常有创意、更具实用价值的 TinyML 应用。TinyML 蕴含巨大机会，很多刚刚浮现。未来一两年内，这个领域很可能会出现显著进展。这里对 TinyML 做一个简单总结：

- What：TinyML 是指超低功耗（毫瓦量级）的边缘侧机器学习应用。
- Why：TinyML 可以提升大量智联网设备的数据分析和决策能力。
- How：TinyML 的实现需要硬件、软件和算法的整体性协同设计。
- When：现在是着手布局 TinyML 的最好时机。

接着再来看看什么是"TinyML 即服务"。这是爱立信率先提出的一个理念。首先，我们需要明确地区分在智联网终端中应用机器学习的两种方式：为智联网终端设备提供机器学习服务；或者在智联网终端设备中内嵌 TinyML 即服务。这两种表述看似相像，实则不同。

在第一种情况下，为智联网终端设备提供的机器学习服务，一般将所有 ML 任务都"外包"给边缘设备和云服务器，终端设备则以接收者的身份，"被动"执行由边缘和云端下发的各种任务。

在第二种情况下，智联网终端设备中内嵌 TinyML 即服务，"主动"参与智能决策与执行。虽然与云端和边缘相比，终端设备的资源非常有限，但 TinyML 即服务仍旧可以提升终端设备的分析能力，以便其能更好地处理实时智联网数据。因此 TinyML 即服务，真正地实现了将机器学习带入智联网终端。

看到这里，你或许有个疑问：机器学习生态系统非常庞大，而且对资源要求很高。智联网设备那么小，可以执行哪些机器学习任务？为了更好地回答这个问题，我们先来说说 TinyML 和云端 ML 之间的差异，它们分别处于两个截然不同的世界。

与 TinyML 可以调用的资源相比，云端 ML 简直是"富豪"。为了顺利推进，TinyML 必须采用与云端 ML 不同的思维模式，TinyML 和 Linux 之间并没有太多交集。大量的智联网设备并没有运行 Linux 的能力，TinyML 无法调用很多成熟的工具、应用和基于容器的虚拟化技术，必须另辟蹊径地解决各种软件、硬件和算法极为缺乏的问题，部署 ML 服务。当然，想要在终端智联网设备中，获得和云端 ML 同样的体验是不现实的。TinyML 主要实现的是推理，也就是把从训练中学习到的能力应用到实际操作中去。

微小的 TinyML 将会变得很大，这个新生事物正在逐步成形的过程中，需要来自软件侧、硬件侧、算法侧、应用侧等涉及多方的通力协作，才能有效构建完整的生态系统。

2.5 虚拟现实，这本是一个矛盾词

在借助"五感"所获得的信息中，大约有 70% 来自视觉。对人类而言，视觉信息最容易了解，也最能够信赖，因此有"百闻不如一见"这样的谚语。或许正是因为人类靠视觉获取大部分信息，所以我们才会在视觉上大做文章。

"一切皆有可能"，这一曾经"可望而不可即"的愿景，随着科技进入智联网时代，竟落地成真了。逃离现实的枷锁，人们在进入虚拟世界这一方小小天地后，将被赋予无限的"超能力"，打破现实的物理定律，飞檐走壁、躲闪子弹，甚至腾空飞翔都将成为现实；迈进想象中的异次元世界大门，之前的空想与白日梦，竟真实浮现在眼前，并能与之互动……这些被认为仅存于科幻电影与小说中的情节，科学家们到底是如何攻克与实现的？作为科幻作品重要素材的"虚拟世界"，到底经历了怎样的蜕变之路？

2.5.1 VR

VR（Virtual Reality，虚拟现实）是指视野中的整个环境都是虚拟出来的，跟现实场景可以没有任何关系。你在自己家客厅里带上 VR 眼镜，可以瞬间来到外星球，跟好友们一起玩太空对战游戏。

20世纪50年代中期，当大部分人还在使用黑白电视的时候，一位摄影师终于成功造出了一台能够正常运转的3D视频机器。它能让人沉浸于虚拟摩托车上的骑行状态中，感受声响、风吹、震动和布鲁克林马路的味道，他给它起名Sensorama。作为杰出的电影摄影师，这位发明人创造Sensorama的初衷是打造未来影院。Sensorama具有立体声扬声器、立体3D显示器、风扇、气味发生器和一个震动椅等部件，希望通过这些部件刺激观看者的所有感官，将人完全沉浸在电影中。这是虚拟现实的"第一世"，当时虚拟现实还没有VR这个正式的名称。

美国VPL公司创建人杰伦·拉尼尔（Jaron Lanier），被业界称为"虚拟现实之父"，这位集计算机科学家、哲学家和音乐家三种身份于一身的天才，在1987年提出了VR概念。VPL公司研发出了一系列虚拟现实设备，包括头戴式显示器和搭配的手套。此后，VPL致力虚拟现实产品的商业化，逐渐发展成了一家以制造软件产品为导向的公司，当时VR头显的售价为9400美元，增强版头显售价为49000美元，手套售价为9000美元，至于销量嘛，我不说你也可以猜到。虽然VPL公司在1992年年末走向了破产，但作为第一家销售VR产品的公司，他们做出了重大贡献。后来VR技术虽几经演变，但仍未普及。

这是因为大部分新技术，从概念出现到最终普及，都会经历一个起伏的阶段。而且，业界有一条专门描述这个过程的曲线，叫作技术成熟度曲线。一个新技术的发展过程中，会存在这样一个规律：

新技术诞生：新技术被提出，开始逐步进入大众视野，不断有原型产品被开发出来，刺激着大众的好奇心。

期望膨胀：大众企业/研究机构，开始仓促进入新领域，意图抓住新的增长点，占领先机。在这个时期，人们往往容易忽视新技术的不足，盲目地投入人力物力，同时，媒介宣传上，也会盲目乐观，迎合大众的兴趣，过高地宣传新技术的光明前景。

泡沫破灭：当一批批的产品被研发出来，并仓促投入市场中时，人们终于发现，原来所谓的"光明前景"远远没有到来，各种负面的评价却接踵而至，企业也终于认清现实，开始收紧投资，整个市场逐渐冷淡下来。

启蒙期：基于第一波产品的失败经验教训，人们开始缓慢地对新技术进行改进，逐步提升效果。

稳定生产：当新技术的性能/效果最终能满足需求时，才进入实质的普及生产阶段。

VR发展史正好符合这一规律。

了解技术成熟度曲线，可以帮助我们在新技术的应用过程中，更清晰地把握时机，做出正确判断。

时间快进到20世纪90年代。在整个90年代，基本跟VR搭上关系的公司都希望能够"布局"VR，但大多数以失败告终，原因主要是技术不够成熟，产品成本颇高。但这一代VR的尝试，为后续VR的积累和扩展打下了坚实的基础。与此同时，虚拟现实在全世界得到进一步的推广，尽管没有得到市场的认可，但大大丰富了虚拟现实领域的技术理论。进入21世纪，人们加快了推进VR应用的步伐，各类新品不断被推出。科学界与学术界对VR也越来越重视。在医疗、飞行、制造和军事领域对VR的应用研究不断深入。

2.5.2 AR

VR与AR，作为一对难兄难弟，自打出生以来，就联系紧密。很多时候，还会被"混为一谈"。那么，该如何区分它们呢？

增强现实（Augmented Reality，AR），是指视野中仍然有现实世界的影像，但是在影像之上，额外叠加上虚拟的物体，叠加的物体需要跟现实场景能有"互动"，比如能贴合到墙壁上，能放置在桌子上等。因为是对现实的增强，所以叫增强现实。AR 从具体实现上，又可以分为手机 AR 和 AR 眼镜。手机 AR 是指透过手机屏幕看到现实场景，在场景上叠加虚拟物体，相信很多人生活中都接触过，前些年大火的手游 *Pokemon Go* 就属于手机 AR 的范畴。

VR 是纯虚拟场景，用户需要通过 VR 设备连接进入虚拟世界（游戏、电影等），用户需要通过 VR 装备才能和虚拟世界进行互动交互。

AR 是真实世界和虚拟信息相结合，所以基本都需要摄像头，在摄像头拍摄的场景画面上，再加入虚拟信息进行展示和互动。目前 AR 软件也很多，大家可以自行搜索一些 AR 软件进行体验。按照原理不同，AR 可以分为如下几类。

1. 基于标记的增强现实

这里的标记一般使用提前定义好的图案，通过手机、平板电脑的摄像头进行识别，识别后会自动触发预设好的虚拟的物体在屏幕上呈现。最早的图案一般都选择二维码来触发 AR，因为二维码识别技术非常成熟，简单方便、识别速度快、成功率很高。此外，二维码图案还可以方便地计算镜头位置和方向，实际使用中为了显示效果，一般会将二维码内容进行覆盖。

2. 基于地理位置服务（LBS）的增强现实

基于 LBS 的增强现实一般使用嵌入在手机等智能设备中的 GPS、电子罗盘、加速度计等传感器来提供位置数据。最常用于地图类应用。例如，打开手机应用开启摄像头对着街道拍照，屏幕上可以显示附近的商家名称、评价等信息。也可以用来进行实景导航等。

3. 基于投影的增强现实

基于投影的增强现实直接将信息投影到真实物体的表面来呈现信息。例如，将手机的拨号键投影到手上，实现隔空打电话。还有就是用于汽车前挡风玻璃的 HUD（Head-Up Display），可以直接将汽车行驶的速度、油耗、发动机转速、导航等信息投影到前挡风玻璃上，而不需要司机低头去看仪表或者手机（这在高速驾驶时非常危险），帮助司机更便捷、全面地感知车况、路况，提高驾驶安全性。

4. 基于场景理解的增强现实

这是目前使用最广，也最有前景的 AR 展现形式。其中物体识别和场景理解起着至关重要的作用，直接关系到最终呈现效果的真实感。最有名的就是 2016 年日本任天堂公司推出的 *Pokemon Go* 手游，就是使用的 AR 技术。玩家可以通过手机屏幕在现实环境里发现宝可梦，然后进行捕捉或者战斗。例如，你面前是一片真实的草地，但透过手机屏幕，你能看见一只宝可梦在草地上；把手机移开，其实只有草地。把虚拟的物体通过手机屏幕叠加到现实世界里，这就是增强现实。

2.5.3 MR

除了 VR 和 AR 之外，XR 系列中还有一个成员：混合现实（Mixed Reality，MR）。这是一个相对比较新的概念。前面说过，AR 是把虚拟的东西叠加到真实世界，而 MR 则是把真实的东西叠加到虚拟世界里。听起来好像是差不多，反正都是把现实和虚拟互相叠加，但其实差别大了，因为把虚拟叠加到现实里比较容易，只需要用计算机生成好虚拟的物体，然后在真实的画面上显示就好了。但要把现实叠加到虚拟里，可就比较难了。

因为首先得把现实的东西虚拟化。虚拟化一般使用摄像头扫描物体来进行三维重建，我们都知道摄像头拍摄的画面其实是二维的，也就是画面是扁平的，丢失了深度信息，所以没有立体感，因此需要通过算法把摄像头拍摄的二维的视频进行三维重建，生成虚拟的三维物体，我们称之为真实物体的虚拟化。MR 和 AR 最大的不同就是可以把虚拟化的效果呈现给多人，实现多人交互。

比如电器故障维修，我们普通消费者在使用电器方面遇到了故障，传统的方法是打售后电话，消费者把电器送到售后维修点或者厂家提供专门的售后上门服务，这一来一回通常需要很多天，而故障很可能就是一个非常简单的小问题，消费者自己就能搞定。这时就可以用到 MR 技术。

2.6 XaaS，万物皆可服务

"万物皆服务"（XaaS）所引发的正是一场商业模式的革新。XaaS 并不是一个新词，与所有带"-aaS"的词一样，它同样发端于云计算领域。提起云计算，就要说到亚马逊。亚马逊发现云计算需要大额资本投入，资本投入规模越大，采购成本越低。同时，也能通过规模提高效率，建立一些小公司做起来很不划算的，能够提高效率的系统。

后来出行领域的滴滴、短租领域的 Airbnb 等出现，强调社会化"共享"的理念，将一个又一个企业送上了风口，让生产资料社会化分享带来的成本降低，在经营领域的驱动效应更明显。因此，在这里引用 XaaS 这个概念，除了指在数字空间里基于云计算的各个层面上的各种服务之外，还包括现实世界中的设备分享和租赁、供应链金融、经营服务外包、物料托管等各种服务。

XaaS 虽然最先发生于技术领域，但是它在服务领域引发了一场更深层次的变革。随着工业革命的发展，实物商品的生产和消费实现了解耦，商品可以经由遍布全球的运输网络跨越时空，供应到每个角落。然而在服务业，人们的生产和消费活动主要围绕服务产品而展开。服务产品具有非实物性和无形性，使得服务产品既不能储存也不能运输，这在客观上就要求服务产品的生产和消费活动既不能在时间上解耦，也不能在空间上分离，即服务产品的生产过程和消费过程具有同一性。

技术的演进打破了服务业的这一束缚。XaaS 的意义在于，只要互联网连接以合理的速度广泛应用，并保证足够低的延迟时间，各种服务提供商就开始提供通过这些连接交付可扩展的按需产品，服务也实现了生产和消费的解耦，跨越了时空。

换句话说，在通常所说的信息流、资金流和物流的各个层面和维度，都会有平台级的服务商为企业（尤其是小微企业）提供生产资料共享服务。虽然这些商业模式早就存在，但智联网（AIoT）的发展，将使这些早就存在的商业模式得到更广泛高效的应用。

通过 XaaS 模式，从理论上来说，未来很多企业可以不雇用任何一个全职员工，就可以达到相当的经营规模，如微信平台上的大量微商，就是这种模式的最好范例。微信是作为一个社交平台进场的，但是现在显然已经显示出产业互联网的属性。当然，XaaS 模式的受益者不只限于小微企业，中型企业也可以从中受益。

很多大型企业也会把它们的某些非核心业务外包到外部的服务平台上。举个例子，生产型企业如何利用 XaaS 模式降低其财务杠杆率。现金流是企业的生命线，资产化投入、库存、账期导致的应收账款等都是现金杀手，但是在经营过程中又是不可或缺的。

利用产业互联网，企业可以显著降低现金的消耗。例如，通过分享和租赁降低设备等固定资产的投入；通过供应链上下游信息协同，减少信息不对称，降低波动和不确定性，这样就没有必要保留高库存；利用供应链金融盘活应收账款……这样在同等的自有资金规模下，企业可以在不显著增加财务杠杆的前提下大大拓展经营规模。

讲了这么多 XaaS 的好处，也许你会想，咱们先搞懂 XaaS 在云计算中的具体运用吧。好，这就开始。估计你听说过三个"高大上"的概念：IaaS、PaaS 和 SaaS，正规的解释如下：

- Infrastructure as a Service（IaaS）：基础设施即服务，虚拟化，用户需要配置和部署中间件和应用服务。

- Platform as a service（PaaS）：平台即服务，服务供应商提供开发的整体环境。
- Software as a Service（SaaS）：软件即服务，软件分发方式，服务供用户订阅。

这几个术语并不好理解。不过，如果你是一个吃货，并且喜欢比萨，这个问题就好解决了。那么一个"吃货"是怎样吃到比萨的呢？

（1）在家自己做。这真是一个麻烦事，你需要准备很多东西，发面、做面团、进烤箱……一切包干。

（2）买速食比萨回家自己做着吃。你只需要从比萨店里买回成品，回家烘焙就好了，在自己的餐桌上吃。和自己在家做不同，你需要一个比萨供应商。

（3）打电话叫外卖将比萨送到家中。打个电话，比萨就送到家门口。

（4）在比萨店吃比萨。你什么都不需要准备，连餐桌也是比萨店的。

好了，现在忘掉比萨。假设你是一家特别牛的技术公司，根本不需要别人提供服务，你拥有基础设施、应用等其他一切，你把它们分为三层：基础设施（infrastructure）、平台（platform）和软件（software）。

其实这就是云计算的三个分层，基础设施在最下端，平台在中间，软件在顶端，分别是 IaaS、PaaS、SaaS，别的一些"软"的层可以在这些层上面添加。

而你的公司什么都有，现在所处的状态叫作本地部署（On-Premises），就像自己在家做比萨一样。几年前如果你想在办公室或者公司的网站上运行一些企业应用，你需要去买服务器或者别的费用高昂的硬件来控制本地应用，让你的业务运行起来，这就叫本地部署。

假如突然有一天想明白了，只是为了吃上比萨，为什么非要自己做呢？于是，准备考虑一家云服务供应商，这个云服务供应商能提供哪些服务呢？其所能提供的云服务也就是云计算的三个分层：IaaS、PaaS 和 SaaS，就像比萨店提供三种服务：买成品回家做、外卖和到比萨店吃。接下来谈谈具体细节。

2.6.1 IaaS

IaaS（基础设施即服务）像是撑起万丈高楼的地基，有了 IaaS，就可以将硬件外包到别的地方去。IaaS 公司会提供场外服务器、存储和网络硬件，你可以租用。节省了维护成本和办公场地，公司可以在任何时候利用这些硬件来运行其应用。

使用 IaaS 的组织可以自行购买基础设施服务，并按每次使用付费。费用通常按小时、周或月支付，具体取决于服务合同。在某些情况下，提供者根据他们在一段时间内使用的虚拟机容量向客户端收取基础设施服务的费用。

IaaS 资源可以是"单租户"或"多租户"。"多租户"意味着多个客户机共享这些资源，即使它们的系统是分开的。这是交付 IaaS 最常见的方式，因为它既高效又可伸缩，使得云计算的成本通常更低。相比之下，"单租户"的存在是为了服务于那些需要与其他系统严格分离，但成本较高的客户端。单租户系统更像传统的托管服务，第三方提供商从本质上租用数据中心的专用空间，但真正的单租户 IaaS 还提供云特定的功能，如可伸缩性和对托管服务通常无法提供的各种平台技术的访问。

提到 IaaS，还需要了解公有云和私有云。公有云是指面向所有互联网用户类型的基础架构云运行平台；私有云是指只面向企业或组织机构内部的云计算运行平台。对于公有云用户和私有云用户，有个比较明显的区别。公有云用户基本是从无到有：原先没有服务器没有完整的后台 IT 架构，现在由于业务需求希望快速低成本地建设一个 IT 系统；而私有云用户其实是从有到省：从原先完善但庞大不灵活的 IT 系统，转向一个效率更高、扩容升级更灵活、对业务影响更小的系统架构。因此，公有云和私有云用户的需求也不一样。从初期的需求来看，公有云用户的需求就是快速上线，经济实惠。而私有云用户更多的是要求平滑过渡，保留现有体验，不影响现有业务。

除了公有云、私有云，还有一种混合云。顾名思义，混合云是两种及以上云计算模式的混合体，既有公有云又有私有云。它们相互独立，但在云的内部又相互结合，可以发挥出所混合的多种云计算模型各自的优势。

2.6.2 PaaS

第二层就是所谓的 PaaS（平台即服务），某些时候也叫作中间件。公司所有的开发都可以在这一层进行，节省了时间和资源。PaaS 公司在网上提供各种开发和分发应用的解决方案，如虚拟服务器和操作系统。这节省了在硬件上的费用，也让分散的工作室之间的合作变得更加容易。包括网页应用管理、应用设计、应用虚拟主机、存储、安全，以及应用开发协作工具等。

PaaS 将帮助开发人员和企业用户把目光放到开发出色的应用程序上，只需点击几下鼠标、输入一些代码，不必再为基础架构和操作系统而烦恼。通过云，可以轻松得到需要的开发工具、服务器和编程环境，无须繁复的内部创建过程和高昂的费用支出。而且应用程序的开发和托管速度更甚以往，安装费用也极其低廉，亦不用担心基础架构造成的延时或效率低等问题。总而言之，PaaS 可以让开发人员做他们最擅长的事，并且迅速收获成效。

PaaS 的分类有应用部署和运行平台 APaaS（Application Platform as a Service）和集成平台 IPaaS（Integration Platform as a Service）。APaaS 是仅提供应用的部署和运行平台，目前国内大多数 PaaS 平台均为 APaaS 平台，典型的比如钉钉。不过 APaaS 有一个突出的弊端：APaaS 中的应用是由若干个独立软件开发商提供，应用与平台的接入程度较浅，应用之间的兼容性也较差，信息流、财务流之间不能打通，如需实现则意味着大量的开发工作，软件开发商和平台是合作关系，并无依托关系，双方的目的明确——销售量的提升和平台功能的完善。通过 APaaS，能让企业从关注基础资源转移到只需关注应用本身，帮助企业快速实现应用的互联网化转型。

而 IPaaS 的功能可以理解为平台为开发者提供了一整套的开发工具和底层，应用是依托于 IPaaS 开发的，所以应用和平台的接入程度很深，且依赖性很强。国外比较典型的 IPaaS 如 Salesforce，典型的独立软件开发商 Veeva 是基于 Salesforce 开发了针对医疗行业的客户关系管理 CRM 系统，且有着较为不错的销售额。基于 IPaaS 的属性，开发商 Veeva 对于 Salesforce 的依赖性很高，基本被锁定在 Salesforce，但可以实现各个应用之间信息流的打通。

2.6.3　SaaS

第三层也就是所谓的 SaaS（软件即服务）。这一层是每天都能接触的一层，大多是通过网页浏览器来接入。任何一个远程服务器上的应用都可以通过网络来运行，就是 SaaS。SaaS 定义了一种新的交付方式，也使得软件进一步回归服务本质。企业部署信息化软件的本质是为了自身的运营管理服务，软件的表象是一种业务流程的信息化，本质还是第一种服务模式，SaaS 改变了传统软件服务的提供方式，减少了本地部署所需的大量前期投入，进一步突出信息化软件的服务属性。通过 SaaS 进行产品部署的优势如下。

1. 降低企业研发及维护成本

传统的软件工具，企业除了购买软件的成本，还需要构建和维护自己独立的 IT 硬件设备，企业研发和维护的成本极高，对于中小型企业机构而言一点儿都不友好。通过 SaaS 进行产品搭建，企业机构不再需要购买任何硬件，只需要刚开始的时候进行简单的注册即可。企业无须再配备 IT 方面的专业技术人员，同时又能得到最新的技术应用，满足企业对信息管理的需求。

2. 灵活可控的部署方案

传统的企业机构软件开发，因成本、设备以及设计等多种因素的影响，往往容易导致开发某一产品功能时需要多次的会议才能决定下来，功能部署流程烦琐且复杂。而通过 SaaS 技术服务来进行产品部署，企业机构可根据实际需求灵活使用各种产品功能，并且这些功能全由技术服务商进行维护和更新，企业机构无须担忧其后续的更新优化服务。

3. 稳定高效、安全有保障

在 SaaS 云计算服务模式中，企业数据主要存储在 SaaS 供应商的数据中心。因此，SaaS 技术服务商必然会采取措施保障数据安全，防止由于应用程序漏洞或者恶意特权用户泄露敏感信息，因为有技术平台集中统一的存储、备份、防火墙、运营监控管理和专业强大的运维团队，企业的数据安全更有保障。

4. 更优质的使用体验

与传统的软件外包不一样的是，SaaS 技术服务是一个持续提供优质体验的服务过程，我们会不断地接受客户对产品的反馈与建议，持续迭代和优化我们的产品服务，为客户带来优质的产品使用体验，为此还专门创建了一个官方圈子，旨在可以与客户更进一步地沟通交流，给予客户更优质的使用体验。

读到这里，我们终于可以长出一口气，整整一章，我们都在解读各种技术术语。智联网很容易被理解为一项新技术，其实不然，它更多的是各种技术文明的细胞融合。

在扫除了新概念"雾霾"之后，可以开始构建智联网的技术架构了。你是不是有些崩溃："什么，又是技术？还有架构？"搞清楚智联网，烧脑总是难免的。引用爱因斯坦的一句话：一切都应该尽可能地简单，但不要太简单。

技术融合

5G 时代，是一个技术横向融合、纵向交织的时代。信息革命、工业革命和通信革命，在同一时期汇聚，创造了这次技术更新的奇景。在这个过程中，你是否有种被各种技术名词的"雾霾"笼罩的感觉？拨开云雾，你就会发现它们的本质极为简单。

03
第 3 章

从乌托邦到现实

- IPv6 降临人间，"门牌号"多达 340 万亿个
- 无线通信技术中最值得关注的三个进展
- 边缘智能正在触发万亿市场
- 平台之上的平台、工具与服务
- AIoT 应用是数据价值变现的标配

  智联网的系统架构，我们应该从哪里开始说起呢？按照一般的做法，一开始介绍某样东西的时候，都会先从它的背景知识、历史发展和主要原理开始说起，然后顺利地把你看得想打哈欠。在你的思维开始游荡，睡意开始袭来之前，我们先讲个故事吧。

  这是一个救火的故事。有一天，在郊区的一处单层住宅，发生了一场乍看之下非常简单的火灾。据称火苗是从房子后面的厨房里窜出来的，于是一名消防指挥官带领消防员冲入厨房，试图扑灭火苗。但很快，火势就超出了他的预判，他感觉厨房里的温度比眼前这种规模的火灾要高，但燃烧发出的响声却低得多。闪念之间，他命令消防员迅速撤出该建筑物。几秒后，地板坍陷了。原来地下室里有一场规模更大的火灾。为什么这名指挥官能迅速判断危险，并及时撤退？

  从业多年，让这名消防指挥官在火情方面已经积累了足够多的经验。对于新的情况，他可以迅速做出判断，并基于直觉做出正确决定。在紧急情况下，建立在经验基础之上的直觉确实发挥了重要作用。这一直觉有两层逻辑，一是仅仅厨房着火不可能有这么高的温度，二是这么高温度的火灾，不可能这么安静。两者一结合，就发现另有玄机。

消防指挥官的"直觉逻辑"可以理解为一个简化版的分层架构。分层架构是运用最为广泛的架构模式，几乎每个复杂系统都需要通过不同层级的划分，来隔离不同的关注点，以此应对不同的需求和技术变化，使得这种变化可以独立进行。此外，分层架构模式还是隔离业务复杂度与技术复杂度的利器。

在《领域驱动设计模式、原理与实践》一书中，最为透彻地介绍了软件的分层及其原因，书中写道：为了避免将代码库变成一个大泥球，从而减弱领域模型的完整性，且最终减弱可用性，系统架构要支持技术复杂性与领域复杂性的分离。

分层架构模式有助于构建这样的应用：它能被分解成子任务组，其中每个子任务组处于一个特定的抽象层次上。显然，这里所谓的"分层"首先是一个逻辑的分层，对子任务组的分解需要考虑抽象层次，一种水平的抽象层次。既然为水平的分层，必然存在层的高与低；而抽象层次的不同，又决定了分层的数量。因此，对于分层架构，需要解决如下两个问题：第一，分层的依据与原则是什么？第二，层与层之间是怎样协作的？

首先，我们来回答分层的依据与原则。我们之所以要按照一定的方式对整个系统进行分层，是我们下意识地确定了一个认知规则：数据为本，用户至上。数据是运行系统的基础，而我们打造的系统却是为用户提供服务的。分层架构中的层次越往上，其抽象层次就越面向业务，面向用户；分层架构中的层次越往下，其抽象层次就变得越通用，面向设备。

典型的分层架构一般是三层，为什么普遍采用三层架构？正是源于这样的认知规则：其上，面向用户的体验与交互；其中，面向应用与业务逻辑；其下，面向各种外部资源与设备。在进行分层架构设计时，完全可以基于这个经典的三层架构，进一步切分属于不同抽象层次的关注点。因此，分层的第一个依据是基于关注点为不同的调用目的划分层次。

分层的第二个依据是面对变化。分层时应针对不同的变化原因确定层次的边界，严禁层次之间互相干扰，或者至少将变化对各层带来的影响降到最低。例如，数据库结构的修改自然会影响到基础设施层的数据模型以及应用层的行业模型，但当我们仅需要修改基础设施层中数据库访问的实现逻辑时，就不应该影响到行业应用层。

分层的第三个依据是层与层之间的关系应该尽量是正交的。所谓"正交"，并非二者之间没有关系，而是垂直相交的两条直线。唯一相关的依赖点是这两条直线的相交点，即两层之间的协作点。正交的两条直线，无论哪条直线进行延伸，都不会对另一条直线产生任何影响（指直线的投影）。如果非正交，即"斜交"，当一条直线延伸时，它总是会投影到另一条直线，这就意味着另一条直线会受到它变化的影响。在进行分层时，还应该保证同一层的组件基本处于同一个抽象层次。

其次，我们回答不同层级之间协作的问题。在我们固有的认识中，分层架构的依赖都是自顶向下传递的，这也符合大多数人对分层的认知模型。从抽象层次看，层次越处于下端，就会变得越通用、越公共，与具体的业务隔离得越远。

但是，依赖倒置原则（DIP）提出了对这种自顶向下依赖的挑战。这个原则正本清源，给了我们当头棒喝：谁规定在分层架构中，依赖就一定要沿着自顶向下的方向传递？层之间的协作并不一定是自顶向下地传递通信，也有可能是自底向上通信。

例如，在工业互联网中往往会由低层的设备监测系统监测设备状态的变化。当状态发生变化时，需要将变化的状态通知到上层的业务系统。如果说自顶向下的消息传递往往被描述为"请求"，则自底向上的消息传递则往往被形象地称为"通知"。倘若我们颠倒一下方向，自然也可以视为这是上层对下层的观察，故而可以运用"监听者"模式，在上层定义"监听"接口，并提供更新的方法，供下层在感知状态发生变更时调用。

做个小结，对于复杂系统，我们往往通过人为的层级划分进行构建，这种做法的优点如下。

（1）各层次之间是独立的。某一层并不需要知道它的下一层是如何实现的，而仅仅需要知道该层通过层间的接口所提供的服务。这样，整个问题的复杂程度就下降了。也就是说，上一层的工作如何进行并不影响下一层的工作，这样在进行每一层的工作设计时只要保证接口不变，就可以随意调整层内的工作方式。

（2）灵活性好。当任何一层发生变化时，只要层间接口关系保持不变，则在这层以上或以下的层均不受影响。当某一层出现技术革新或者某一层在工作中出现问题时不会连累到其他层的工作，排除问题时也只需要考虑这一层单独的问题即可。

（3）结构上可分割开。各层都可以采用最合适的技术来实现。技术的发展往往不对称，层次化的划分有效避免了木桶效应，不会因为某一方面技术的不完善而影响整体的工作效率。

（4）易于实现和维护。这种结构使得实现和调试一个庞大又复杂的系统变得易于处理，因为整个的系统已经被分解为若干个相对独立的子系统。进行调试和维护时，可以对每一层进行单独的调试，避免了出现找不到、解决错问题的情况。

（5）能够促进标准化工作。因为每一层的功能及其所提供的服务都已有了精确的说明。标准化的好处就是可以随意替换其中的某一层，对于使用和科研来说十分方便。

现在，我们对分层架构有了更清醒的认识。我们必须要打破那种谈分层架构必为经典三层架构，或者垂直领域驱动设计推荐的四层架构这种固有思维，而是将分层视为关注点分离的水平抽象层次的体现。

既然如此，架构的抽象层数就不是固定的，甚至每一层的名称也未必遵循经典的分层架构要求。设计系统的层需要结合该系统的具体业务场景而定。当然，也要认识到层次多少的利弊：过多的分层也会增加不必要的开支，层太少又可能导致关注点不够分离，导致系统的结构不合理。

还需要正视架构中各层之间的协作关系，打破高层依赖低层的固有思维，从解除或者降低耦合的角度探索层之间可能的协作关系。另外，还需要确定分层的架构原则和约束，例如是否允许跨层调用，即每一层都可以使用比它低的所有层的服务，而不仅仅是相邻低层。这就是所谓的"松散分层系统"。

同时，还需要警惕，当分层架构变得越来越普及时，我们的设计有可能反而变得越来越僵化。一部分智联网系统的设计师并未理解分层架构的本质，只知道依样画葫芦地将分层应用到系统中。要么采用经典的三层架构，要么遵循领域驱动设计改进的四层架构，却未思考和追问如此分层究竟有何道理？这有可能成为分层架构被滥用的根源。

那么该怎么演进智联网的技术架构呢？我们提到了经典三层架构与领域驱动设计四层架构，然而任何技术结论都并非句点，而仅仅代表了满足当时技术背景的一种判断，技术总是在演进，领域驱动架构亦是如此。与其关心结果，不如将眼睛投向这个演进的过程，或许风景会更加动人。

从 2015 年开始酝酿，我所创建的物联网智库研究团队，每个年度都会推出一份物联网 IoT 产业全景图谱。阅读这份图谱，是你跟踪产业生态进展、收集物联网领域主要参与者信息、洞察行业未来发展趋势的有效手段。

视野有多宽，观察一个事物的深度就有多深。因此我坚持从产业关联的广度和深度挖掘，探索物联网如何对经济结构的深刻变革带来影响。每一年度，物联网智库都与超过 3000 家物联网企业进行面对面交流或电话访谈，深入分析 300 多家领先的物联网代表企业，整理十余份垂直领域的物联网产业动态图谱，并最终汇总形成最新版的物联网 IoT 产业全景图谱。

如今，物联网与人工智能产业深度融合，升级为智联网。上一章中我们提到，人工智能在经历一个打破炒作、寻求落地的过程。人工智能企业开始探索如何为国民经济各行业赋能，其中与物联网融合、借助物联网应用落地的渠道是人工智能赋能行业的重要一环。从目前情况来看，大部分物联网项目落地过程中都融入了人工智能的元素，终端侧、边缘侧和云端的人工智能能力成为各种物联网应用方案的标准配置，用户也对基于人工智能的决策意愿越来越强烈。智联网（AIoT）已经不再是各参与方探索的方案，未来，没有融入人工智能的物联网解决方案将会越来越没有竞争力。

当然，智联网的推进不仅仅在于物联网与人工智能的融合，也在不断吸收各种最新前沿技术的进展，成为一个综合性的方案。大数据、区块链、云计算等技术带来最新的洞察、信任机制，但这些技术的发展也和人工智能一样最终要为各行各业赋能，与物联网的融合是一个重要的落地渠道。当然，它们不应该是高高在上的高端技术，也需要形成能让大部分用户用得起、用得好的普惠型方案，最终也可能成为物联网方案中的标配。

如本书的智联网图谱所示，从整体上来看，智联网的版图仍在不断扩张。在我们发布的最新版智联网图谱中，相比以往，最大的变化是将横向的四层架构变为五层架构，由于边缘计算在智联网业务中的重要性不断提升，因此我们增加了边缘层，从而形成了"端、管、边、云、用"这五层架构，同时辅以纵向的智联网产业配套服务，构成完整的智联网版图。

结论是简单的，关系是复杂的。边缘计算并不是孤立的一层，在智联网应用方案中，云端计算、终端计算和边缘计算是一个协同的系统，根据用户场景、资源约束程度、业务实时性等进行动态调配，形成可靠、低成本的应用方案。云计算厂商、IT厂商、运营商和垂直行业厂商等不同角色对于边缘计算的概念、边缘节点位置和边缘计算能力都有不同理解，但面对智联网方案实现云、边、端协同已达成共识。

接下来，我们按照从下到上的智联网图谱架构层次，逐层解读。

3.1 IPv6降临人间,"门牌号"多达340万亿个

第一层,端。顾名思义,智联网终端,既包括芯片、传感器、电源、屏幕等硬件设备,也包含操作系统等软件。如果把云比作大脑,那么智联网终端设备就是遍布全球的"神经末梢",操作系统就是"突触"。虽然终端数量庞大、功能与性能各异、应用极其广泛,但万变不离其宗,终端主要承担着数据采集以及将数据向网络端发送的作用。

端详物联网产业的"端",你会发现一个严重的问题。基于互联网协议第四版(IPv4)的全球互联网网络地址消耗殆尽,IP不够用了,怎么办?解决方案是使用IPv6。IPv6能够提供充足的网络地址,号称能让地球上的每一粒沙子都拥有一个IP地址,是全球公认的应对下一波互联网和智联网浪潮的商业应用解决方案。

IP地址不够会有什么问题呢?很重要的一点就是难以实现网络实名制。因为IP资源不够,所以不同的人在不同的时间段共用一个IP,IP和上网用户无法实现一一对应。目前的IP版本是IPv4,在IPv4下,根据IP查人也比较麻烦,电信局要保留一段时间的上网日志才行,通常因为数据量很大,运营商只保留三个月左右的上网日志,如果要查前年通过某个IP发帖子的用户就不能实现。

很明显,我们需要更多的IP地址,以满足爆炸式增长的互联网设备对IP地址的需求!于是,IPv6应运而生!较之IPv4使用的32位地址,IPv6使用128位地址,可以计算出IPv6能够提供的地址数为2^{128}-1个(大约340万亿个)。

340万亿是什么概念?即使地球上每个人都有几十个联网设备,分配的话也绰绰有余。难怪会说,IPv6要给地球上的每一粒沙子都分配一个IP地址。总结一下,与IPv4相比,IPv6具有以下几个优势。

(1)IPv6具有更大的地址空间。与IPv4相比,IPv6的地址空间增加了2^{96}个。

（2）IPv6 使用更小的路由表。IPv6 的地址分配一开始就遵循聚类（Aggregation）的原则，这使得路由器能在路由表中用一条记录（Entry）表示一片子网，大大减少了路由器中路由表的长度，提高了路由器转发数据包的速度。

（3）IPv6 增加了增强的组播（Multicast）支持以及对流的控制（Flow Control），这使得网络上的多媒体应用有了长足发展的机会，为服务质量（Quality of Service，QoS）控制提供了良好的网络平台。

（4）IPv6 加入了对自动配置（Auto Configuration）的支持。这是对 DHCP 协议的改进和扩展，使得网络（尤其是局域网）的管理更加方便和快捷。

（5）IPv6 具有更高的安全性。在使用 IPv6 网络时，用户可以对网络层的数据进行加密并对 IP 报文进行校验，IPv6 中的加密与鉴别选项提供了分组的保密性与完整性，极大地增强了网络的安全性。

（6）允许扩充。如果新的技术或应用需要，IPv6 允许协议进行扩充。

（7）更好的头部格式。IPv6 使用新的头部格式，其选项与基本头部分开，如果需要，可将选项插入基本头部与上层数据之间。这就简化和加速了路由选择过程，因为大多数的选项不需要由路由选择。

（8）新的选项。IPv6 有一些新的选项来实现附加的功能。

当然，上面这些都不用记，作为普通人，我们只需要知道：IP 地址数量多了，由此带来的便利是每个人都能有自己独立的 IP 了，可以实现网络实名制下的互联网身份证了，可以搭建网站了，等等。说到这里，你肯定还会关心我国 IPv6 的发展。IPv6 从 1998 年由中国教育和科研计算机网（CERNET）首次引进中国，截止到 2017 年，教育网的 IPv6 网络已经覆盖了 800 多所高校，已经有 600 万 IPv6 网络用户，电信、联通、移动的 IPv6 试点城市中合计也有超过 1500 万的 IPv6 用户，粗略算一算，国内 IPv6 的用户数量大约有 2000 万。不过，中国目前与美国、欧洲国家，乃至于印度之间的差距，不仅没有缩小，反而显著加大，中国在 IPv6 发展上严重落后。

中国工程院院士、清华大学教授吴建平认为，国家在 2003 年就将 IPv6 的发展提上了日程，这是非常正确、非常及时的战略决策，当时经过五年的发展，第一期取得了预定的战略目标。但从 2008 年以后，我国 IPv6 的发展速度开始放缓，开始落后于国际水平。在吴建平教授看来，造成今天局面的主要原因有几个。

首先，我国在互联技术使用上还是比较落后的，而且起步比较晚，这就导致了地址短缺，地址短缺造成的情况就是用私有地址出口转换成公有地址。"产业链对 IPv6 无动于衷，国外一个用户要拿到运营商的服务必须有公有地址，否则不选择你的服务，在中国不一定这样，大家有时候选择少，另外也没有这个意识非要选择一个公有地址。"

其次，互联网缺乏应有的国际竞争，诸如谷歌、脸书等大型互联网服务提供商（ISP）已经将大量应用迁移到 IPv6 上，我国部分互联网服务提供商其实也做了部分应用迁移，但深层次服务就不提供了，国内的部分 ISP 也不在国际竞争环境下。另外，运营商和互联网服务提供商互相之间还有抱怨，运营商抱怨 ISP 不做应用迁移，用户没有访问资源，互联网服务提供商抱怨运营商不发展用户，资源没人用，其实都没有战略眼光。

另外，我国互联网安全监管措施成本和代价很高，在 IPv6 上面，整个迁移以后需要重新构建。推广迁移的代价有多大呢？知乎上的网络研发工程师时国怀对这一点进行了补充：要想完全推广 IPv6，需要从骨干网到终端用户的所有设备都进行一次升级，这里的骨干网不仅仅是中国电信、中国联通的网络，还包括银行、铁路、军队等的内部网络，还包括中国移动、中国联通的移动通信的数据网络，不管哪一个网络的改造，都需要巨大的成本。

骨干网改造完了就没事了吗？不是的，还有各种末端设备，用户家里的网卡、路由器、计算机软件都需要升级。好在主流的操作系统都已经支持了 IPv6，其他方面，我们拭目以待。

为了推进 IPv6 规模部署，2018 年 8 月，中共中央办公厅、国务院办公厅印发了《推进互联网协议第六版（IPv6）规模部署行动计划》。大力发展基于 IPv6 的下一代互联网，有助于提升我国网络信息技术自主创新能力和产业高端发展水平，高效支撑移动互联网、物联网、工业互联网、云计算、大数据、人工智能等新兴领域快速发展，不断催生新技术新业态，促进网络应用进一步繁荣，打造先进开放的下一代互联网技术产业生态。

除了 IPv6 之外，还有一种更加彻底的对 IP 的改造方案，很可能导致在智联网时代，IP 这一最基本的互联网协议被重塑，因此不得不提。

2020 年年初，华为公司联合中国联通、中国电信及工业和信息化部在联合国国际电信联盟（ITU）会议上共同提议采用一种新的核心网络技术标准"新 IP 计划"（New IP）。中国代表将其称为是 ITU "着眼于未来"，并"为未来网络承担自上而下的设计责任"。华为表示，目前支撑全球网络的现有互联网基础设施"不稳定"且"效率严重低下"，到 2030 年将无法满足数字世界的要求，开发 New IP 纯粹是为了满足快速发展的数字世界的技术要求。目前，该提案已经获得了俄罗斯的支持，沙特阿拉伯可能也将加入支持者的行列。

中国科学院计算机网络信息中心周旭曾表示，网络 5.0 的发展核心思路是从核心协议突破，自上而下，创新思路。具体而言，网络 5.0 需要以网络技术创新为驱动，以 IP 协议为突破口，设计全维度可定义、协议操作灵活、安全机制内升华的 New IP 下一代网络协议体系，突破寻址、路由、确定性 QoS、内生安全等下一代网络核心技术。

华为网络技术实验室郑秀丽曾在《New IP：开拓未来数据网络的新连接和新能力》中也提到，TCP/IP 协议架构对地面互联网已十分成熟，但未来要面向的是空、天、地、海等多种新型异构网络需求的互联互通需求，关键技术包括确定性 IP、内生安全、面向万网互联的新寻址与控制，对比传统 IP，其能力将是跨时代的提升。

3.2 无线通信技术中最值得关注的三个进展

第二层，管。智联网通信最早只是简单地把两个设备用信号线连接在一起，也就是所谓的物物相连，多采用有线方式。随着大型物联平台的出现，有线连接将渐渐被无线连接取代。无线通信已经成为智联网的基础，常见的无线网络通信技术有 Wi-Fi、ZigBee、Bluetooth、NB-IoT、LoRa、5G 等。它们在组网、功耗、通信距离、安全性等方面各有差别，因此拥有不同的适用场景。

回顾历史，其实智联网的无线通信技术从来都没有出现过单一技术称霸的局面，现今更是进入了百花齐放的时代。无论短距离的 Wi-Fi、Bluetooth，还是长距离的 LoRa、5G，不太可能出现谁取代谁的局面，更多的会是和谐共荣、扩大生态的基调，这些技术彼此融合、携手满足智联网丰富的应用需求。

除了上面提到的那些通信技术之外，EUHT-5G、Sidewalk 和 Thread 1.2 三项技术也值得研究。

EUHT-5G 可以说是巧打时间差，进入生态位。

增强型超高吞吐——第五代无线通信技术（Enhanced Ultra High Throughput- 5th Generation，EUHT-5G）是结合未来移动通信系统高可靠、低时延、高移动性等需求设计的无线通信系统。高可靠、低延迟通信（URLLC）是 5G 技术最重要、最关键，但也是最难以突破的部分。到目前为止，其技术标准制定工作尚未完成，商业化部署更需时日。

利用这个时间差，EUHT-5G 技术目前处于全球领先水平，突破了 URLLC 的核心难题，并进入商业化应用阶段。EUHT-5G 已在轨道交通、高铁等市场开始应用，正在形成自己的应用生态。与 3GPP 5G 相较，EUHT-5G 技术并非定位于公网标准，而是瞄准了细分领域的行业标准和应用，跨越了国际通信组织提出的 5G 技术标准常规路径。

该技术由新岸线公司领衔研发，虽然是 5G 通信技术，但 2008 年该公司就已开始了 EUHT 的技术探索。2012 年完成了 EUHT 的系统设计和标准化工作，并被工业和信息化部颁布为中国无线通信行业标准。2019 年 EUHT 又成为了无线通信的国家标准，其最核心的两款芯片都具有国内自主知识产权。据闻该技术已部署于京津城际高铁、广州地铁等轨道交通项目，沈阳机床、广东志高空调、广东弘宇等工业互联网项目，并成功参与了北京世园会、篮球世界杯等 8K 超高清视频直播。

Sidewalk 让互联网巨头进入"中间地带"。

最近亚马逊发布了一项名为 Sidewalk 的低功耗远距离无线技术，能够在比 Wi-Fi 或蓝牙等无线网络更大的范围内控制家庭设备。因为 Sidewalk 的低功耗和长距离特征，亚马逊智能家居产品可以走出家门，进而可以推出各类室外产品，占据社区和个人消费市场。亚马逊推出 Sidewalk 技术具有重大意义，一方面它展示了互联网巨头推进其无线通信技术的典型路径；另一方面它让亚马逊迈出了强化智能家居生态版图的重要一步。

Sidewalk 这一通信技术实际上是在 LoRa 调制技术基础上推出的适用于智能家居和消费级智能硬件中远距离通信的协议。从某种意义上来说，亚马逊得以借助 LoRa 现有的产业布局来扩大自身生态。亚马逊创始人贝佐斯强调："人们还没有意识到中间地带的重要性。"

在对外的新闻稿中，亚马逊提到已经向洛杉矶的很多家庭发放了 700 个测试设备，在短短的三周内，它就覆盖了人口稠密的洛杉矶区域。在 Sidewalk 的配合下，用户将可以在室内使用 Echo 音箱"呼叫"人行道上的气象站，了解室外实时的降雨情况；在房间里开启花园中的智能灌溉设备；监控信报箱内的传感器，查询书刊和信件的投递状态。

Thread 1.2 开始进军企业级市场。

Thread 是一种基于 IPv6 的低功耗网状网络技术。其具有低功耗、安全可靠和容错性好等优势，解决了市场中对于网状网络技术期待已久的需求，即支持

IPv6 和 6LoWPAN（IPv6 over Low-Power Wireless Personal Area Networks，基于 IPv6 的低速无线个域网），可为智联网内每一个终端节点带来 IP 连接能力。最初 Thread 的设计针对智能家居和楼宇自动化的应用，现其范围已被进一步扩展。

为了加速 Thread 协议普及，谷歌母公司 Alphabet、三星、ARM、高通、恩智浦半导体等于 2014 年 7 月组成了 Thread Group 联盟，推动 Thread 成为行业标准，并向成员企业的产品提供 Thread 认证。2019 年 6 月，Thread 发布最新版本 Thread 1.2，在网络连接的可扩展性和新增节点的易接入性方面有了显著提升，并开始进军企业级市场。

3.3　边缘智能正在触发万亿市场

第三层，边。万物互联时代，每人每秒创建的数据量的逐渐增多，给原有云计算模型带来诸多挑战。如此集中式的海量数据处理加重了云数据中心的负担，云计算虽具有强大的处理性能，能够处理海量数据，但是其网络带宽的有限性直接导致了数据传输时较低的时效性。

边缘计算作为一个新兴概念，不同的参与方也从不同的角度对其进行了定义。根据欧洲电信标准协会的定义，多接入边缘计算是指在靠近人、物或数据源头的网络边缘侧，通过融合网络、计算、存储、应用等核心能力的开放平台，就近提供边缘智能服务，满足行业数字化在敏捷连接、实时业务、数据优化、应用智能、安全与隐私保护等方面的关键需求。

通俗地说，就是如果物联网中的"物"发现自己的眉毛着火了，不用按照传统方式先上报给物联网云平台"司令部"，等待云计算平台指示之后再灭火，而是"物"一发现火烧眉毛自己就直接把火扑灭。"物"可以更自由地进行决策了,也意味着权利和责任都更大。别看这么一小步,真正做到不容易。可想而知,未来数年这个领域将非常令人瞩目。

物联网将计算节点数量和数据量推升到一个更高的层次,引发了计算能力从量变到质变的转化。也就是说,未来的每个节点,无论智能传感器、智能路灯、智能摄像头、工业机器人……都将会有计算功能。这将是一个非常普遍并具有极强扩展力的弹性计算资源。比现有的云计算服务更加有效,满足超大规模硬件扩张和终端数据急速膨胀的需求。关于边缘计算,有几个基本认识:

- 称之为"边缘",并不代表其是边缘化的或不重要的,恰恰相反,边缘很重要。
- 边缘并不是指绝对的事物,而是指相对位置。
- 有两种重要的边缘,即设备边缘和基础设施边缘。
- 计算将同时存在于边缘和云平台,它们之间的界限越来越难以划分,未来不是云和边缘,而是连成一片的边缘云。

设备边缘的例子包括:独立的边缘设备,智能手机、可穿戴设备和智能网联汽车;网关设备,物联网交换机、路由器以及本地服务器。基础设施边缘的例子包括蜂窝无线基站、区域性的数据中心和某些特定的中央机房。

在计算能力从量变到质变的转化过程中,边缘计算迅速演进为边缘智能。边缘智能(Edge Intelligence,EI)是指在边缘侧部署人工智能。在使用智联网系统之前,很多人没有意识到大量的智联网数据可能永远都不会被传送到云端,只适合就地进行处理,如果没有被实时处理,数据价值也将不复存在。有些数据的"保鲜期"很短,处理一旦延误,就会迅速"变质",数据价值呈断崖式跌落。因此不是所有数据都必须上传到云平台,何况关键信息还有可能在传送过程中延误或者受到干扰,尤其是那些通过低功耗广域网传输的信息。智联网企业必须对这些关键数据快速做出响应以做出决策,要么在短时间内就采取行动,要么就眼睁睁地看着最佳时机溜走。

这时的最佳方案不是云计算，而是分布式计算，它的特征是每个节点都有计算功能，边缘的"速算"能力，对智联网应用来说尤为重要。对于边缘智能，ARM官方以及边缘计算产业联盟（ECC）等企业或机构也给出了相关解释。虽然解释不尽相同，但其含义基本一致。从智联网产业视角看，边缘智能作为智联网的汇聚和控制节点，其涉及的产业生态涵盖了硬件、软件、设备、运营商、内容提供者、应用开发者等各个环节。随着边缘智能产业参与者数量的增多，可以逐步将边缘智能产业链划分为两大类。

第一大类为边缘智能技术、产品、解决方案等核心业务提供商，涉及研发、生产、经营、应用的闭环流程。主要涵盖边缘载体供应商、边缘业务运营商、服务提供商和最终用户，每一板块下面又由多个子板块构成边缘智能产业链的分工。第二大类为边缘智能闭环流程提供标准制定、产业组织等服务，对应一些标准化组织推出边缘智能端到端标准和参考架构，以及行业协会和联盟等。

目前，边缘智能市场仍处于初期发展阶段。2020年将有超过500亿的终端与设备联网，各行各业均希望运用边缘计算为客户提供更加智能、便捷的产品和服务，这也意味着边缘计算必将成为智联网终端的发展方向。也正因如此，边缘计算市场吸引来多家知名企业布局。

现阶段，边缘智能的发展方向包括以下几种。

1. 用机器的速度取代人的速度

以每小时60英里（1英里=1.6093千米）的速度飞行的无人机，4秒内可以穿越整个足球场，100毫秒的延迟对它来说可能导致严重的灾难。越来越多的设备和场景都对实时性提出了极高的要求，这会激发对于边缘设备和网络的需求。

2. 设备数量从百万量级增加到十亿量级

我们生活的世界中有数十亿部手机，未来我们将会拥有更多的智能汽车、智能插座、工业机器人、服务机器人……更不用提各种智能的基础设施。这些设备都会连入网络，它们会产生 ZB 量级的数据，以可控的成本快速地处理复杂度较高的大量数据，是边缘计算需要解决的挑战之一。

3. 从固定架构进化到灵活架构

开发者正在运用各种各样的"虚拟抽象层"，在全球范围内构建和部署应用程序。虚拟抽象理念的应用，提供了更高的便捷性、更经济的协作方式，以及更高效的产品迭代。未来这种趋势仍将持续，随着自动化和云服务的发展，分布式架构的复杂性将被抽象层所屏蔽。

4. 提供综合性的多维体验

我们正在从一个静态的二维互联网进化到一个场景丰富、体验丰满的数字世界。医生需要复杂的实时反馈，远程操控机器人进行手术；工人需要了解设备的当前信息，以便合理规划生产决策；控制员需要及时了解无人机的位置信息，更好地提升工作质量。结合边缘计算新方法，远程控制、虚拟现实、位置服务等各种各样原有的应用都将被"重做一遍"。

3.4 平台之上的平台、工具与服务

第四层，云。云可以被视为平台，智联网平台具有承上启下的作用，是智联网产业链的枢纽。按照功能，可以将其划分为设备管理、连接管理、应用使能、业务分析等 4 个大类。事实上，截至目前，没有一家公司能够提供从终端设备管理到业务分析的完整服务，每家平台公司都有自己专注的领域和优势，也就是说通信厂商、互联网公司、IT 公司、垂直行业厂商、创业企业都是基于自身定位，为用户提供以上 4 个方面的智联网业务。

平台可以视为一种技术赋能形态和一种商业模式。作为商业模式，平台经济并非智联网独创，环顾四周，全球接近 60% 十亿美元以上估值的独角兽企业

都构建了平台生态。从难度超高的平台生态直接起步,"非凡"的智联网平台企业必然会遭遇"非凡"的挫折,具备足够的视野能够看到平台构成之后的开阔锦程,逆推从未来到脚下的布局节奏,才不至于迷失。

在《平台革命:改变世界的商业模式》一书中,系统化地论述了平台作为商业模式的诞生和演进。过去,大多数企业采用的传统系统是一种被我们描述成"管道"的东西。与平台不同的是,管道是一步一步创造和传递价值的过程,供应商在一端,而顾客在另一端。公司首先设计产品或服务,制造产品,然后投入市场进行销售或交付服务。最终,用户出现并购买产品或服务。由于它简单、单向的特性,我们也把管道业务称作线性价值链。

在最近几年里,越来越多的商业从管道结构转向平台结构。在转换的过程中,简单的管道格局被转变成一种复杂的关系,供应商、顾客以及平台本身都进入了一个多变的关系网中。在平台世界里,不同的用户利用平台的资源与其他人进行连接和互动。在这个过程中,他们交换、消费,有时共同创造了某些价值。区别于从供应商到顾客的单向流动,价值在不同的地点以不同的形式被创造、改变、交换和使用,所有这些都基于平台的辅助在连接中实现。

每个平台的运营方式各不相同,它们吸引不同的用户,创造不同形式的价值,但在不同的平台公司中有一些相同的基本元素。例如,在移动互联网领域,手机操作系统可以被视为平台,在智联网领域,云服务可以被视为平台。在任何一个平台注册的用户都能享受该平台提供的价值,例如手机内置相机的图像制作功能。然而,他们同时也享受着一群开发者为拓展平台功能而生产内容所创造的价值,例如一个手机 App 的价值是在用户使用手机时实现的。这是由于平台本身使得价值交互成为可能。

实质上,从传统的线性价值链向复杂的平台价值矩阵的转变看起来非常简单、直接,但是这其中隐含的意义令人震惊。一个又一个行业对平台模式的青睐导致在各行各业中产生了一系列翻天覆地的变化。平台之所以能打败管道,是因为平台开发了价值创造的新来源。战略从掌握独有内部资源和构筑有竞争力的壁垒，转变为调动外部资源和激发社群内的活力。此外，创新不再是由专家闭门造车，而是通过众筹、独立参与者在平台上迸发的点子产生的。

哈佛商学院教授、竞争战略之父迈克尔·波特针对智联网产品的生态系统进行了充分的思考。他认为智联网产品不但能重塑一个行业内部的竞争生态，更能扩展行业本身的范围，从产品系统进化到包含子系统的产品体系（System of Systems），不同的产品系统和外部信息组合到一起，相互协调从而整体优化。

波特以智能家居为例，其中包含多个子系统，如照明系统、空调系统、娱乐系统和安全系统等。如果一家公司的产品对整体系统的性能影响最大，那么它将取得主导性地位，并分得利润"蛋糕"中最大的一块。

高瞻远瞩的智联网平台公司将进化为系统整合者，取得行业的统治地位。新型智联网平台甚至可能采用"无产品"战略，将打造连接产品的生态系统作为核心优势，而非产品本身。因为平台的多样性、整合性就意味着源头活水的流动性，而流动性本身就会引发变革。

如果把平台模式应用到智联网中，将戏剧性地改变无数个熟悉物品与服务的相关业务流程。用我们熟悉的灯泡举例来说。自从爱迪生申请了专利，白炽灯泡的基本工程设计几乎没有任何变化，而这就是为什么典型的灯泡的零售价只有 40 美分，其制造商几乎没有利润空间。同时它还效率低下，以热损耗的形式浪费了 95% 以上的能源。改进的产品，如小型日光灯灯泡（约 4 美元）和发光二极管（LED，约 40 美元）使得照明技术效率更高，更有利可图。

但当家居照明系统连接到智联网，灯泡的真正用途改变了。灯可以编程为入侵者警报；当蹒跚学步的幼童出现在楼梯或炉灶附近时，它们可以闪光警告家长；它们可以闪烁来提醒老奶奶服药；带有无线连接的灯可以追踪其他电器的能耗，使灯泡供应商能够向房主和家电公司提供能源管理服务。于是，灯泡制造商宁愿放弃 40 美元的 LED 收入以换取提供网络服务带来的持续收入份额。

基于平台的家庭和个人设备之间的连接已经吸引了大部分围绕物联网的宣传。但其实在 B2B 的世界中，任何变革的潜力都有可能变得更大。高科技投资公司凯鹏华盈把即将到来的创新浪潮称为"工业觉醒"，并且认为到 2030 年，工业觉醒在全球将有 14.2 万亿美元的产出。

经济学家杰里米·里夫金（Jeremy Rifkin）也巧妙地总结了这种进步，以及一些更广泛的含义："现在有 110 亿个传感器将设备连接到物联网。到 2030 年，100 兆个传感器将持续地向交通、能源和物流互联网发送大量数据。任何人都将能够访问物联网，并使用大数据和分析来开发预测算法，以加快效率、大幅提高生产率、降低生产和配送物理商品的边际成本直至接近零的水平（包括能源、产品和服务），就像我们现在处理信息商品一样。"我们目前还不能看到大多数物理商品定价为零或接近零。但完全可以说，我们仅刚刚开始想象平台模式的变革潜力。

3.5　AIoT 应用是数据价值变现的标配

第五层，用。按照用户类型的不同，可以将"用"这个层次划分为消费驱动型、政策驱动型和产业驱动型应用三种类型。

- 消费驱动型的应用主要或者直接面向的是个人消费者，如智慧家庭、穿戴、医疗健康、出行等。
- 政策驱动型的应用则与管理城市有关、与民生挂钩，如智慧消防、安防、照明、停车等。
- 产业驱动型的应用更多考虑的是相关企业看好并推动的行业，如智能工业、智慧物流、车联网、智慧农业等。

总体来看，不论消费驱动、政策驱动还是产业驱动，终端泛在化、智能化、数据多维化、共享化是未来的趋势，而在广泛分布的智能终端的基础上，基于数据的高效服务是各行业参与者关注的核心领域。

值得关注的细分领域极为众多，包括智能家居、智能门锁、智能音箱、智能穿戴、智慧零售、工业机器人、家庭服务机器人、智能公共事业、智能资产管理与追踪、智慧农业应用、智能环保、智能教育等，有些领域彼此交织，构成了智联网的应用生态（见图3-1）。

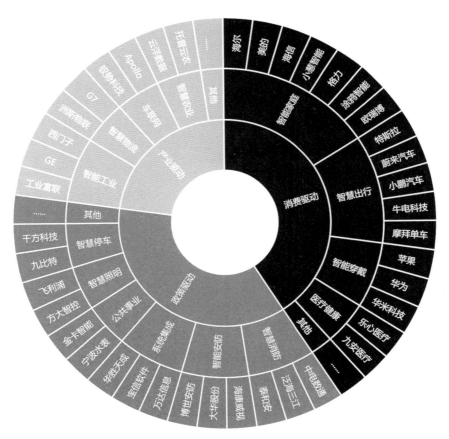

图 3-1　第五层"用"端智联网产业图谱（与比例无关）

智联网不是一个独立的产业，它需要应用于国民经济各行各业才有存在的意义。国民经济的很多行业有数十年甚至百年的历史，有自身的发展规律和各种复杂的利益关系，决策周期和项目周期都很长，新的技术大规模渗透其中谈何容易。但是只要各行业开始拥抱智联网，发现数字化转型中的好处，发现收益大于成本时，这就是一个不可逆的过程，会给智联网产业带来持续的收益。在后面的章节还将对智联网应用展开介绍，这里以旷视科技和小米为例，来说明涉足智联网应用的典型做法。

1. 旷视科技：物流

作为诞生于 2011 年的初创公司，旷视科技在成立 6 年后，于 2017 年市值突破 10 亿美元，跻身 AI 独角兽行列。与之并列的头部公司包括商汤、依图和云从等。在 AIoT 时代，旷视希望成为一名 AIoT 方案与系统专家。为此，旷视科技找到了一个最适合自己的垂直领域：物流。

在旷视科技的描述中，天猫超市的一个货仓，工人们一天走的路程，将近 40 千米，相当于每天走一个马拉松。根据旷视科技的说法，艾瑞思已在 4 万平方米的仓库中实现了 500 台机器人的协同作业。

2. 小米科技：手机 +AIoT

小米科技创始人雷军曾多次表示，AIoT 才是未来的风口，他也的确把"手机 +AIoT"做成了标配。2019 年，小米正式将"手机 +AIoT"作为核心战略。作为手机厂商中最先开始布局 IoT 的企业，截至 2019 年，小米 IoT 平台连接设备数（不含手机和笔记本电脑）已达到 2.1 亿，MIUI 全球月活用户达到 2.92 亿人。2020 年年初，小米宣布追加 5G+AIoT 投资至 500 亿元。

[第2篇] 场景变革

工业互联网是 5G 应用的重要场景之一。在 2020 年年初的中共中央政治局会议中，工业互联网和 5G 被纳入新基建的范畴，这次新基建将以"数字基建"为核心。

04

第 4 章

场景变革，授人以渔

- 重心转移，从 B2C 到 B2B
- 如何利用 AIoT 进行降维打击
- 各行各业的范式转移
- 为何数字化转型常常陷入困境
- 没钱进行数字化转型的企业该怎么办

美国前国防部长唐纳德·亨利·拉姆斯菲尔德认为，可以把不确定性想象成"已知的未知""不可及的未知"和"未知的未知"。

2002 年，美国以伊拉克政府拥有大规模杀伤性武器，并暗中支持恐怖分子为由，打算开战。同年 2 月 12 日，时任国防部长拉姆斯菲尔德被问及有关的证据时，他解释说："据我们所知，有'已知的已知'，有些事，我们知道我们知道；我们也知道，有'已知的未知'，也就是说，有些事，我们现在知道我们不知道。但是，同样存在'未知的未知'，有些事，我们不知道我们不知道。"在人类社会发展的进程中，对我们的历史和社会产生重大影响的，通常都不是我们已知或可以预见的东西。

与拉姆斯菲尔德矩阵类似，用未知与已知进行区分，犹太人把现实分成四个世界：显而易见的显而易见领域、显而易见的隐而不见领域、隐而不见的显而易见领域、隐而不见的隐而不见领域。与之对应的解决之道分别是信息、理解、智慧、崇敬。这为我们思考未知与已知提供一种结构化思路。

世界是复杂的，远比任何一个系统复杂得多。在我们每个人的生活中，充满了已知和未知的例子：人们结婚，以为已经了解对方的种种，这是已知的已知。

结婚后双方知道要共同面对很多事情，但并不确定具体的每一件事情，这是已知的未知。每一个婚姻中，给男方、女方、关联方、子女都带来不确定的改变，这是未知的未知。我们做生意，以为了解了足够的信息，这是已知的已知。但我们知道还有很多事情不能确定，赔赚很难说，这是已知的未知。就算我们赔了或者赚了，对我们真有什么意义和价值或者好坏的影响，我们不知道，这是未知的未知。

看不到，或者无法设想隐藏在未知中的机会或途径，常常令我们事后遗憾万分。未知与已知的辩证，因而是很值得深入下去的话题。当下的已知，在未来可能因为时间消逝而变成未知，而当下的未知、难解的问题，从未来往现在回顾可能是顺理成章的事。

日本著名设计师原研哉一贯强调他的"已知的未知化"理念。他认为，人生要关注的，不应该是"这个是什么东西"，而应该是"这个会成为什么东西"。原研哉有两句经常用来自勉的话，"小处着手，大处着眼"，并努力让自己在"一个可以俯瞰过去、现在和未来的视点上来思考问题"。要能看清已知与未知，需要这样的全能视角。

如何看到已知的已知，通常容易判断，但有时也会路遇挑战，因为获取信息、学习理解的难度因人而异。如何看到已知的未知，需要用智慧来突破。乔布斯正是个中高手：他没有创造 MP3 播放器（已知），而是创造了 iPod（未知）；他没有创造智能手机，而是创造了 iPhone；他没有创造上网本，而是创造了 iPad。乔布斯的过人之处在于，其他人只是当未知已被呈现得很清晰时，才很兴奋地说："我看到了！"如何看到未知的未知，则更需要跳出盒子思考的能力。有人甚至造出特别的词汇——现实扭曲力场，来描述这样的一种能力，也就是能够看到别人所未见的未知图景的能力。那些革命性、全新的事物，往往即是从未知的未知中出现的。

智联网时代，我们正在做的，就是穿越已知探索未知。我们不应该被现有的智慧生活、智慧城市、智能工业等场景，束缚了对于未来的想象力。当我与全球移动通信系统协会（GSMA）大中华区总裁斯寒交流时，她的分析角度令人很受启发。

她以 5G 为例，使用已知的已知、已知的未知、未知的未知这三个维度，分析未来的机遇，其中很多内容涵盖了大家对于智联网时代的猜想。

已知的已知，1 秒下载一部超清电影、全方位无死角的运动赛事直播、虚拟人像远程协作……这是一系列现有的 5G 应用业务。GSMA 智库的最新数据显示，预计到 2025 年，全球 409 个运营商将会在 117 个国家和地区商用 5G 网络，全球 5G 用户数将超过 16 亿。中国将占全球 5G 总用户数的近 40%，成为全球最大的 5G 市场。

已知的未知，是众多垂直行业因 5G 实现业务转型与创新。5G 时代什么业务最热门？现在是猜不透的。5G 是网络新技术的集中体现，它的开放性和互联网化将带来无限机遇。在未来"千亿设备联网"的全联网时代，发展重点将是工业互联网。

未知的未知，随着 AI、边缘计算、物联网、大数据与 5G 技术的深度融合，将催化出超越现有想象空间的新应用场景、商业模式。5G 的发展将带来爆炸式的数据量增长，而数据将进一步成为经济发展新能源。5G 将成为社会信息流动的主动脉、产业转型升级的加速器、构建数字社会的新基石。

4.1　重心转移，从 B2C 到 B2B

如今，我们站在时代的路口，不免会想：未来的十年，我们的行业会发生什么？哪些技术会迎来爆发？又有哪些企业能够把握住机遇，成为新的行业领袖？看似难以回答的问题，其实并非毫无头绪。

虽然很难对某个企业的兴衰进行预测，但是从宏观上对整个行业的发展趋势会有较为清晰的判断。未来的十年，有一件事情一定会发生，那就是智能革命的全面爆发。这次革命，将再次改变世界经济格局。

智能革命，也可以被理解为"第四次工业革命"，之所以我在书中没有沿用"工业革命"这一说法，是因为它容易让人误解，以为这个革命只和工业有关。如果只把这次革命锁定于工业，显然过于狭隘了。如今我们所处的社会，是一个空前多样化的社会。除了第一产业（农业）和第二产业（工业、能源）之外，还有大量的第三产业（物流、零售、医疗、服务等）。我们要提升的生产力，是全部产业的生产力，因此将这次变革称为"智能革命"，更加合适。

智能革命也并不是仅限定于由人工智能引起的科技进步，这也是一种狭隘的解读。智能革命不是单纯地仅仅存在于信息科技中，而是同时在生物领域、新能源和新材料领域都有巨大的突破。

之前的几次工业革命，改进的是动力、能源和信息技术，可以称历次革命为机械革命、能源革命和信息革命。分析之前的几次工业革命，可以清晰地看到演进的脉络，首先是机械化，然后是自动化，紧随其后的是信息化、数字化。而自动化、信息化和数字化是智能化的前提条件，有了可供分析的数据和信息，有了数据大量的产生、大量的流动和大量的价值交换，智能化才有了用武之地。

在需求端和供给端的双重作用之下，这一次的智能革命将会对B2B领域造成更为颠覆性的影响。B是Business，即企业；C是Customers，即消费者。B2B（Business To Business）是企业对企业进行的交易，B2C（Business To Customer）是企业对个人进行的交易。根据美国的统计数据，他们的投资机构有40%左右的投资布局在B2B领域，B2B公司产生的资本回报率并不亚于B2C。

已知的已知，是新一轮智能革命的必然发生，以及在B2B领域由技术能力和市场需求共同导致的"科技替代"。5G的多点开花、人工智能的应用成熟，以及工业互联网的逐步落地，都是持续推动智能革命的动力。

而在这轮智能革命的过程中，中国具备独特优势。第一，因为我们有庞大的 B2B 企业用户，中国工商登记的企业有近 3000 万家，其中中小企业占比 90% 以上，整体数量超过美国，且仍在持续增加。第二，随着互联网、移动互联网的普及和教育水平的提高，中国新一代的工作群体是世界上最易接受信息化、智能化工作方式的一批人。现在，"80 后"已经进入决策层，"90 后"逐渐进入职场，他们都是在中国互联网的浸润下成长起来的，更喜欢用移动互联网来办公、生产和管理企业。第三，从政策导向看，国家也意识到结构调整的重要性。上一波发生在中国的信息技术浪潮提高了 B2C 领域的普通人的生活质量，却没有有效地提升产业效率。国家层面已敏锐地意识到：盛世危局，如果中国不抓住物联网与高科技的高速发展机会，使用科技手段提升产业附加值，淘汰低效的落后产能，完成产业转型，中国将会错失在企业级、工业互联网领域追赶欧美的机会。

因此 5G、AI、大数据、物联网、云计算等新兴技术在应用与商业化的初期阶段，几乎全部具有明显的 B2B 基因。它们的价值相比于当年互联网在 B2C 领域花样迭出的模式，显得更加简明直接：深入各行各业、提高生产力、解放劳动力。

这和我们之前的认知有很大不同，过去 3G、4G 和互联网往往先在 B2C 领域普及，再向 B2B 领域渗透，而这一次，一切将从 B2B 生根发芽。中国工程院院士邬贺铨分析认为，到 2025 年，中国将拥有 4.3 亿个 5G 连接，5G 占中国移动用户的比例将达到 28%，中国占全球 5G 总用户量的 1/3，成为全球最大的 5G 市场。到 2035 年，B2B 领域的工业互联网应用会占 5G 整体收入的 80%。

邬贺铨指出，"5G+AI+工业互联网"三足鼎立，将支撑整个数字经济的快速发展，进而打开一个 40 万亿美元的市场。其中，预计到 2023 年，AI 将为全球 GDP 贡献 13 万亿美元；到 2030 年，工业互联网能够为全球经济带来 14.2 万亿美元的经济增长；到 2035 年，仅仅 5G 销售就能增加 13.2 万亿美元的全球产出。

4.2 如何利用 AIoT 进行降维打击

当前，很多公司都在利用物联网、人工智能、大数据、云计算等最新技术，赋能商业变革，实现产业升级和模式转型。

在这个过程中，一些昨天很成功的企业，想要在今天和未来继续取得成功，就得不断寻找新的增长方式，开启"第二曲线"。"第二曲线"是管理大师查尔斯·汉迪（Charles Handy）在《第二曲线：跨越"S形曲线"的二次增长》一书中提出的。如果组织和企业能在第一曲线到达巅峰之前，找到带领企业二次腾飞的"第二曲线"，那么企业永续增长的愿景就能实现（见图4-1）。现在，有实力载着千行百业，从"第一曲线"跃迁到"第二曲线"的底层共性力量之一，就是5G。

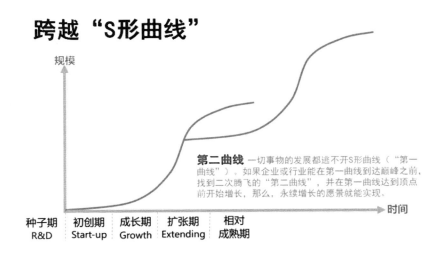

图 4-1　跨越"S形曲线"

在智联网时代，有一条显性的第二曲线，就是深度使用各种新技术对传统行业进行革新，部分企业有可能将自己打造成"万物运营商"。

什么是万物运营商？当一个智联网企业不再是仅仅追求将产品卖给用户，而是在原有基础上不断提供各类附加服务，不断产生新的服务内容和收入方式时，就具备了成为"万物运营商"的商业基础。"万物运营商"对你来说可能还是新鲜术语，其实他们的运营逻辑已经遍布智能网联汽车、智慧城市、工业现场、智能物流、智能建筑等产业和消费性市场领域。这种新型的"万物运营商"，一方面依赖于物联网技术的采用以改造原有产业，另一方面正逢物联网时代的额外红利，围绕其建立新型产业生态，通过边缘计算与智能分析能力，打造创新服务网络。

万物运营商可以基于差异化的端到端网络架构和基础设施资源优势，面向企业或者个人客户开展租约式服务，提供受理、开通、计费、收费、运维等服务。也可以根据由物联网采集到的数据，挖掘其中的商业价值，实现优化生产、远程急救或者资源调配，做到"数、网、云"等各项基础设施和技术能力的价值最大化。

作为其中的一种可能路径，目前电信运营商拥有了一项新职能，那就是帮助其他企业转型成为万物运营商。怎么做到呢？由于频谱的稀缺性，最终能够获得专有频谱的厂商非常少。相对于少数可以获得专用频谱的大玩家，大量企业不可能有专用频谱资源，但却有专用网络的需求，通过一张自主可控的网络来支撑自己的生产经营流程。在这种情况下，电信运营商的频谱资源、核心网能力、网络运营经验等就会发挥作用，帮助其他厂商成为"准5G运营商"。

"准5G运营商"，也就是电信运营商提供一些通用的资产和能力，垂直行业厂商只拥有5G网络的部分资产和能力。这里的通用资产和能力，是电信运营商拥有的频谱资源和核心网，想自己搭建和运营5G网络的垂直行业厂商只需自己购买基站部署接入网，租用电信运营商的核心网和频谱，最终形成一个行业专网。这种情况下，垂直行业企业拥有的就是"私有接入网"。

此时，电信运营商就成为一个"运营商的批发商"，可以快速帮助其他企业成为5G运营商，并帮助其他企业有效地运营5G专网。对于电信运营商来说，面对行业客户若采取这种方式，则是一种轻资产的运营模式，因为站址、基站等重资产的投资都是行业客户自行解决，运营商的核心网和频谱虽然一次投资巨大，但随着租赁的用户越来越多，其边际成本会越来越低，边际收益则越来越高，可探索"网络即服务"的商业模式。

当然，对于垂直行业的"万物运营商"来说，接入网的投资成本也越来越低。一方面，随着开源技术的发展，采用通用硬件和软件开发的基站成本越来越低；另一方面，各种类型的基站纷纷推出，根据不同环境、可靠性，形成不同成本。在这些技术的推动下，垂直行业企业在 5G 时代自建专网的成本会大大下降。

建立了"万物运营商"的雏形，很多企业可以探索利用新技术形成降维打击的可能性。在商业领域，"降维打击"常被用于形容某家企业通过拔高自己的维度，碾压了行业中的同类公司。

但要做到降维打击很难。因为降维打击的能力，不仅需要利用新技术实现对原有产品的改造，更关键的是完成企业组织形态和商业模式的转变，从而形成一个犹如脱胎换骨的全新发力点，这个发力点与行业中的其他公司完全不在一个层面，最终将改写行业的发展格局。

5G 带来的超高速、超低时延的连接网络与物联网收集到的海量数据相结合，再由 AI 技术提供语境化和决策能力，三者的结合能够为几乎所有行业和领域带来新的转型动力，成为加速科技发展的催化剂，并催生出新的颠覆式的数字化服务。这些表明，AIoT 已经成为企业实现降维打击的最佳选择。

4.3　各行各业的范式转移

科技服务于产业而不是主导产业，企业的智能化转型之路需要新技术当催化剂。现在有一句话很流行："任何一个行业，都值得重做一遍。"看似各个垂直行业格局都已稳定，但是 AIoT 将会带来一次重新洗牌的机会，谁能在自己的赛道找到与新技术结合的最佳方式，谁就能抢占"降维打击"的先机。

当前的各行各业也正在利用 AIoT 技术进行智能化转型。智能化转型也就是智能革命，与历次工业革命类似，是一个时间跨度达百年的渐进式革命，而不是突然爆发。

4.3.1 智慧生活

正如大家所见，3G、4G 开启了智能手机时代，引领了移动互联网的爆炸式发展。移动支付、共享经济、网络社交……各种各样的数字应用彻底改变了我们以往传统的生活方式，大大提高了生活品质。

智慧生活将会给我们带来更多惊喜，它是数字化、智能化的，是基于云计算、大数据和人工智能的。智联网是支撑这一切的必要前提。手机、可穿戴智能设备、屏幕、VR 眼镜，这些消费电子产品都是我们和数字生活之间的交互接口，也是我们和数字能量之间不可或缺的纽带。

4.3.2 车联网

简单来说，车联网就是把汽车连起来，组成网络。不过，从宏观上来说，车联网其实是一个非常庞大的体系。

确切来说，车联网并不只是把车与车连接在一起，它还把车与行人、车与路、车与基础设施（信号灯等）、车与网络、车与云连接在一起。很多人了解的车联网，可能只是车联网体系的一小部分而已。车联网价值链中的主要参与者，那就更多了，包括汽车制造商、软件供应商、平台提供商和移动运营商等。移动运营商在价值链中极具潜力，可探索各种商业模式，如平台开发、广告、大数据和企业业务。

车联网将变革传统的汽车市场，因为联网的作用超越了传统的娱乐和辅助功能，成为道路安全和汽车革新的关键推动力。汽车业有望成为智联网应用中超大规模行业之一。作为物联网最成熟的应用领域，已经有数百万辆智能网联汽车正在使用诸如车辆诊断、位置追踪和 UBI 保险（基于用户使用定价的保险）之类的车辆远程信息技术。ABI Research 预测，到 2025 年 5G 连接的汽车将达到 5030 万辆。

4.3.3 智慧物流

物流长期以来处于非常粗放的状态，智联网则具有提高商品递送效率和灵活性的巨大潜力。比如在物流园区、分拨场站、仓库等物流行业的基础要素的面积都是几万平方米起，管理成本高，精细度不够。利用 AIoT 就可以实现智能的堆积度感知、温度湿度感知、车位空闲程度识别，以及园区内抄水电表等。

在运输方面，现有的车联网往往只获取车辆的信息，但是对于车辆的装载量并没有完全掌握，致使车与货无法精准匹配。譬如车辆在 A 地装了一批货，可能还剩三分之二的空间，还能继续往 B 地装货。利用智联网技术，物流企业可以实现对车辆状态更精准的记录，从而进行车货精准匹配。

4.3.4 智慧零售

当前，零售场景、触点以及应用都在持续增长和迭代。零售门店中的屏幕变多了，传感器变多了，新应用也变多了。但这些新设备和新应用大多较为独立，互不相通，导致了智能店铺的客户旅程场景割裂，无法实现协同增效。

为了解决这一问题，智联网引领了以零售为重点的行业革命，加速零售行业的大规模创新，让零售商从根本上提升集成性能，也就是进入我们耳熟能详的"新零售"阶段。市场研究机构 IDC 认为，"新零售"和"传统零售"是一对相对的概念。回顾零售行业发展历程，每一次新技术的深入应用，都催生出相对来说新的零售模式，都可以称之为当时时代背景下的"新零售"。新零售是零售业的一大类新业态和新模式的总称，它主要有以下几种特征：

- 物联网化（以传感器、RFID 等底层器件、泛在通信和云服务为载体，实现零售商品和设备的联网）；
- 自动化（以各种便捷支付、AI 应用如生物识别和综合传感器的大量应用，营造从自动到无人化的快捷购物体验）；
- 线上线下协同化（线上数据的导入和教育，线下体验的直接性和必要性，相互补足、相互打通，融合社交的属性）；
- 客户精准画像（以零售大数据和 AI 为基础的各种零售场景、客户特征等分析）。

在上一个互联网周期里，电商的快速崛起对零售业产生了巨大的冲击。而在智联网周期里，零售业有望借助各种新技术，实现模式、创新和腾飞。如果要客观评判新零售的功过与边界，还需从零售业本身的行业诉求和发展趋势说起。主要还是围绕着零售业的人、货、场三者的运营而展开。

4.3.5　智慧医疗

根据权威医疗机构美国国立卫生研究院（NIH）的报告，全球的人口老龄化增长迅速。到 2025 年全球约 8.5% 的人口超过 65 岁，到 2050 年这一数字会变为 17%。而且全球人口的人均寿命会从 2015 年的 68.6 岁变成 2050 年的 76.2 岁，将增加 8 岁。

随着 5G、人工智能等智联网技术的发展，医疗成本将会进一步降低，医疗资源配置也会进一步优化。所以，老龄化、慢性病等给医疗资源带来的挑战将会被以智联网技术为基础的智慧医疗大大缓解。根据市场研究数据，智慧医疗市场的投资预计将在 2025 年超过 2300 亿美元。ABI Research 发现，医疗领域 42% 的受访者已经制订了部署 5G 的计划，并确信 5G 将作为先进医疗解决方案的使能因素。

例如，2020 年年初我国在各地的众多医院都采用了 5G 智慧医疗技术抗击新冠肺炎疫情。在医护人员有限、医疗物资短缺的情况下，用 5G 技术赋能医院医疗系统，既能救治更多病人，又能缓解医护人员工作压力，还能降低外地医疗专家因往返导致的感染风险。

4.3.6 智慧能源

美国前国务卿基辛格曾有句名言："谁控制能源，就能控制全球。"当然，我们在此要讨论的能源"控制"，其实是对能源的管理。

对一座城市而言，电能就是为其正常运转源源不断输送养分的血液。但巨大的能耗在助推经济高速发展的同时，也为地球增添了沉重的负担，为了我们赖以生存的环境的可持续发展，提高能源效率、发展清洁能源等节能减排措施被提上日程。2020 年 9 月 22 日，在第七十五届联合国大会一般性辩论上，中国提出二氧化碳排放力争于 2030 年前达到峰值，努力争取 2060 年前实现碳中和目标。

另外，根据 ABI Research 的预测数据，全球配电自动化市场将从 2015 年的 130 亿美元增加到 2025 年的 360 亿美元。5G 不仅在这种情况下提供了非常低的时延，还降低了许多新兴市场的能源公司建立智能电网的门槛。由于这些市场缺乏传统电网和发电基础设施，能源公司将可再生能源作为其主要电力来源。但是，可再生能源发电缺乏稳定性，导致输电网络能量出现波动。为了避免这种故障，产生的能量必须根据所消耗的能量进行调整——5G 使能。

4.3.7 智慧城市

根据联合国的预测，在 1950—2050 年的 100 年内，全球城市化率将翻番，2050 年将有 68.4% 的世界人口生活在城市，而用先进的技术实现城市的可持续发展正成为众望所归的最佳解决方案，特别是被人工智能武装的智慧城市将引领城市的未来发展。

德勤在研究报告《超级智能城市 2.0：人工智能引领新风尚》中探讨了全球以及中国的智慧城市发展状况和成功经验，分析目前中国 26 个城市的智慧城市发展现状，深入解读超级智能城市新风向。超级智能城市可从四方面进行评量：第一，政府的战略规划，反映政府发展智慧城市的意愿；第二，是否有足够的技术基础支撑智慧城市建设；第三，智慧城市理念已经渗透的领域，反映发展的阶段性成果；第四，城市是否拥有可持续的创新能力，预示着未来智慧城市的发展前景。

对智慧城市物联网项目来说，政府和社会资本合作模式（Public-Private Partnership，PPP）是最主要的投资和运营模式。智慧城市物联网项目显然具有强烈的公共部门属性。然而，城市不能自行交付智慧城市应用，事实上，它们负担不起必要的金融投资，或者缺乏必要的技术和运行项目的管理资源。PPP 模式正在成为克服这些障碍的一种重要策略。

PPP 是指政府（Public）与私人（Private）之间，基于提供产品和服务的出发点，达成特许权协议，形成"利益共享、风险共担、全程合作"伙伴合作关系，PPP 优势在于使合作各方达到比单独行动预期更为有利的结果：政府的财政支出更少，企业的投资风险更小。

例如，芝加哥停车计费器改造项目就是一个典型的 PPP 项目。私营实体通过提供 12 亿美元的预付款，获得对停车位上超过 36,000 个停车计费器的运维和改造并获得其产生的收入的特权，芝加哥的地方当局只负责停车执法。

4.3.8 智慧农业

当前，农业面临的最大挑战是利润率偏低和行业吸引力较差，智联网正在改变这种状况。世界上最古老的行业正在利用智联网技术进行改造。

智慧农业是精准农业的延伸，增产幅度可达 5%，利润总额可达 20%。在精准农业中，物联网设备使用全球定位和其他新技术。它们的工作是对目标进行监测并做出适当反应。有了这些，我们或许能够改变生产和管理食物的方式以应对未来的挑战。随着全球人口的增加，粮食需求总量也随之增加，到 2050 年，预计农业增长将达到 70%。主要驱动因素是人口增长和平均卡路里摄入量的增加，平均卡路里消耗量将增加 10%。

农业物联网解决方案的应用案例正在不断增加。不少企业正在农业物联网应用领域寻找新的商机。他们正在开发融合传感器和通信系统的集成系统。物联网传感器和云计算将大大提高数据流的质量，进而帮助农民做出更好的决策。

同时，农业数字化的发展需要以资源优化为目标的环境友好型解决方案。一个关键的用例是实时数据分析和预测，以优化操作资源。农场的自动化和远程控制也是极具潜力的用例，以满足对成本效益生产日益增长的需求。为了充分利用远程控制的价值，需要 5G 支持的大吞吐量和低延迟特性。之所以在该领域的数字化投资的时间比预期的要晚，一个主要的障碍是农业设备市场对颠覆性技术的抵制，因为他们担心现有的少数产品会被蚕食。农业的低利润率也将继续影响长期技术投资的速度和规模。

4.4　为何数字化转型常常陷入困境

企业在数字化转型过程中，有一种典型的"死亡"方式，就是很多时候我们陷在不停局部做试点的死循环里，无法形成全局性的价值和可规划复制的长期发展。

针对这个问题，阿里研究院副院长安筱鹏博士做过深入分析，他认为，这与我们过去看待和解决问题的习惯有关。过去我们解决问题的角度，往往是点状和局部的。如果只关注技术，只看到了一个层次，缺乏战略引领和业务规划，就容易陷入各种误区。

也就是说，总是拿着旧地图，无法驶入新道路。跳出这种思维定式，还要从智能的本质说起。他以最有代表性的工业领域的智能为例。工业智能始于克服各种不确定性，引起不确定性的原因很多：制造流程本身正在越来越复杂、用户定制化的需求让生产越来越灵活、各项成本的提升使得增加利润的难度越来越大……

这种不确定性和复杂度已经到了难以想象的程度。以波音为例，它在研制787飞机时，使用了8000多种软件，除了不到1000种外购的商业软件外，有7000多种是自己的私有软件，波音关于飞机的设计、技术和知识经验等都凝结在这7000多种软件中，一旦某一环节出现问题，都会给整个系统带来破坏性影响。

工业智能是解决这些不确定性的基础。一家工业企业、一条生产线到底是否智能，不在于它有多少智能设备、是否使用人工智能、是否采用大数据分析，这些都不重要……重要的是一家企业、一条生产线能否对外部环境的变化做出实时响应。

各种技术，物联网、大数据、云计算，对于一家工业企业有什么价值？单个技术本身不一定能创造价值；把这些技术堆在一起，也不一定能创造价值。用上各种技术，也不一定能实现数字化转型。价值取决于应用场景而不是技术本身。

工业场景的个性化很强，对别人有用的技术，对你不一定有用。关键要看这些技术是不是促进各种数据的自动流动，在正确的时间、用正确的方式、把正确的信息、发送给正确的人，帮助管理人员做出正确的决策。数字化转型包含多个层次、维度和逻辑，得从全局、整体的视角出发。如果我们做工业物联网项目，仍旧只从已有的技术和数据出发，很可能会陷入业务价值有限等误区。

与从局部到全局的视角相呼应，工业物联网正在推进从单机智能到系统智能的转变。迈克尔·波特在过去的几年，围绕工业物联网、万物互联发表了3篇重要的文章。他所传递的关键信息是，无论硬件、软件、平台，都面临一个全新的时代，一个不断解耦与重构的时代。

迈克尔·波特将智能互联产品分解为4个功能模块：动力部件、执行部件、智能部件、互联部件。它们协同作用，实现智能产品的可监测、可控制、可优化。为了征服各种不确定性，智能互联产品的演进将形成软、硬件的解耦，打破过去的一体化硬件设施，实现"硬件资源的通用化"和"服务任务的可编程"。

"硬件资源的通用化"和"服务任务的可编程"的含义是：硬件提高资产通用性——遵循规模经济，可大规模生产标准化产品，降低生产成本；软件丰富产品个性化——遵循范围经济，企业从提供同质产品向提供多样化产品转变，满足多样化需求。通过这种解耦与重构，工业物联网将从单机智能步入系统智能阶段，让我们可以在一个更大的时空尺度范围内，通过系统化的全局视角，来应对各种不确定性。

数字化转型的误区，首先来自眼界的限制。只有将视野从设备级扩展到系统级、从单机智能延伸到系统智能，才能突破视觉盲区。其次，不能继续用今天的逻辑，思考明天的场景和应用。过去我们行驶在二级公路、一级公路，工业革命按部就班地一步一步推进。而现在我们换了一条新的跑道，直接行驶到高速公路，发展路径也有了本质变化。最后，在规划路线图的同时，各行各业的企业还应当找准生态位。当下，企业之间的协同越来越密切，每个企业与上下游企业之间链条状结构正在转型为生态价值网。在生态系统中找准定位，扮演重要角色，也是实现数字化转型的必要条件。

总之，今天的逻辑在明天不再适用。数字化转型，环境、场景、应用都变了，解决问题的逻辑和方法也要跟随变化。从发展路径上来看，自动化、数字化、网络化、智能化并不是顺序关系；从产业关系上来看，需要建立生态思维，卡准生态位，扮演生态中的角色，承担生态中的职责。

4.5 没钱进行数字化转型的企业该怎么办

企业进行数字化转型的目的之一，就是打造持续的经营能力，让企业可以通过不断投资自动化和智能化的新技术和新系统，实现持续迭代。随着区块链等技术的发展，越来越多的金融和服务机构有意愿积极参与到企业智能化转型的过程中，并为其提供金融工具。

作为最具代表性的例子，从 2019 年开始，西门子旗下的金融服务公司发布了一系列研究报告，并逐步演进出一种金融模型："数字化生产红利"（Digitalization Productivity Bonus，DPB），以及一套金融工具："工业 4.0 融资"（Industry 4.0 Finance）。

"数字化生产红利"模型对工业 4.0 投资的潜在收益进行预测。以中国机械制造领域为例，根据测算，数字化转型可以为该领域带来 79 亿 ~ 123 亿美元的数字化生产红利。"工业 4.0 融资"对制造企业持续投资工业 4.0 技术与设备至关重要，这套工具涵盖了从购置单个数字化设备，到整个工厂建设融资的一系列需求。

西门子的研究团队普遍认为，数字化转型的挑战之一就是不够顺畅的融资通路问题。工业 4.0 融资工具的意义在于，它可以系统化地让企业利用数字化生产红利，资助数字化技术与设备。也就是说，企业数字化转型所需的融资费用，小于或等于数字化生产红利的收益。研究团队还认为，工业4.0的前进速度，与是否使用这种专业的工业4.0融资工具存在密切关联。

在数字化转型的过程中，工业4.0项目离不开大量投资。综合融资工具可以帮助企业更有效地规划投资，减轻购买技术和设备所带来的经济负担。研究表明，在专业金融工具的帮助下，中小型制造企业可以更好地投资于工业4.0，让企业在数字化转型之路上能够跑得更快。报告中还指明了数字化转型的机会之窗将会持续的时长。大型制造企业将在5～7年达到临界点，而中小企业则需要9～11年，两者应当区别对待。

工业4.0融资，或者叫"金融4.0"就是这样的一套融资工具和方法。它的理念是充分利用融资工具，来应对工业4.0的转型挑战。无论企业购买单个数字化设备、为建设新厂筹集资金，甚至提出用于收购竞争对手的募资需求，都可以借助这个工具解决。工业4.0融资的特色包括：

- 将融资方案融入最初的价值定位中，提供更多经济的数字化转型途径。
- 灵活设计融资期限，适应每个生产企业在数字化转型之后降低成本或增加销售额的步伐。
- 涵盖整个解决方案和总体拥有成本（软硬件和服务），从而使生产企业能以有保证、可持续的月度成本来实现数字化转型。
- 使用机器数据，从而确保资金基于使用情况或成果，使技术能力与它们所产生的商业价值相协调。
- 利用可节约的成本或产生利润的成果，为相关的技术投资提供资金支持，让数字化转型不必耗用更多的成本。
- 整合技术升级的方案，避免生产企业在创新周期越来越短的今天陷入技术淘汰的困境。

- 填补技术投资与投资回报之间的现金流缺口,让数字化转型在财务上更具可持续性。

具体的手段为如下 9 种工业 4.0 融资工具。

- 硬件融资:企业为取得某种系统、设备或某项技术而进行的融资,通常是采用融资租赁、经营租赁、售后回租或分期付款采购中的某种形式。
- 软件融资:尽管工业 4.0 转型很少是纯粹的软件投资,大多数项目会同时涉及硬件和软件,但专业的融资机构对软件应用和可能带来的业务成果有比较清晰的认识,并能够洞悉相关的风险,从而将软件这一要素纳入总体融资计划中。
- 为数字化转型融资:专业融资机构对转型过程中存在的挑战有清晰认识,可提供延迟付款等融资方案,在新系统上线并稳定运行以前,企业无须为新系统支付成本。
- 为技术升级换代融资:在数字化的时代,技术创新与升级之间的代际周期越来越短,设备与技术融资同样在融资期内提供了升级方案,避免技术淘汰。
- 基于设备使用效果的融资:根据新技术预计带来的商业效益,安排还款的融资方案。
- 运营资本融资:现金流和流动资金压力随时都会出现。制造企业可能突然需要在短期内采购大量的原材料或零部件,这时企业就可以运用融资服务(通常基于某种形式的发票融资)来应对这种突发的现金流问题。
- 资产融资:有了资产融资,生产企业就可获取现金,盘活资本资产占用的资金。信用额度根据生产企业的应收账款和库存情况,保证提供所需的流动性,满足日常的现金需求。
- 制造业收购、增长融资:专业的融资机构可以提供定制化的企业贷款和循环贷款，满足企业在收购过程中的资金需求，助力战略性增长，很多时候这类融资服务以多贷方辛迪加的形式提供。
- 回租、二次融资和资本结构调整：融资机构提供定期贷款和循环贷款，以便生产企业能够调整资本结构，从而改善债务情况、为股东派发股利、促进所有权变更以降低总资本成本。

金融的本质，并不是提高资金的效率，或者说不完全是，而是识别、管理和降低交易风险。

西门子金融服务的经验是只做熟客生意，依托公司现有业务的客户资源，在卖设备的同时推销融资服务。这样做的优势在于，可以对企业的经营情况非常了解，管理和降低交易风险，并使其能为企业设计灵活的还款方案，令企业按时还钱的同时，资金链不至于太紧张。

例如，山东临沂华伦建陶有限公司在购买一套价值 1700 万元的陶瓷生产线的过程中，就借助了工业 4.0 融资工具。还款方案只需要其每个月付出设备盈利的 80% 左右。根据企业的现身说法，在临沂的陶瓷行业中，超过一半的公司都或多或少使用了工业 4.0 融资工具。

无论工业 4.0 还是智联网，从西门子的实践可以看出，金融工具的有效利用都是发展中不可或缺的一环。如果用得好，可以为数字化转型打开一条新的通路。

场景变革 |

工业互联网是 5G 应用的重要场景之一。在 2020 年年初的中共中央政治局会议中,工业互联网和 5G 被纳入新基建的范畴,这次新基建将以"数字基建"为核心。

05
第 5 章

工业互联网的力量

- 从传统基建到新基建
- 工业互联网不限于"工业"
- 从被动预防到主动预测
- 低代码：加速工业互联网的"王牌"
- 5G如何赋能工业互联网
- 工业互联网的撬动作用

中国现有的经济结构有待进一步优化，很多产业的转型升级迫在眉睫。2020年年初，5G、工业互联网等智能革命阶段的重要领域，在中共中央政治局会议中被着重点名。中央将5G、工业互联网与生物医药、医疗设备并列，在很大程度上凸显了对新技术、新应用的重视，以及5G、工业互联网对国民经济的重要作用。通过加快发展以5G、工业互联网为代表的"新基建"，有利于让资本加速进入实体经济中，让金融更有效地反哺产业经济。

这次席卷而来的全新"基建时代"，被赋予了新的科技内涵，与"铁公基"和房地产为代表的"传统基建"时代有着本质不同。当前的投资聚焦于高质量发展的领域，以5G、物联网、工业互联网、新能源为代表的"新型基础设施"成为发展重点。

对应传统基建，我们不妨将"新基建"称为"数字基建"。与传统基建重资产的模式相比，"数字基建"更多是轻资产、高科技含量、高附加值的发展模式。从工业互联网的角度，对"数字基建"进行解析，包括各种核心工业软件、底层的实时数据库、工业物联网终端设备、边缘计算设备、工业物联网平台、工业人工智能应用……这些是各个行业都会用到的数字化共性基础设施。这些新的"数字基建",起到的作用也像高速公路一样,通过打通和加速整个体系中数字的流动和价值,带动相关产业的成本降低和效率提升。"数字基建"时代的来临,无疑为工业互联网带来了一次新的发展机遇,有可能会影响未来3～5年的市场格局。本章就将对数字基建和工业互联网进行解读。

到底什么是"新基建"?新基建与"铁公基"和房地产为代表的"传统基建"时代有着本质不同,被赋予了新的科技内涵,可以将其所涵盖的领域划分为三个层面。

(1)数字基建。数字基建是新基建的支柱,包括5G、大数据、人工智能、云计算、物联网、区块链、工业互联网等数字化基础设施。它们是新时代的"电力"和"石油",数字基建更多是轻资产、高科技含量、高附加值的发展模式。

(2)以数字化为核心的全新基础设施。这部分是由数字基建引发的全新配套设施,包括新能源、新材料及其应用领域配套设施(如光伏、生物质能、清洁供热、垃圾发电、高端制造)、无人化配套设施(如无人机、无人配送物流系统、无人化防疫系统)、卫星太空基建等,以及这些领域对应的园区项目。

(3)经过数字化改造的传统基建及其新型细分领域。这部分是经过数字化、智能化改造的传统基建设施,或者是为弥补某些传统基建"短板"而生的新型细分领域,如传统基础设施的信息智能改造领域(如智慧城市、智慧交通、智慧园区、智慧农业、智慧警务、智慧消防等)、交通运输短板领域(轨道交通、冷链物流等)、能源行业短板领域(核电、特高压、充电桩、加氢站、锂电创新、工业供汽等)、环保基建(污水处理、垃圾处理等)、新旧动能转换园区等。可见,数字基建和传统基建在第2层、第3层可能会有所重叠,是补充而不是互斥关系。"新基建"为中国经济的增长提供了新动力,内涵也更加丰富(见图5-1)。

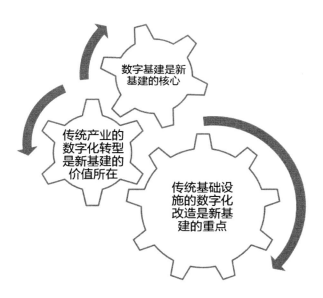

图 5-1 "新基建"为中国经济的增长提供了新动力

首先,数字基建是新基建的核心。以 5G、人工智能、工业互联网、物联网为代表的新型基础设施,本质上是数字基建。随着万物互联时代的到来,全球范围的网络连接终端数量大幅增加,数字技术与网络技术相融合,生成的数据呈现指数型增长,以这些新技术支撑的数字经济将进入快速发展阶段。

其次,传统产业的数字化转型是新基建的价值所在。在供给侧结构性改革的推动下,我国传统产业面临着转型升级的迫切需求。而以数字化为核心的新型基础设施建设,能够为我国传统产业的转型升级提供有力支撑。

最后,传统基础设施的数字化改造是新基建的重点。国家发展和改革委员会在 2019 年的工作重点中提出加强新型基础设施建设,同时提出加强城乡和农村基础设施建设,以及能源、交通、水利等重大基础设施建设。目前,我国传统基础设施建设已经进入成熟阶段,为发挥投资的最大效能,新基建对传统基建的改造和提升作用将更加明显。

5.1 从传统基建到新基建

以"数字基建"为支柱的新型基础设施建设,升温的速度超乎想象。下面按照时间,由近及远进行回顾。

- 2020年4月28日,国务院总理李克强主持召开国务院常务会议,对提速新型基础设施建设做出了重要部署。会议指出,加快信息网络等新型基础设施建设,以"一业带百业",既助力产业升级、培育新动能,又带动创业就业,利当前惠长远。
- 2020年4月20日,国家发展和改革委员会首次明确"新基建"范围,主要包括三方面内容:一是信息基础设施,二是融合基础设施,三是创新基础设施。
- 2020年3月4日,中共中央政治局常务委员会会议指出,要加大公共卫生服务、应急物资保障领域投入,加快5G网络、数据中心等新型基础设施建设进度。要注重调动民间投资积极性。
- 2020年2月23日,中央统筹推进新冠肺炎疫情防控和经济社会发展工作部署会议指出,一些传统行业受冲击较大,而智能制造、无人配送、在线消费、医疗健康等新兴产业展现出强大成长潜力。要以此为契机,改造提升传统产业,培育壮大新兴产业。
- 2020年2月21日,中共中央政治局会议指出,要加大试剂、药品、疫苗研发支持力度,推动生物医药、医疗设备、5G网络、工业互联网等加快发展。
- 2020年2月14日,中央全面深化改革委员会第十二次会议强调,基础设施是经济社会发展的重要支撑,要以整体优化、协同融合为导向,打造集约高效、经济适用、智能绿色、安全可靠的现代化基础设施体系。

短短几个月，中央级别的政府会议多次直接或间接提及"新基建"，频率可谓史无前例。其实，"新基建"并不是一个新概念，早在2018年年底召开的中央经济工作会议上就明确了5G、人工智能、工业互联网、物联网等"新型基础设施建设"的定位。随后"加强新一代信息基础设施建设"被列入2019年政府工作报告。2020年的中央经济工作会议再次提出"加强战略性、网络型基础设施建设"。

基础设施代表什么？它是对整个国民经济具有乘数效应和撬动效应的"杠杆"，很大程度上能够带动GDP、增加就业、促进发展。新型基础设施，或许不一定是大规模投资的实体设施，但其能够渗透到各行各业生产经营的各个角落、直接为生产经营带来乘数级产出，也具有基础设施的特征。一款广泛使用的轻量级物联网终端操作系统、一种可供大量场景应用的AI算法，这些创新的数字经济元素都能够带来产出的数倍增长。智联网领域的企业，迅速对新基建予以响应和评论。

- 阿里云智能总裁张建锋：阿里云将全力投入数字经济新基建。他表示，促进数字经济长远发展是阿里云的使命，未来将全力支持政府和企业建设云计算、数据智能、智联网和移动协同技术组成的新基础设施。
- 联通研究院技术委员会专家委员高级经济师康旗：通信行业有望搭乘"新基建"东风。他认为，5G对国家有两个层面的作用，其一，5G将扩大通信行业本身的发展，5G庞大的基建设施本身对GDP就有促进的作用；其二，5G的发展和应用对国家和社会具有明显的外部性效益，对大多数行业的发展和进步都会带来好处。
- 华为无线产品线副总裁曹明：在"新基建"的大背景下，5G如何起到引领作用？他建议运营商加速2G、3G减频退网，推动4G、5G协同发展。

为什么中央如此重视新基建？新基建的意义在于它是开启新一轮经济周期

的必经之路，是一切改革转型的基础。如果说伟大复兴是一座世纪大厦，那么新经济就好比大厦的建筑材料，新基建就好比大厦的地基。投资拉动经济增长是中国经济的一个特点。各地启动的这些投资项目并非针对疫情而来，是在年度计划中本来就有所安排。从时间进度上看，2020年部分省市公布的重点项目投资规模，在某种层面是一个"计划"项目规模，并不会在2020年内全部落地，很多需要未来多年的建设。

新基建时代，谁被淘汰，谁被青睐？根据海外市场的成熟经验，每一次技术革命都会带来一轮信息化基础设施建设的高峰，个人生活、企业生产，甚至政府、军方的工作方式都会因此发生变化，推动经济发展和社会运行的效率提升。

相应地，新兴产业的崛起也会促使科技巨头的诞生，并在资本市场得到映射。例如，伴随PC时代带来的不仅仅是个人生活的变化，更多的是工作场景的变化，生产效率大幅提升，彼时崛起的是IBM、英特尔等巨头公司。进入互联网时代，信息传输效率进入新的纪元，微软、谷歌等成为新贵，而移动互联时代，个人生活习惯发生了巨大改变，第三产业开始网络化：线上服务、线上消费、线上社交，伴随的是亚马逊、Facebook等的崛起。

这次新基建的推进，也会带来一轮信息化基础设施建设的高峰。在智联网等信息化技术的应用领域，以不同的驱动力为出发点，将应用领域分为消费驱动型、政策驱动型和产业驱动型应用，详见3.5节。

在中国，推动信息技术革命的一股不可小觑的力量来自政府。新一轮数字基建高峰的到来，企业端和政府端的推动力强于以往。从政策环境来看，在推动经济高质量发展、经济结构转型的主基调，以及阶段性逆周期对冲政策加码必要性增加的条件下，数字基建有望迎来更为密集的政策倾斜。

接下来，以智联网最核心的5G和工业互联网两个领域为例进行具体分析。作为新基建的"领衔者"，5G是最为熟悉的，被高层定调为"经济发展的新动能"。

不管从未来承接的产业规模，还是对新兴产业所起的技术作用来看，5G 都是最值得期待的。

我国重点发展的各大新兴产业，如工业互联网、车联网、企业上云、人工智能、远程医疗等，均需要以 5G 作为产业支撑。可以说，5G 应用广泛，上下游产业链条也非常广。

运营商很快就对新基建和新政策做出了反应。2020 年 3 月 6 日，中国移动采购与招标网挂出了中国移动 28 个省份公司的 2020 年 5G 二期无线网主设备集中采购公告，总需求为 232,143 个 5G 基站。这意味着我国最大通信运营商中国移动 2020 年 5G 二期无线网主设备集中采购正式拉开帷幕，5G 建网步伐有序推进。

5G 基站的建设箭在弦上，必将带动上下游产业链的市场需求。5G 能为社会带来巨大的变化，这不仅表现在消费端，更重要的是将会推动产业层面的变革，无人驾驶、工业互联网、智慧能源、远程医疗、新媒体等都会因 5G 取得新的突破。

同时，5G 与工业互联网的结合值得关注。随着接入工厂内网的车间设备数量增多，4G 网络带宽小和时延高导致精度不足和接入数量有限。5G 技术切合了传统制造企业向基于数字智能工厂转型、高带宽、低延迟和多终端接入实现工业环境下设备互联和远程交互应用需求。在物联网、物流追踪、工业 AR、工业自动化控制、云机器人等工业应用领域，5G 已经成为智能工厂的关键支持技术，为制造业转型升级带来历史性的发展机遇。

讲完 5G，再来看与其紧密相关的工业互联网，它亦已上升为国家战略。

按照工业和信息化部的规划，我国工业互联网发展将按照"三步走"的战略推进，2025 年属于第一个规划期，重点是进行工业互联网基础设施和平台建设。2019 年 8 月，经过一年多对申报企业工业互联网平台能力的考量审核评审，工业和信息化部发布"2019 年跨行业跨领域工业互联网平台清单"，最终评选出十大"双跨"平台。

目前在制造业中推广工业互联网的最大障碍,并非技术或者财务压力,而是公司管理者和各级员工并没有对工业互联网创造的价值形成统一态度和认知。普华永道在2019年度的制造业分析报告中的调研分析认为,大约50%的制造企业无法定量评估工业互联网创造的价值。不过有38%的受访者认为有效利用各种数据有助于提升决策能力并降低成本。

目前情况正在进一步改观,随着工程师们对工业互联网的了解越来越深入,部署工业互联网基础设施的障碍也会逐步降低。根据微软近期发布的物联网信标分析报告,物联网用户在两年内的投资回报率预计可以达到30%。

5.2 工业互联网不限于"工业"

工业互联网汇集了工业革命和信息革命的进步:工业革命带来的无数机器、设备组、设施和系统网络,以及互联网革命中涌现出的计算、信息与通信系统更强大的进步。事实上,工业互联网革命正在进行中。当工业应用出现时,企业就已经采用了物联网技术。不过,当前互联网数字技术的全部潜力还没有在全球工业系统上完全发挥出来。智能设备、智能系统和智能决策代表着机器、设备组、设施和系统网络的世界能够更深入地与连接、大数据和分析所代表的数字世界融合。

2020年2月25日,工业和信息化部正式对外公布了2019年工业互联网试点示范项目,涵盖网络、平台、安全三个层面,共81个项目。对比2019年和2018年的试点示范项目可以发现,2019年的工业互联网项目内涵有所提升:首先,"5G+工业互联网"的方向是首次提出;其次,平台层面细化为新技术融合应用、数据集成应用、模式创新三大方向;最后,安全层面项目数量同比大幅增长。

这是继 2017 年年底，国家推出工业互联网顶层规划后，又一次重点提及工业互联网。在"数字基建"的结构之上，有了这条新型"高速公路"，路面上行驶的"车辆"很有可能将持续升级，焕发出新的形态。

工业互联网不仅仅涉及"工业"，这是一个关键。之所以称其为"工业互联网"，因为它的主要特点是智能嵌入机器和设备的方式，并且这些是在工业部门内生产。但就像信息通信技术浪潮一样，很多服务部门也都大量采用了新技术。医疗和交通这两个服务行业将从工业互联网中受益匪浅，我们之前也看到了这样的现象。这是一个关键的倍增效应：服务占 GDP 总量的近 80%。中央将工业互联网与 5G、生物医药并列提出，我们可以将其视作一个统称。

从现有的体系来看，工业互联网涵盖工业物联网和产业互联网两个板块，而且这两大板块之间的边界越来越明晰（见图 5-2）。

工业物联网：侧重于平台能力，提供共性的数字基础设施，承载设备连接、资产管理、应用开发等能力，核心竞争力在于技术能力，如平台的承载能力、

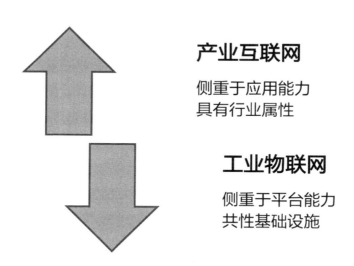

图 5-2 工业互联网的内涵

通用性和可扩展性，营收以信息化系统建设的服务费用为主。也就是说，工业物联网是一个连接设备与资产的底层操作系统，覆盖边缘侧和云端。工业物联网的核心能力体现于工业物联网平台，其上标配的组件包含通信、设备管理、工业人工智能、数据建模、信息安全等。在工业物联网平台的基础上，产业互联网生态得以发展。

产业互联网：侧重于应用能力，基于数字基建，提供各个垂直行业的应用服务与产业链运营能力。应用的提供方可以自己开发应用，也可以委托第三方进行。核心竞争力在于业务能力，包括垂直行业的专业知识和运营水平，营收以业务运营和服务订阅费用为主。产业互联网的核心能力体现于产业互联网平台和应用。与工业物联网平台有所不同，产业互联网平台具有行业属性，聚焦于某一领域，形成资源的集群汇聚。

不仅互联网公司在做产业互联网，很多传统企业、曾经的系统集成商，都在产业互联网中承担了全新角色。产业互联网意味着要进入具体产业的业务流程，这里有各行各业的独特知识与价值，纯粹的互联网公司根本消化不了。只有具备很深厚的行业知识和充足资源的公司，率先完成业务转型后，才有实力成为产业互联网平台的承载者和行业应用运营者。

当下，产业互联网在直观效果的呈现上，更快地走在工业物联网平台之前，看上去更为成熟。但是在这条路继续演进到万物互联大未来的时候，就会愈发凸显出工业物联网底层平台的重要性，海量连接所需要的稳定性、安全性、便捷性将会体现出量变到质变的飞跃。

产业互联网的成熟度较高，背后的原因很容易理解。工业物联网作为数字化基础设施，对产业互联网的运营者来说是一笔成本。如果不采用通用的工业物联网平台，而是自己投入技术研发和硬件成本，组建独立的工程师团队，对于产业互联网运营者来说，是不小的经济负担。同时，工业物联网有很深的技术护城河，精力和时间的花费更是一项不可见的成本投入。因此普遍的做法是，将产业互联网平台建设于通用性强的工业物联网平台之上。

这种做法可以让产业互联网的服务提供商,迅速完成从业务到价值的转换,实现盈利,提升应用成熟度。但底层的工业物联网平台,属于"数字基建"的范畴,仍处于烧钱建设技术护城河的阶段,成熟度较低,需要资本的持续投入和政策的扶持。

做个简单的类比,从金融的发展路径,可以判断工业互联网的走势。当商业银行还处于成熟度较低的时期,市场上存在大量的农村信用社、地方信用社,就像如今的产业互联网平台,这些初级的金融服务组织最终会提炼共性金融服务能力,整合于大型商业银行的体系之上,也就是形成少数的工业物联网平台寡头。

5.3 从被动预防到主动预测

工业互联网最开始是将传感器及其他先进的仪器仪表嵌入各种机器。为工业设备提供数字仪器仪表是工业互联网革命的第一步。广泛的仪器仪表是工业互联网崛起的必要条件。利用智能设备产生的海量数据是工业互联网的一个重要功能。工业互联网可以被看作数据、硬件、软件和智能的流通与互动。从智能设备和网络中获取数据,然后利用大数据和分析工具进行存储、分析和可视化。最终的"智能信息"可以供决策者使用,或者作为各工业系统中更广泛的工业资产优化或战略决策流程的一部分。

随着时间的流逝,这些数据流提供了运营和性能的历史信息,让操作员可以更好地了解工厂关键设备的状况。操作员可以了解某个具体设备已经运行了多长时间及其运行条件。分析工具可以比较其他工厂中类似设备的运行历史,以便可靠地估计该设备出现故障的可能性和时间。这种方式把运行数据和预测分析相结合,避免意外停机并最小化维护成本。

因此，设施的最优、低成本、机器维护也可以通过智能系统实现。机器、组件和单个零部件的聚合视图提供了这些设备的状态信息，从而实现在合适的时间向合适的地点提供恰当数量的零部件。这最小化了零部件库存要求和维护成本，并提高了机器可靠性。智能系统维护优化可以与网络学习和预测分析相结合，让预测性维修成为可能。

虽说预测性维修的概念由来已久，但由于终端设备的运算能力不足，被传感器采集的数据难有用武之地，一直缺乏行之有效的大范围实施手段。而随着技术的日新月异，边缘智能与物联网云平台相结合的这剂"药方"，可以将人工智能、物联网、增强现实等多种技术融合在一起，真正撬动预测性维修这块市场蛋糕，拓展新的商机。

"带病"上路的汽车，给交通带来安全威胁；"带病"工作的生产设备，给工厂带来巨额损失。比如 Intel 在大连的生产线，每天创造 1.5 亿元的价值，哪怕停机维修 1 小时，都将造成难以估量的损失。因此，防止设备"带病"工作，就显得尤为重要。这里总结了工业设备维护维修的几种手段。

- 修复性维护：属于事后维护，顾名思义，亡羊补牢，是为下策。
- 预防性维护：属于事先维护，基于时间、性能等条件对设备进行定期维修，更多还是凭经验。未雨绸缪，是为上策。
- 预测性维护：属于事先维护，基于安装在设备上的各种传感器，实时监控设备运行状态，如果发现故障隐患，自动触发报警或修理命令。未卜先知，是为上上策。

目前市场中的存量设备数目可观，80% 以上的设备还没采用有效的预测性维护方案，而设备维护产生的费用超过设备总体生命周期成本的 50%。从内部来看，预测性维护用于优化生产操作，将会带来 20%～30% 的效率增益。从外部来看，设备制造商如果引入预测性维护服务，则有可能"一劳永逸"地扭转当前的竞争业态。从战略角度评估，预测性维护代表着工业服务化和未来商业模式转变的抉择。

当然预测性维护并不适用于所有的对象。在这里借鉴美国智能维护系统（IMS）中心的分类（见图5-3），纵轴代表故障发生频率，横轴表示故障发生后的影响。预测性维护适用于发生频率不高，但一旦发生影响很大的故障。

图5-3 美国智能维护系统中心分类简图

- 频率低、影响大：预测性维护
- 频率低、影响小：传统维护方式
- 频率高、影响大：系统设计有问题，需改进设计
- 频率高、影响小：准备更多备件

各大公司和初创企业都针对预测性维护进行了重点布局。例如，华为抓住市场痛点，选择从"梯联网"切入电梯运维领域。ABB在班加罗尔设立了新的

针对节能变频器的数字化远程服务中心，全年无休地远程访问位于最终用户工厂内的变频器，实现预测性维护和状态监测。霍尼韦尔推出互联辅助动力装置的预测性维护服务 GoDirect。海南航空成为全球首家采用 GoDirect 的航空公司。空客则选择自建边缘计算和云平台能力，量身定制自用的预测性维护系统。工业场景的要素：人、机、料、法、环，预测性维护主要与"机"挂钩。就像汽车的价值链包括车主、4S 店、车厂、汽车零部件的各级供应商，"机"的价值链包括：

- 最终应用企业（最终用户）
- 设备服务商（代理商、集成商）
- 设备制造商
- 上游各类工业自动化软硬件厂商

如何在这份已经成熟的工业体系中，创造新的价值？创新型的物联网企业和传统工业自动化巨头正在从两条路径各自渗透。

路径 1：创新型物联网企业的普遍做法是围绕最终用户挖掘价值。

最终用户是工业的主体，上游各类企业都是围绕最终用户开展业务，因此用户也是各种服务的核心落脚点。物联网企业的做法是围绕设备加装传感器和工业网关，并不介入控制器原厂的数据和通信协议，将传感器数据在边缘侧和云端进行分析和反馈，"感知设备的脉动"。

传感器采集的过程值（流量、温度、压力等），传输至边缘云进行分析，可以显示多样化的评估图表，结合预先定义的报警机制，确保对过程值进行持续监控和分析。传感器安装在哪里？采集什么信号？机器特性是什么？分析遵循什么原理？前期需要进行详细的分析，才能保证采集到的数据是有价值的。每一个传感器的部署和定制分析都要花费时间和金钱，先从最重要的故障点入手才有意义，这是一个漫长的讨论、尝试和验证的过程。

很多项目并不是典型的预测性维护，做到简单的数据呈现和报表分析，实现状态检测和远程监控，已经可以满足最终用户的需求。

路径 2：传统工业自动化巨头因为拥有私有协议优势和存量设备优势，选择从源头上入手，从控制层直接接入新型硬件，由浅入深，提供预测性维护服务。

举两个例子。例如，西门子在 2018 年年底推出了针对边缘应用的全新硬件，并以此构成工业边缘计算概念的一部分。这款紧凑型边缘设备以嵌入式工控机为基础，可从生产端实现对生产数据的直接读取和处理。这种做法相当于给传统控制器 PLC 外挂了一台工业计算机，直接读取和分析控制层数据，并与工业互联网平台配合使用，提供预测性维护等能力，以边云协同的方式提升现场管理水平。而且当工业应用程序底层的框架条件发生变化时，边缘设备上的应用可以实现同步调整，保持设备功能性的实时更新。

2019 年 3 月 29 日，西门子与德国大众汽车集团签署协议，德国大众宣布采用西门子工业互联网平台，范围涵盖大众的 122 个工厂和 1500 个供应商。这一合作激起的涟漪势必促进跨国企业对于工业云平台的采用，为预测性维护的落地起到一定程度的推动作用。

除了从控制层面直接介入的做法，电机与驱动器厂家也不甘落后。2019 年 3 月初，三菱电机宣布推出新一代通用型伺服驱动系统 MELSERVO-J5，它不仅成为全球首款使用下一代工业网络技术 TSN 的伺服产品，还将集成智能控制技术 Maisart。Maisart 是 Mitsubishi Electric's AI creates the State-of-the-ART in Technology 的缩写，意思是"三菱电机的人工智能技术创造最先进技术"。Maisart 与伺服驱动系统 J5 的集成，将以内嵌的方式，直接实现对机械传动部件（滚珠丝杠、皮带、齿轮……）与驱动器的检测诊断和预测性维护。

创新型物联网企业，乃至传统工业自动化巨头，都已开始围绕预测性维护，或者更准确地说，围绕由预测性维护引发的巨大市场空间，开展"军备竞赛"。

无论预测性维护、质量控制、远程监控，还是资产追踪，其背后使用的物联网技术是一样的。因此预测性维护是一个具备横向整合能力的应用。

基于预测性维护过程中采集的设备数据，包含工艺、质量、性能、效率等指标，可以从设备层面延展到生产线层面。预测性维护采集的数据点越多、数据的价值越大、机理模型的理解越透彻、经验积累越丰富，横向整合的能力越强，越能帮助企业以崭新的方式和手段，解决降本、提效的问题。

5.4 低代码：加速工业互联网的"王牌"

什么是低代码？与 PC 操作系统相比，IoT 平台的复杂性急剧上升，需要调度"云、管、边、端"各方资源，兼顾传感、姿势、语音等各种交互方式，又要保持 5G、Wi-Fi、BLE 等连接随时在线……那么，IoT 编程工具的重要使命就是降低这种复杂度，让开发者可以轻松上手。因此"低代码"是大势所趋。简单来说，"低代码开发"被用来描述一种快速设计和开发的软件系统，无须编码或通过少量代码，就可以快速生成应用程序。它是研究机构 Forrester Research 在 2014 年最先使用的一个术语。

其实低代码并不是最近才出现的新事物，它可以追溯到 20 世纪 90 年代。在 1991 年诞生的快速应用程序开发，目标是在 60~90 天的短时间内，建立符合用户要求的业务软件。RAD 的出现掀起了一场编程方式的革命，它带来了可视化编程，使得编程的门槛变低了。

根据 Forrester Research 的分析预测，低代码平台有可能使软件开发速度比传统方法快上 10 倍。到 2022 年，低代码平台市场将从现有的 40 亿美元，增长到 220 亿美元。

如果将"低代码开发"和汽车制造做类比，"低代码"之于 IoT 开发者就像自动化生产线对于汽车行业的作用。过去汽车的装配需要手工完成，现在都是通过自动化生产线实现。虽然早期自动化进程中使用的生产线，对汽车复杂多变的配置无能为力，但它们确实加快了装配和交付的进程。

作为对比，现在的编程工作大部分还处于手工作业阶段，生产效率在很大程度上取决于编码者个人的专业技术水准，"低代码"尽量用少量的代码开发出企业级的应用，最大限度地提高应用开发的效率。众所周知的低代码实例是 WordPress（它是一款开源内容管理系统），特性是易上手，开发速度尤其快，甚至无须代码，直接安装模板和插件就可以达到要求。

使用 WordPress，即便不懂代码，也可以借助网上发布的各种主题和插件，在完全不需要编程代码的情况下进行基本网站编辑。目前 WordPress 已经支持了世界上超过 70% 的网站。综上所述，可以看到低代码具有如下优势：降低编程门槛，不需要大量的编程知识；大大加快应用程序的开发和部署时间；节省成本，节省项目规划或员工培训的时间；用户可自定义模块，应用程序可以灵活调整；开发者可将精力更好地分配于核心任务。

智联网低代码编程工具之间有什么差异？总体而言，有两类公司在提供 IoT 低代码编程工具，分别是物联网平台型企业和应用服务初创型公司，如阿里巴巴 AliOS Things、华为鸿蒙 OS、Google Fuchsia，以及典型的低代码平台初创公司，被西门子收购的 Mendix。这两类公司由于各自目标不同，所提供的 IoT 低代码编程工具其侧重点也有所区别。

物联网平台型企业：这类企业的目标是降低物联网平台的应用门槛，汇聚开发者生态，因此往往提供的是端到端的 IoT 低代码编程工具或者开发环境。以阿里云最近更新的 IoT Studio 为例，它是一套专为物联网应用所设计的集成开发环境。

应用服务初创型公司：这类企业将低代码平台本身作为核心产品，探索与之相应的新型行业模式，因此它们的编程工具一般并非针对物联网应用所创建，或者并不具备对于物联网异构设备的支持能力。以 Mendix 为例，它本身是一个加速企业敏捷开发流程的 PaaS 平台，并自称是全球唯一一个真正的云原生低代码平台。被西门子收购之后，Mendix 在最新版中增加了对于物联网设备的支持，并升级了 AI 引擎，提供对于物联网数据的分析服务。

借助 IoT 低代码编程工具，让企业有机会尝试用更少的资源更快、更好地实现应用。如果将其承载在工业大脑或者智慧城市的管理平台之上，势必将会激发各类应用开发者的创意和想法，让各类应用快速集成落地。

对于开发者数量有限的传统行业，IoT 低代码编程工具还有可能加速 IT 和 OT 的融合。当然，各种 IoT 低代码编程工具是否被宣传得恰如其分，是否在实践中方便使用，还需要经过验证。莎士比亚说：世界是一个舞台。工业互联网又何尝不是另一个舞台，这个舞台是不是足够吸引人，还得看制造企业是否愿意为其埋单。

5.5　5G 如何赋能工业互联网

2019 年 6 月 6 日，工业和信息化部向中国电信、中国移动、中国联通和中国广电正式颁发 5G 牌照，标志着我国正式进入 5G 商用元年。5G 的增强宽带、海量连接、低时延、高可靠等特性，为物联网、人工智能等美好愿景的实现提供了后盾，为各种跨界融合和跨行业应用提供了支撑。可以预见，大规模的 5G 网络建设即将启动，面向各行各业的 5G 服务也蓄势待发。

5G 有哪些切入场景？在工业互联网领域，IT 和 OT 的融合是老生常谈的话题，5G 则引入了另外一个 T，CT 通信技术。相比 4G，眼前的 5G 并不只是换个手机那么简单，加之工业制造对 CT 的要求更高，虽然 5G 有诸多优势，还要找到适合的切入场景。

5G 是一场从端到云的变革。正如从"功能手机"到"智能手机"的转变，5G 还将促进各种现场终端的变化，如 AR 智能眼镜、MEC 移动边缘计算设备的广泛使用，以及终端设备形态的改变。由于 5G 缩短了云和端之间的"距离感"，可能会加速"边云协同"和"终端瘦身"的进程。其实这种趋势在 5G 到来之前便已存在。例如施耐德最新的 M262 控制器，具有嵌入式的云平台接入能力，可以实现机器对机器以及机器对云的直接连接，集成速度提升 40%。由于允许即插即用的嵌入式系统访问，减少约 50% 的调试与服务工作，安装成本降低 30%。

5G 的增强宽带使云端和本地的差异变小，"变瘦"的终端也会更便宜，如"云端工业机器人"。在设想中，这种机器人的大脑在云端，5G 超高速通信网络作为神经，机器人硬件就变成了一个纯粹的身体。

另外，工业互联网新平台持续涌现。作为一项包含"云""管""端"铁人三项的全能型的"长途赛局"，由 GE（通用电气公司）在 2012 年提出的工业互联网，如今已经步入了发展的第 9 年。

根据 IoT Analytics 在 2019 年发布的最新分析报告，工业互联网仍将在未来的 7 年保持 40% 的年复合增长率（CAGR），而且工业互联网还找到了落地的突破口，开始取代 MES 等传统软件，接手了生产监控、质量控制和库存管理等相关应用。

相比批处理和流程工业，离散制造业将拥有最高的工业互联网支出占比（53%），以及最高的增长率（46%）。离散制造中的生产复杂性越大，数据就越有价值，并且最有可能催化新的商业模式。

虽然全球已有数百个工业互联网平台在前，但并不影响新选手的加入。值得关注的包括霍尼韦尔和施耐德。例如，霍尼韦尔最新的 Forge 工业互联网平台，将发布针对航空、工业和建筑等行业的版本，收集企业经营数据，为基础设施进行分析并优化；施耐德的 Exchange 将被打造为一个跨行业的开放式生态平台，立足于促进不同行业的用户分享最新思维和创意、打破现有框架和开拓新市场。

与工业互联网平台相匹配的是各种工业 App 应用商店与合作伙伴生态圈。各个企业相当趋同的做法无可厚非，在一个越来越难以划清边界的市场中，如果不建立自己的生态系统，就等于把发展机遇让给了竞争对手。

2019 年年末，我作为评委亲历了一场国内最高级别的 5G 应用征集大赛，可以通过这些创新实践，窥见 5G 未来可能的样子。大赛涵盖智慧城市、智慧生活、智能工业、智慧医疗、智媒技术、云应用、车联网和虚拟现实等 8 个重点专题，累计收到参赛项目 3731 个，以 5G 应用的试验、示范为主。

经过层层选拔，共有 300 个项目进入复赛，30 个优秀项目进入决赛，10 个项目获得大赛一等奖，一等奖项目占比 0.27%。在一路披荆斩棘，荣获一等奖的项目中，占据半壁江山的是 5 个来自工业互联网领域的 5G 应用，可谓是优中选优。下面来看看这 5 个项目各自的情况和亮点。它们可以帮你了解 5G 在工业互联网领域的潜在应用场景有哪些，便于你开阔思路借鉴别人的前沿探索，还能知道其他项目如何设计商业模式等关键问题。

这 5 个项目分别是：

- 基于 5G MEC 的海尔智慧工厂端边云协同体系及创新应用
- 实践 5G 边缘计算，构建 TCL 新型智慧产业园
- 5G 赋能民用飞机制造综合解决方案
- 基于 5G 边缘云的智能网联 AGV
- 新凤鸣集团的 5G 智能车间

案例 1：基于 5G MEC 的海尔智慧工厂端边云协同体系及创新应用

海尔在工厂原有网络使用痛点的基础上，构架了 5G+MEC 的网络方案，并

通过承载 AR 眼镜、工业相机等智能终端，在海尔商业空调工厂、中德冰箱工厂部署落地，形成端到端整体解决方案和产品能力。通过 MEC 的部署实现了生产数据的本地计算和数据处理，满足生产的可靠性要求。

"5G+AR 远程运维指导解决方案"，实现机器设备故障的远程诊断、远程排除、远程维修指导等操作，既节省了维护成本，也实现了专家的技能复制，解决了技术专家紧缺的难题。"5G+MEC+ 机器视觉"取代了有线网络传输，通过端、边、云协同，实现相机设备、视觉算法的本地分离、设备的快速迭代，并将传统孤立视觉系统转化为集中处理＋分布采集和控制模式，可将多个相同工位的检测结果汇集成数据库，保证精密制造。该应用点布线成本低、极简部署、极简运维，根据实际测试和预测，带来综合提升。

本项目是业界首次实现工业制造环境下云化机器视觉系统与 5G+ 边缘计算的结合，同时也是继 2019 年 7 月底海尔、中国移动、华为联合发布全球首个智能 +5G 互联工厂之后取得的阶段性进展。整个项目方案包括网络侧解决方案和具体产品应用，既可作为整体方案在制造企业推广，又可以单独复制某项应用。

案例 2：实践 5G 边缘计算，构建 TCL 新型智慧产业园

惠州是国家级电子产业基地，高端装备制造、电子产业集群体量庞大。潼湖高新区，一座占地 130 万平方米，年产量 3500 万台的全球最大的 TCL 液晶产业园正在建设之中。电子制造行业需要"小批量，多批次"组织生产，根据订单灵活组织生产线，柔性制造技术对于智能制造至关重要。而依靠有线网络难以满足，制约产能。5G 大带宽、低时延、大连接的优势为智能制造提供了解决方案。

借助 5G+AI+ 工业视觉，TCL 在园区内实践 5G+8K 液晶电视测试、5G+AGV 智能仓储调度系统、生产线员工动作行为标准化检测、标准化作业指导书（SOP）等应用。5G 从"人机料法环"等维度为工业企业赋能，根据测算每年节约投资／成本达 4110 万元，改造投入 1 亿元，2.5 年收回。

案例 3：5G 赋能民用飞机制造综合解决方案

中国商飞总装制造中心浦东基地建成全球第一个 5G 工业园区，实现园区内 5G 信号全覆盖。商飞开展 5G 工业网络和物联网研究，建成基于 5G 的新型工业互联网平台，聚焦智能排产、生产提速、质量检测、智能物流等关键环节，开发了 50 余项基于 5G 的工业应用，在编 5G 工业应用标准 40 余份。目前公司的核心工作团队已达 300 余人，并在上海集中办公，以持续探索基于 5G 的工业综合解决方案。

案例 4：基于 5G 边缘云的智能网联 AGV

随着技术的发展和智能工厂的全自动化业务需求驱动，AGV 的行驶路径可以根据仓储货位要求、生产工艺流程等改变而灵活改变，逐渐向实时感应、安全识别、多重避障、智能决策、自动执行等多功能的新型智能工业机器人发展，相应的 AGV 对计算的需求与能力要求也越来越高，5G 和边缘云技术支持 AGV 向新一代智能网联 AMR（Autonomous Mobile Robots）演进。

本项目是三一重工、中国电信、华为联合开展的基于 5G 及边缘云的 AGV 创新项目，以视觉引导式 AGV 应用为主，极大降低了小车成本，有利于云化 AGV 小车的大规模部署推广。利用 5G 大带宽、低时延特性以及 MEC 边缘计算平台，将小车上的视觉感知能力上移至边缘平台，通过 5G+ 云 +AI 技术提供赋智和赋能。同时将视觉 SLAM 等感知技术、控制调度系统上云，完成对小车的智能调度运维管理。

云化系统提供开放接口，实现与生产制造系统（MES）、仓储管理系统（WMS）等工业生产系统对接，可便捷地接收和反馈运输任务，提升整体生产效率，实现 AGV 的智能网联化、能力平台化、云端协同化。

根据测算，使用新一代 AGV 可为单园区节省 50% 的成本。基于 5G MEC 的新一代智能网联 AGV 可以率先在三一重工等国产工业制造企业中应用，并逐步向其他企业推广。

案例5：新凤鸣集团的5G智能车间

新凤鸣集团总部位于嘉兴桐乡，是一家集聚酯、纺丝、加弹、进出口贸易为一体的大型股份制企业，聚酯长丝稳居行业全球第二。新凤鸣对智能制造有较高的需求，建成基于大数据及辅助决策等技术的工业互联网"凤平台"，"凤平台"网络通信基于"Wi-Fi+有线"的网络承载。

在新凤鸣14,000平方米的长丝生产车间内，传统网络承载方式存在一些问题，如车间Wi-Fi信号不稳定、抗干扰差、时延不可控，导致车间AGV运货小车在AP间切换时掉线，限制AGV小车的运输路线固定，运输速度慢。

嘉兴移动针对新凤鸣的情况，部署了基于SA组网结构和边缘计算服务的5G网络，为新凤鸣开通5G企业生产经营专网，并对新凤鸣的长丝生产车间进行5G智能化升级，赋能AGV。通过5G网络的超低延时和无死角覆盖，AGV小车在5G网络上可实现实时通信，后期结合AI自动驾驶技术，可进一步实现运输速度的灵活实时变化和运输路线的灵活按需调整，车间作业车流量极大提高。利用5G网络的超大容量和超高速率，可大幅提升联网工业机器人的数量上限，并对车间现场进行8K高清视频监控。该解决方案解决了以前运输速度较慢、运输路线固定、作业车流量小、Wi-Fi覆盖盲区多等问题，助力了企业车间管理水平和生产效率的大幅提升。新凤鸣已将5G网络切片技术应用到新工厂建设中，以5G应用为核心，企业的运维效能有了较大提升。

介绍完了5个获奖项目，料想你对5G在工业互联网领域的应用现状有了一定的了解和判断。可以说，工业互联网的5G应用刚刚起步。5G的主要技术涉及各类终端、无线接入网、光纤传输承载网、网络虚拟化等。从产业链来看，5G赋能工业互联网是一个很长的产业链，包括硬件/终端、通信、平台服务和软件集成等。

5.6　工业互联网的撬动作用

在工业互联网中，机器与分析相结合的收益是多方面的，也是显著的。根据通用电气公司的估计，工业互联网的技术创新将在规模高达32.3万亿美元的领域内得到直接应用。随着全球经济的发展，工业互联网的潜在应用也将扩大。到2025年，工业互联网的应用领域将达82万亿美元的规模，或占全球经济的一半。

保守看待特定行业的收益是有益的。即使工业互联网只能让效率提高1%，其效益也将是巨大的。例如，仅在商用航空领域，未来15年，节约1%的燃油就意味着节约300亿美元的成本。同样，全球所有天然气电厂的效率提高1%，就意味着节约价值660亿美元的燃油。通过提高流程的效率，全球医疗行业也将受益于工业互联网：全球医疗效率提高1%，就意味着节约630亿美元的医疗成本。在全球铁路运输行业，如果效率提高1%，则意味着节约270亿美元的燃料。最后，产业上游的石油和天然气勘探开发的资本利用率提高1%，就可避免或推迟900亿美元的资本支出。这些仅仅是有可能实现的几个例子。

有了各地政府大力推进中的新基建的"加持"，工业互联网的发展在未来一段时间，将会提速。虽然与动辄上万亿元的传统基建项目相比，这样的"新基建"规模并不突出，但仍应看到其巨大的撬动作用。

波士顿咨询公司曾经出版过一份名为《提供新型基础设施，推进数字经济》的研究报告，其中认为数字基建是社会和经济发展的核心驱动力，它能创造就业、吸引人才和促进出口。诸多的利益相关者将围绕数字基建发挥自身作用，以指数效应带动整个生态系统的发展。

工业互联网的扩展，需要所有利益相关者积极地参与其中，每个人承担应有的责任并贡献各自力量。工业生产流程可以简化为工厂购买设备、搭设生产线，购入原材料，工人入厂生产，最终销售交付。这个过程中，涉及的工业产业链角色包括设备制造商、设备代理商或集成商、原材料供应商、工厂以及客户。工业互联网的概念既包括工厂内整个生产过程的连接，尤其是重资产工业的设备连接，还牵涉从设备制造商、供应商到工厂再到客户的整个产业链的协同。

工业互联网平台产业发展涉及多个层次、不同领域的多类主体。在产业链上游，专业技术型企业为平台构建提供技术支撑；在产业链中游，装备与自动化、工业制造、信息通信技术、工业软件四大领域内领先企业加快平台布局；在产业链下游，垂直领域用户和第三方开发者通过应用部署与创新不断为平台注入新的价值。

专业技术型企业，主要是指提供信息技术服务的企业，这些企业的竞争力在于关键的技术能力，以"被集成"的方式参与平台构建。主要包括五类：一是云计算企业，提供云计算基础资源能力及关键技术支持；二是数据管理企业，提供面向工业场景的对象存储、关系数据库、NoSQL数据库等数据管理和存储的工具；三是数据分析企业，提供数据挖掘方法与工具；四是数据采集与集成企业，为设备连接、多源异构数据的集成提供技术支持；五是边缘计算企业，提供边缘层的数据预处理与轻量级数据分析能力。

平台型企业，通过整合资源实现平台构建，发挥产业主导作用。这些企业以集成创新为主要模式，以应用创新生态构建为主要目的，整合各类产业和技术要素实现平台构建，是产业体系的核心。目前，平台企业主要有以下三类：

一是装备与自动化企业。这类企业在工业现场沉淀有大量生产设备与工业系统，在其几十年的创新探索中也形成了丰富的工业知识、经验和模型，正借助平台化布局，实现底层设备数据的采集与集成以及工业知识的封装与复用，并以此为基础形成创新型的服务模式。

二是领先的生产制造企业。这类企业凭借自身在数字化转型过程中的成功经验，围绕生产优化、用户定制、资源整合等方面提供平台化服务，形成了多种创新模式。部分消费品生产企业基于个性化定制生产模式构建工业互联网平台，实现用户需求、设计资源与生产能力的全面打通。部分集团型制造企业凭借其资源整合经验，通过平台汇聚产业上下游各环节资源，为企业提供供需对接、协同设计、协同制造等智能化应用。

三是工业软件企业。这类企业通过布局工业互联网平台，全面获取生产现场数据和远程设备运行数据，并通过这些数据与软件的结合，提供更精准的决策支持并不断丰富软件功能。其中，管理软件企业依托平台实现从企业管理层到生产层的纵向数据集成，提升软件的智能精准分析能力；设计软件企业借助平台获取全生命周期数据，提升软件性能，进而形成基于数字孪生的创新应用。

应用型企业，应用主体以平台为载体开展应用创新，实现平台价值提升。工业互联网平台通过功能开放和资源调用大幅降低工业应用创新门槛，其应用主体分为两类：一类是行业用户在平台使用过程中结合本领域工业知识、机理和经验开展应用创新，加快数字化转型步伐；另一类是第三方开发者，他们能够依托平台快速创建应用服务，形成面向不同行业不同场景的海量工业App，提升平台面向更多工业领域提供服务的能力。

在上述技术厂商之外，工业互联网的客户端，也就是相关资产所有者或者运营者，也是其中重要的一环。当然，来自监管机构、国际组织、研究与学术等领域的力量也不容小觑。

根据进程，工业互联网的发展将沿着几个不同的阶段演化：第一步是在初始阶段，实现小范围的制造资源的互联网化，这在很多企业已经实现；第二步是在企业的区域范围内，实现较大面积的生产资源互联网化；第三步是在整个企业的范围内，实现大面积异地调度的广泛生产资源互联网化；第四步是在同产业内，实现同产业领域的大规模生产资源的互联网化；第五步是将不同产业的制造资源统筹化，形成完整的复杂产品网络制造体系。

在工业互联网的早期，企业在小范围实施生产资源的互联网化时，较容易推进，一旦工业互联网拓展到跨越企业边界，那么就涉及一系列包括质量追溯、产品品牌、企业特质差异等深度问题，这将远超过工业互联网的技术本身。但无论怎样，随着网络技术的发展和对不同行业的深度嵌入，中国制造业必然将同样走向工业互联网的演化，这将极大提升整个制造业的竞争与创新能力。

  5G 与工业互联网的结合将创造巨大机会。如果制造企业想要充分利用工业物联网的机会，就需要实施涵盖供应链、生产车间和整个产品生命周期的端到端解决方案。目前，固定线路在工业物联网连接数量方面占主导地位。但预测显示，从 2022 年到 2026 年，5G+ 工业互联网的平均年复合增长率将达到 464%。

第3篇　模式创新

如今，5G 面前的挑战重重，各行各业几乎同步进入了野蛮生长的瓶颈期，汽车、电脑、手机、房屋……各种物理商品的保有量几乎接近天花板，各个企业越来越多地感受到商业模式变革的压力。让我们过去获得成功的方法和路径，不但不能保证我们继续成功，甚至有可能导致失败。

06

第 6 章

新秩序背后的新定律

- 康威定律
- 沃森定律
- 变比定律
- 创新理论
- 马太效应
- 各种理论的综合作用

随着数字时代的推进，我们正面对的是一套复杂的由不同场景构成的巨型系统。这一概念最早是由钱学森和乌家培提出的。1979 年，这两位前辈在论述社会系统工程时指出，这不只是大系统，而是巨系统，是包括整个社会的系统，强调这类问题的范围之大和复杂程度之高是一般系统所没有的。

巨系统也可以分为"简单巨系统"和"复杂巨系统"，但是它们共同的特点是具备极其复杂和众多的子系统。它们的区别在于，复杂系统表现出具有很多层次，而且每个层次都呈现系统的复杂行为，甚至可能还有意识活动参与到系统中。这些特点，在简单巨系统中是没有的。

巨系统所以称其为"巨"，是指构成系统的子系统或称之为元素的数量非常庞大。例如，一个城市系统组成它的人口数量可能达到数十万、数百万，甚至上千万。所谓"巨"系统不是指其体积。如人的大脑，体积并不大，而组成大脑的神经元细胞就有 10 的十次方之多，大脑就是一个典型的巨系统。

智联网中的设备数量，也已经达到了超高的量级，形成了巨系统。Juniper Research 的分析显示，到 2020 年年底，物联网连接设备的数量从 2015 年的 134 亿增长到 385 亿，增长超过 187%。

思科公司统计，当下的每一秒，就有 127 台新增设备连接到物联网。IBM 的互联网白皮书预测，到 2025 年全球将有超过 1000 亿台机器联网，到那时全球大概有 100 亿人口，也就是将对应 100 亿个人的数据和 1000 亿台机器的数据。

由这些联网设备构成的集群，将形成一个复杂的智能巨系统。人工智能、大数据、区块链等技术的发展，将实现多个智能体之间的协同，机器彼此合作、相互竞争共同完成任务，而多个智能体协同带来的群体智能将进一步放大智能巨系统的价值。

那么，巨系统能否预测？事实上，简单系统或许可以预测，但在复杂系统中，某一部分的微小扰动会被放大，并在其他地方产生巨大影响，这也是我们所熟知的"蝴蝶效应"。当复杂系统中的每个微小因素都可能以无法预测的方式被放大时，模型能够预测的也就很有限了。面对不确定的未来，我们只能预测概率，而非准确性，而对概率的预测，就需要一些新的定律和理论，分别是康威定律、沃森定律、变比定律、创新理论、马太效应，如图 6-1 所示。

图 6-1 复杂智能巨系统

6.1 康威定律

"康威定律"以计算机程序员梅尔文·康威命名,在半个世纪前的一篇文章中提出。在康威的这篇文章中,最有名的一句话就是:"Organizations which design systems are constrained to produce designs which are copies of the communication structures of these organizations.",中文直译大概的意思就是:设计系统的组织,其产生的设计和架构,等价于组织间的沟通结构。康威定律的直白表述就是:你想要什么样的系统,就搭建什么样的团队。

近几年,人们已经开始渐渐地理解组织结构和他们要开发的软件之间的这种微妙的关系,并且为了成功地开发出软件,开始对组织进行相应的调整。例如两个人能讲清楚的事情,就不要拉更多人。每个人、每个系统都有明确的分工,出了问题知道马上找谁,避免踢皮球的问题。能扁平化就扁平化。最好按业务来划分团队,这样能让团队自然地自治内聚,明确的业务边界会减少和外部的沟通成本。每个小团队都对自己的模块的整个生命周期负责,没有边界不清,没有无效推脱。

康威定律到底有多大的功效呢?举个前面提到的容器技术 K8s 的例子来说明。K8s 自发布之后迅速抵达如日中天的状态,网易、百度、京东等互联网公司均采用了这样一个优秀的框架,取得这个成绩时,距它发布 1.0 版本还不到两年。K8s 能够在残酷的竞争中脱颖而出,不仅仅是由于优秀的技术,还因为从项目启动就非常注重康威定律的效力,注重社区的运营。

如果仅仅从纯技术的角度而言,K8s 和其他平台是半斤八两,处于伯仲之间。然而在社区的运营和赢得人们信任方面,K8s 拥有绝对的领先优势,没有哪家能够与其相提并论。可见,K8s 能有今天,绝非仅仅是依靠技术,驱动 K8s 取得成功背后的神秘力量,正是康威定律。康威定律的贡献并不在于它指出了系统架构和组织架构之间的关系,而是在于如何做才能让它们二者之间发挥彼此最大的能量,并相互产生正的影响。

6.2 沃森定律

沃森定律的诞生时间不长,2018 年由 IBM 首席执行官提出,简单地说,它的含义是万物皆可智能。就像摩尔定律一样,IBM 提出这个定律是为了带动业务推进公司的发展,不过也在一定程度上印证了智能时代的特征。沃森定律,以 IBM 创始人沃森命名,它预言了人工智能在各种商业场合、智能城市、消费者应用和生活里的普遍使用和应用,带给各行各业指数级发展的机遇。

你可能觉得,定义一种所谓"定律"、一种概念,不会有什么实质价值。但事实上,在现实世界里,语言、概念有着实体的价值。多年来 IBM 虽然业务有些老迈,但在商业理念、战略愿景的演进上,一直有它前瞻的一面,这跟它多年来前端触达与管理咨询有关。"沃森定律"的内核理念并不神奇,中国很多智联网企业群体,尤其是多家人工智能领军公司都有类似的理念,却没有总结、定义出一种规律。很多时候,我们不缺探索与行动,但几乎每一轮变革关头,我们少见清晰的理论指引。

根据《产业人工智能发展白皮书》中的阐述,各行各业的数字化转型与商业创新,已迈入产业人工智能的新时代。新兴科技正在推动新一轮全球产业变革,而人工智能毫无疑问成为了释放产业变革潜能的重要力量。经过半个多世纪的发展,特别是在互联网、大数据、超级计算、传感网、脑科学等新理论新技术以及经济社会发展强烈需求的共同驱动下,人工智能呈现出飞跃式的进步,进入新的发展阶段。

当然,人工智能技术必须结合行业实践,应对在数据收集、模型训练、模块管理方面的挑战。为了利用沃森定律更好地加速推动产业创新，还需要遵从一些具体的实践步骤：

（1）制定全场景产业智能战略，为智能进化奠定商业基础。企业需要识别自身业务基因与人工智能业务场景，聚焦运营洞察和自动化、产品与服务差异化、体验个性化，从流程管理、产品服务、应用体验等多维度实现数字化转型的提升。

（2）依托全栈人工智能软硬件一体化平台，实现技术基础智能化。选择理想的合作伙伴，以覆盖端、边、云的架构视角总体构建人工智能技术平台和专业应用，提升算力、业务知识、工程经验等多个基础领域的能力。

（3）借助全维度服务能力与实践经验，实现从通用向致用的实践智能化。企业选择的合作伙伴必须具备从战略规划、业务咨询到架构设计与实施运维的端到端服务能力和基于云平台进行全场景数字化转型的能力以及覆盖跨场景、多维度的行业经验。

（4）拥抱全球化国际生态，构建开放的价值创新网络体系。企业应该优先考虑能够战略投入人工智能开源技术，具备新兴技术战略咨询服务于实践能力的合作伙伴，与全球范围内的各行业保持良好的商业网络，持续推动协同价值创新。

6.3　变比定律

变比定律，全称可变比例定律，由美国经济学家米尔顿·弗里德曼在《价格理论》一书中进行了详细的论述。他提到，我们可以把企业看作要素市场和产品市场之间的媒介，在前者那里，企业购买资源，在后者那里，企业出售产品。他还介绍了变比定律向成本曲线的转化。一般企业，成本可以划分为固定成本和可变成本。

- 固定成本：成本不随着产量的变动而变动。
- 可变成本：随着产量变动而变动的成本。

成本曲线基于数十年中对大量单个企业的经验研究。根据这些统计结果，另一位经济学家乔治·斯蒂格勒（George Stigler）将其进行了延伸，指出了一种一直被忽视的力量，这种力量就是获取灵活性的愿望。而现在随着科技的发展，越来越多的灵活性成为可能，过去的固定成本正在转化为可变成本。

这里举个例子来说明善用可变成本的好处，这是一对公司：沃尔玛和亚马逊。从经营流程上看，沃尔玛等传统零售行业是先有物流，再有资金流，然后是信息流。通俗地说，就是先将用户可能购买的商品运输到店面，然后客户购买商品支付费用，信息系统记录交易情况并进行分析，为下一次商品的运输和调配提供支撑。

亚马逊的流程正好相反，先有信息流，再是资金流，最后是物流。也就是说，用户先在网上筛选商品，再通过网络支付费用，交易完成后商家完成物流配送。亚马逊不用雇用大量低端的收银员，不用理会大卖场的商品摆放和安全问题，尤其不用将大量商品无效地搬来运去。

它们还有一个显著差异，就是固定成本和可变成本的比例不同。沃尔玛的主要成本是实体的卖场成本，是固定成本占绝大比例，而亚马逊的成本则是IT成本，属于可变成本。随着时间的推移，IT成本越来越低，而且这部分成本变得可以按需取用，规模经济性的优势更强。

6.4 创新理论

此处特指熊彼特的创新理论。熊彼特是西方经济学界公认的博学多闻、兼收并蓄的经济学大师。熊彼特的经济发展理论独立于西方主流经济学之外，自成体系，他推崇经济学家瓦尔拉斯的一般均衡理论，但摒弃了新古典主流经济学静态与比较静态分析的理论模式，创立了动态均衡论，建立了一套从经济体系内部因素来说明经济动态现象的"动态的经济发展理论"，并将历史分析、理论分析和统计分析相结合，系统阐释了资本主义的产生和发展。

在对传统理论的辨析中，熊彼特清晰勾画出静态运行和动态发展相互交织的经济生活图景，解释了利润、资本、信贷、利息等重要的发展现象，完成了对经济周期的考察。根据《大变局：经济危机与新技术革命》书中的介绍，熊彼特的创新理论主要包括以下三个方面的内容。

1. "创新"是经济发展的根本现象

在1912年出版的早期代表作《经济发展理论》中，熊彼特开创性地提出"经济发展理论和创新思想"。在他看来，所谓"创新"，就是"建立一种新的生产函数，把一种从来没有的关于生产要素和生产条件的新组合引入生产体系"。这个概念包括5种情况：

（1）采用一种新的产品。

（2）采用一种新的生产方法。

（3）开辟一个新的市场。

（4）掠取或控制原材料或半制成品的一种新的供应来源。

（5）实现任何一种工业的新的组织。

所谓"经济发展"，从根本上讲，不是古典经济学家亚当·斯密所认为的基于人口、财富的累积性增加而造成的规模扩大或简单量变，而是经济生活内部蕴含的实质上的自发性突破。它是由技术创新和生产组织形式的创新所引发的经济生活内部的一种创造性变动，需要通过引进"新组合"，进行创新来实现。因此，"创新"是经济发展的实质，"创新"是经济发展的根本现象。

2. 企业家意志和行为是创新活动灵魂

在熊彼特创新理论中，创新是经济发展的实质，而领导和发起创新的创新者企业家，则是"创新"、生产要素"新组合"以及"经济发展"的主要组织者和推动者。企业家的意志和行为是创新活动的灵魂。

熊彼特不接受大多数人认可的马歇尔的企业家定义，即将企业家的职能看成是最广义的"管理"，他也抛弃了把企业家看成是风险承担人或资本所有人的观点。在熊彼特看来，企业家是一个特殊的阶层，他不同于普通的企业经营者和资本家。企业家必须富于创新意识，具有先见之明。企业家的行为以"创新"为特有目的，而创新需要改变循环流转的渠道，需要打破固有的生产环流，需要面临不确定的前景，需要克服习惯的阻力。这些都依仗企业家坚强的意志和巨大的心智努力。企业家的意志和行为是创新活动的关键、灵魂所在。

3. 经济周期是经济阶段发展的必然结果

在构建了以企业家、创新和信用创造为核心的经济发展理论之后，熊彼特又将目光转向资本主义经济运行的历史进程，得出了以创新活动来解释的经济周期理论。

熊彼特运用创新理论分析经济周期的形成和特点。在他看来，"创新"改变了原本均衡静止的经济过程中固有的生产环流，新组合在生产和经营上更加富有效率，它可以使进行创新的企业和个人获取高额利润。利润又进一步诱导了追随和模仿。当社会一旦了解到"创新"活动有利可图，就会趋之若鹜。新企业不断出现，行业改组随之到来，整个经济领域出现了应用这些创新的热潮。热潮又随之引发了人们对未来经济的期待，投机开始出现，信用扩张，最终繁荣遍及整个经济体系。

当创新活动一旦被社会消化，新产品大量上市，价格下跌，利润消失，不再有利可图，新的创新活动又尚未出现时，整个经济就进入了清理状态：新企业需要经受考验以加入生产环流，老企业需要面对被创新改变的市场状况做出调整，部分经营失误企业会倒闭或破产，从而造成商业不振，经济不景气。经济不景气持续一段时间之后，新的"创新"活动再次出现。如此周而复始。创新不断从内部革新着经济结构，不断地破坏旧的结构，不断地创造新的结构，进而形成了资本主义风起云涌的发展历程。

值得注意的是，这里打破均衡的"创新"活动并不连续均匀地分布在时间序列之上，而是"如果一旦出现，就会成组或成群地、不连续地出现"。创新的性质不同，影响有大有小，大小各异的"创新"活动则引起长短不一的经济周期。

如今，数字化转型成为了传统企业战略转型的必经之路。通过提升决策效率、优化资源配置效率、提升企业创新能力，实现从内部封闭的信息系统走向更加开放的数字化系统，企业才能以数据的自动流动化解复杂系统的不确定性。

市场运行的逻辑，就是市场规模不断扩大，分工不断深化，专业化水平不断提高，技术进步加快，带来财富的增长，并带来新一轮市场规模扩大。经济增长的逻辑在于市场规模扩大促进了分工，分工促进专业化水平，专业化带来了技术进步。而市场的扩大和创造是由企业家完成的，这是熊彼特讲的创新的核心内容。

熊彼特所说的创新理论及企业家精神在数字经济时代的新商业文明中有了新的内涵。数字化正在重构企业创新体系，厚植企业家精神的土壤，无论产品创新、生产方式创新、市场创新、原材料创新，还是组织的创新，在数字经济时代的新商业文明体系中都有了新的特点：开放是新商业文明的灵魂，透明是新商业文明出发的起点，分享是新商业文明扩散的机制，责任是新商业文明不可分割的一部分，以创新为导向的企业家精神则是新商业文明持续演化的重要动力。

从管理者（Manager）到领导者（Leader），企业家精神正在规模化崛起。Manager是去执行，而Leader是去创造，是去整合资源，是去自己设定目标，创造性地开展工作。Leader 的本质就是熊彼特所说的企业家精神。今天数字化为每一个组织和社会群体创造了具有企业家精神的环境。

企业数字化转型就是在存量上通过在数据与算法定义的世界中，优化资源配置效率，消解复杂系统的不确定性；在增量上构建新的创新体系，激发每个人的创新潜能，让每个人成为一个 Leader，成为具有企业家精神的个体。

在数字经济时代，最稀缺的资源是最具创见性的思想及最具创造性的个体。今天，人们必须、也只能去做创造性的劳动，否则迟早有一天这种工作会被机器替代。作为数字社会的一员，我们唯一可做的就是不断地去创造，去创新。所以这使得这个社会上最具创见的思想和创意变得越来越重要。

数字化转型的过程，就是企业构建快速响应能力的过程，是构建自组织涌现机制的过程。从这个意义上来说，所有的企业在推动数字化转型过程中，都要完成组织层面上的转基因工程，这是企业进入数字经济时代的入场券。

6.5 马太效应

技术和全球化已经造就了一个赢家通吃市场。而在赢家通吃市场中存在着马太效应。马太效应来源于圣经《新约·马太福音》。简单地说，所谓马太效应，是指强者越强，弱者越弱。任何个体、群体或地区，在某一个方面获得成功和进步，就会产生一种积累优势，就会有更多的机会取得更大的成功和进步。

在商业中，马太效应教会我们什么？马太效应告诉我们，要想在某一个领域保持优势，就必须在此领域迅速做大。当你成为某个领域的领头羊时，即便投资回报率相同，你也能更轻易地获得比弱小的同行更大的收益。而若没有实力迅速在某个领域做大，就要不停地寻找新的发展领域，才能保证获得较好的回报。

而且信息越透明、对称，流动性越好，马太效应导致的势差越大。举个例子，在电影和唱片出现之前，一流、二流和三流的艺术家和演艺工作者都会有饭吃。比如在中国，杨小楼、梅兰芳这样一流的艺术家会在宫廷里和最繁华的大都市里的有名戏楼唱戏，二流的也会有达官贵人请到家里唱堂会，三流的会走街串巷搭台子演出。等到电影和唱片出来了，绍兴周边小镇的人家，可以听到梅先生的唱片，武汉市民可以看到谭鑫培先生的《定军山》，一流艺术家的溢价陡增，三流艺人就难以糊口了。

随着智联网将一切变得透明，马太效应带来的势差不断地被放大。它体现在很多方面，比如绝大部分的IT服务，比如各种App不仅不能挣钱，而且是倒贴钱请人使用的。但是，好的App几年能挣上亿美元。无论电商、移动支付还是O2O的服务，第二名永远无法拿到第一名的估值，第三名之后价值几乎等于零。在半导体行业任何一个细分市场，第一名拿走了几乎全部利润，第二名勉强能赢利，第三名之后都在亏损。任何专业人士，包括律师、会计师、投资经理等，一等水平的人的收入是行业平均水平的几倍到十几倍。

概括来讲，信息越透明，这种趋势越明显，而不像很多人想的那样，智能时代会带来大家收入的趋同，恰恰相反，智能时代的发展会带来马太效应的放大效果。

6.6 各种理论的综合作用

我们对上述定律做一个总结，康威定律讲述了智能时代产品和组织之间潜移默化的关系；沃森定律谈到利用新技术，企业可以获得指数级发展；变比定律的延伸可以帮助智联网公司优化成本结构，提升公司的运营效率；创新理论凸显了每个个体的创造性工作在智能时代的重要性；马太效应则说明在某个方面累积的优势，将会产生越来越大的势能。

产品、组织、个体、技术、成本、效率……它们构成的是一个整体，它们彼此相辅相成，它们同时照亮了未来之路。这个未来，不仅公司内部不同部门之间彼此互联改善产品质量和运营效率，而且公司与外部的全产业链、全价值链都将融合，借用《失控》中的描述，这些彼此互联的要素正在构成进化体。

为什么我们需要综合考虑多种定理和理论的作用？综合考虑多种定律和理论，其背后的原理是基于一个古老的思想，那就是"管中窥豹需多管齐下"。这个思想至少可以追溯至亚里士多德，他强调了将许多人的优点集中起来这个做法的价值。呈现视角和观点的多样性，也是美国历史上"名著运动"背后的一大动力。

只依靠单个定理其实是过于狂妄自大的表现，这种做法会导致灾难性的后果。事实上，我们每个人都需要同时利用多个理论才能理解复杂系统。政治、经济、国际关系或者大脑等复杂系统永远都在变化，时刻都会涌现出介于有序和随机之间的结构和模式。当然，复杂现象肯定是很难解释或预测的。我曾经提到公司是一个生物，彼此互联的公司构成了一个更为高级的生命。互联企业很有可能形成一个整体，这个整体就像一个盛放其他生命的躯壳，越复杂的系统，越能栖息更多的生命。而底层的生命，可能无法理解上层的生命。顶层的进化体有其自己的目的。我们所有努力，都是为了让它强大，它掌握的信息量、它进行的运算、它在想什么，可能都是我们人类理解不了的。能够成为智联网时代巨头的企业，很可能将在互联企业这个顶层进化体中担任核心的定位，起到重要的作用。

例如，云计算企业引发了智联网进化体中枢神经系统的萌芽，物联网企业激发了智联网进化体的触觉、听觉和视觉神经系统的诞生，工业互联网和工业 4.0 企业推动了智联网进化体运动神经系统的出现，沉浸式虚拟现实企业的蓬勃发展意味着智联网进化体梦境场景的产生，大数据和人工智能企业的兴起带来了智联网进化体的智商提升。

模式创新

如今，5G 面前的挑战重重，各行各业几乎同步进入了野蛮生长的瓶颈期，汽车、电脑、手机、房屋……各种物理商品的保有量几乎接近天花板，各个企业越来越多地感受到商业模式变革的压力。让我们过去获得成功的方法和路径，不但不能保证我们继续成功，甚至有可能导致失败。

07
第 7 章

拥抱 5G 新模式

- 5G 赋能产业新模式
- 为何明星项目会陨落

在数字经济发展的道路上，企业往往随着信息的变革而改变，从而适应新技术下的生产方式和消费方式的改变，而 5G 的到来给企业的数字化转型带来的冲击和变革要超过以往的总和，因为 5G 开启的是一个前所未有的融合新模式。

5G 时代的目标是推进实现真正的万物互联，也就是满足各种不同场景的需要。而在不同场景下，对于网速、时延、连接数、能耗等网络特性的要求，其实是不同的，有的甚至是矛盾的。所以 5G 提出了一个关键概念"切片"，它把网络拆开、细化，强化分布式，以更加灵活地应对场景化需求。

从中心化到分布式，科技螺旋式的演进再次发生，商业的运转模式也将变化。我们不妨大胆地设想接下来的若干年即将发生的场景。为了满足各个垂直行业，例如机场、码头、高铁、地铁、工厂等特定场景的需求，运营商的数据量将出现指数级的增长。这些运营商的性质与现在的寡头运营商有着本质区别，他们就是第 4 章提到过的"万物运营商"。

在过去的 1G 到 4G 时代，寡头运营商主要面向个人用户提供服务，产业链相对集中，运营商在产业链中拥有较强的话语权。然而，5G 时代的需求方由个人用户逐渐转变为工业垂直行业，所以万物运营商将逐步拥有更大的势能。

移动通信在经历了"切片"的分布式变革之后，也许仍会走向中心化。但未来在产业中起到核心推动作用的，并不一定还是同一批企业。那么从寡头运营商，到万物运营商的历程，将会如何演进呢？

第一阶段：B2B 用户"上位"。

虽然目前的 5G 需求，仍由个人用户和视频等应用驱动。但随着时间演进，各个垂直行业的 B2B 用户开始替代 B2C 个人用户，成为移动通信的客户主体。

客户主体的转变恐怕比设想中来得要快。根据沃达丰发布的《2019 年物联网市场晴雨表》，IoT 应用正在显著加速，在接受其调查的所有企业中，应用物联网技术的企业数量超过了 1/3。报告分析显示，我们已经越过了临界点，物联网已经成为主流，而其中 52% 的用户正在考虑使用 5G 技术。

这些行业企业的个性化需求多，商业场景各异，复制难度大。最初，5G 网络可能只会支持相对小众的物联网用例。随着 5G 网络性能的提升，兑现更低的延迟、更高的速度和更高的可靠性，可以覆盖到的企业用户场景也会逐步扩大。寡头运营商愈发难以延续 B2C 模式，依托规模化复制获取大的收益。这时，运营商可能会试图加大用户黏性，获取主动权，提升收益，因为仅仅从网络本身获得回报，运营商恐怕已无法生存。而行业用户更加关注局部网络覆盖质量，以及可靠性、低成本、低功耗。寡头运营商和终端用户之间的矛盾更加趋于显性。

第二阶段："铁人三项赛"白热化。

在 5G 推进的过程中，有一批企业可能比三大运营商更加心急，那就是处于上游的通信设备制造商。他们拿出一个又一个新概念，希望运营商走出"增量不增收"的困境。一方面，由于运营商既不擅长、也不理解各个垂直行业的流程和技术诀窍（Know-how），这些能力很难在短期之内弥补。一些有产业经验的设备商有可能直接与企业用户对接，提供网络运营和服务。在这种情形下，运营商作为基础管道的可能性在降低，面临被短路的风险。另一方面，5G 之争，本质上是"数据之争"。5G 时代的运营商不会满足于只做管道、赚取薄利的状态，从而积极向上下游扩展，上至云平台，下至边缘计算，进行整体布局。

一些明显需要大量资本投入的领域，已经通过实践证明是极少数寡头的游戏，留给运营商的机会已然不多。比如在公有云基础设施的地盘，Rackspace、Joyent 等这类中小企业或者创业公司迅速出局，赛道被亚马逊、微软等巨头占据。

虽然这些巨头们当前颇有如日中天之势，但"云计算"的供应属性与"管道"存在一定的相似性，有可能终将陷入类似运营商那种"增量不增收"的困境。因此他们的想法和运营商类似，即向产业链上下游扩展，亚马逊希望收购 Sprint 的无线服务业务 Boost Mobile，BAT（百度、阿里巴巴、腾讯）积极参与中国联通混改……

云计算、通信网络、终端硬件，虽然不同产品与技术日益精专和解耦，但其商业运营关系却绑定得越来越深。"云、管、端"成为巨头进军物联网领域的"铁人三项赛"。

从全景格局向下俯视，三大运营商直面各类跨界的竞争对手：具有互联网基因的企业，如阿里巴巴、腾讯；具有 B2B 服务基因的企业，如 IBM；具有 IT 基因的企业，如华为；具有深耕产业基因与 Know-how 的企业，如西门子。它们都希望在万物互联的未来有所建树。

第三阶段：开启"群殴"模式。

随着 5G 的持续发展，巨头亦需要丰富自身生态，产业中出现了新的玩家："万物运营商"。他们有可能推动产业降低成本，提供满足企业用户个性化需求的"物美价廉型"网络，并提供持续运营和服务。

产业价值链逐步发生重组。新型万物运营商、传统巨头、设备制造商、金融服务商等生态角色围绕企业客户，混搭建立紧密的合作关系。而且，不排除巨头与巨头之间强强联合，进一步巩固地盘的可能性。他们围绕某个垂直领域或者场景形成独立经济体，也就是以组团"群殴"的模式，服务于某个利基市场，寻找产业增值空间。

5G 是一场演变，而不是一场革命。根据爱立信发布的《爱立信移动市场报告 2019》(*Ericsson Mobility Report 2019*)，未来大量的蜂窝物联网连接将通过 5G 等技术实现。报告预测到 2024 年年底，5G 网络将覆盖全世界 65% 的人口，承载全球范围内 35% 的移动数据流量。5G 涉及的应用领域包括资产管理、智能表计、自动驾驶、车队管理、无人机、VR/AR 等。未来的每个工厂和企业，都有可能搭建属于自己的"私有 5G 网络"，成为一个独立的"万物运营商"。该报告认为，私有 5G 网络的两个主要驱动因素是：地面移动无线通信 LMR 系统的现代化更新需求，以及各行各业的数字化改造需求。

如你所见，5G 不仅仅是一个技术，它已经超出了通信所承载的内涵。过去的移动通信仅仅提供连接，而 5G 网络将建立一个平台。它的核心是走向 2B，走向各行各业，推进万物互联、应用上云成为现实。这意味着，未来的终端体系和商业模式也会被重新定义。至于，哪些企业将被 5G 引入绝境，哪些企业会被 5G 推上浪尖，你我心中已有预判。

7.1　5G 赋能产业新模式

中国工程院院士邬贺铨曾在一次演讲中，详细解读了 5G 技术关键点、如何为 5G 业务发展做准备，以及智联网的商业模式在 5G 时代如何演进等关键问题。

智能时代发展至今，有两项技术对其赋能产业起到了关键作用，一项是这两年发展神速的 AI，另一项则是当下逐渐开始商用的 5G。就人工智能本身的发展，邬贺铨认为，目前的人工智能主要还是单机的人工智能，将来一定会发展到互联的人工智能，还会进一步发展到主动的人工智能。在这个发展过程中，5G 的支撑作用至关重要。

"所谓互联的人工智能,比如车联网,当一辆车要启动、减速或变道的时候,不等司机操作,这个意图就能通过 5G 车联网同步通知到周边的汽车;有行人穿马路的时候,靠近行人车道的汽车首先发现后,也会同步通知到其他车道的汽车。"

而对于主动的人工智能,邬贺铨介绍说:"所谓主动的人工智能,比如汽车通过车联网的数据能够进行数据训练,熟悉驾驶员的行车习惯和反应能力,遇到紧急情况时,汽车就可以按照安全原则主动来采取措施,不需要人的介入。不过,汽车在主动决策时必须有高速、稳定的网络作为保障才行。"

此外,邬贺铨还表示,5G 可以大大激发 AR、VR 的潜能,让 AR、VR 在教育、医疗、娱乐……都得到更好的应用,目前很多 5G+AR/VR 的应用已经走进大众。他举例道:"比如医疗上,一般培养一个可上手术台的外科医生需要十年时间,现在通过 VR 技术,医生能够拥有更加逼真、更具可操作性的手术模拟环境,可以大大节省对他们的培养时间。又比如商业上,通过 AR 技术打造 AR 试衣镜,消费者只要站在试衣镜前操作 App,就可以高效地实现试衣服。"

5G 则开启了移动通信的新时代。移动通信从第一代到现在 5G 来了,整个移动通信的发展十年一代,每一代都是前一代速率的 1000 倍。1G 到 4G 是面向消费者的,5G 扩展到产业互联网和智慧城市的应用,有三大应用场景:增强移动宽带场景、低功耗广覆盖场景和低时延高可靠场景。

5G 推动了人工智能与物联网的结合,5G 扩展了物联网的能力,5G 对物联网的要求是 1 平方千米有 100 万个物联网模块能连到网上,传输时延少于 10 秒,丢包率不高于 1%。因为 5G 具有高带宽、低时延的特点,物联网可以直接连到云端,使得大数据能够和人工智能的决策分析融为一体。AI+IoT 变成 AIoT,也就是发展的智能网推动万物智联。物联网原来只有 IoT 模块,现在通过连接到云端,加上一些 AI 芯片和一些开发软件,能实现很多实时决策。

5G 开拓了 8K 视频的应用，不单是分辨率的提升，还增加了每个像素的编码，扩展了动态范围。5G 的高带宽低时延可以直播 8K 视频，并且可以把运动场上多个摄像机位的信号同时播出来，组成 360 度的场景，使得场外观众不再受物理空间限制，随心所欲地看到直播现场的每一个角度。高清视频不仅仅用于娱乐，还可以用于远程医疗、生产线上机器故障排除等领域。

此外，5G 正在应用于更多领域，包括电网、港口、炼油厂、建筑、冶金、机械加工、化工等。这些应用可以归纳到机器视觉范畴。5G 高清视屏替代传统的人工视觉检测，能很好地发现质量问题，大大提高了效率。

那么 5G 促进数字化转型的商业模式应该如何设计？其实商业模式自始至终都不是孤立存在的，需要设计的是一套包含认知革新、组织重构和商业模式设计的组合拳。认知革新和组织重构，只是形成降维打击的必要条件。未来的路要怎么走，仍旧充满了不确定性。科技的进步、企业组织的发展以及商业模式的演进，不应被看作孤立的因果链现象，它们之间具有极大的相关性和一致性。不同领域的结构与思维方式具有相似性，各种行为的原理具有一致性，虽然各种承载它们的实体在本质上有很大区别。

7.2 为何明星项目会陨落

在追踪产业数字化转型的过程中，我不断看到初创公司终止运营，抑或物联网项目成为僵尸。在本节中将挑选一些典型代表，让我们一起以"事前验尸"的态度，想象一个项目如果在未来"死亡"，总结"扼杀"它的各种原因。

本节提炼的这些遇到各种问题的企业或者项目，类别涵盖 AR 增强现实、C2M 个性化制造、物联网平台/传统企业的数字化转型、边缘计算设备/物联网硬件。

首先来看 AR 增强现实的例子。2019 年 9 月 16 日，成立已经 10 年、融资超过 2.75 亿美元的老牌 AR 公司 Daqri 宣布关闭。这是一家在 AR 领域长期深耕的公司，Daqri 以专注于企业级智能眼镜而闻名，在 2017 年曾经顺利拿到了 2.6 亿美元的投资。除了智能眼镜，Daqri 还生产面向企业的工业智能头显。Daqri 公司的 CEO 还曾放言，预计 2020 年将出货数万副 AR 眼镜。然而剧情急转直下，Daqri 的智能眼镜和 Worksense 云解决方案已于 2019 年 9 月底下线。

Daqri 并不是唯一一家停止运营的 AR 公司。自 1999 年成立以来，AR 头显企业 Osterhout Design Group（ODG）获得了 5800 万美元的投资基金。在与 Magic Leap、Facebook 等公司的收购谈判失败后，该公司 2019 年也关闭了大门。另一家 AR 初创公司 Meta，从腾讯等风投那里筹集了 7300 万美元之后，亦于 2019 年年初宣布现金流断裂。

事前验尸：分不清炒作和现实。业界普遍看好 AR 的发展前景，5G 时代的到来更是有助于全面释放 AR 的力量，尤其是 B2B 领域的应用。IDC 数据显示，从 2019 年开始，工业领域的 AR 支出正在超越消费者领域。到 2023 年，工业领域 AR 支出将是消费者支出的 3 倍。部分原因在于，项目制的出货方式使得 B2B 领域 AR 发展的起量更为容易。

然而，当我们将远望的目光拉回眼前，看到的是基于智能眼镜的 AR 目前尚有很多产业瓶颈未突破，许多 AR 公司正在苦苦挣扎。开发 AR 硬件的成本和难度很高，AR 需要与现实世界互动，目标检测可以通过机器学习模型完成，但这会产生延迟，从而让大脑产生恶心呕吐的感觉。

现阶段 AR 初创公司的发展严重依赖投资。2012—2016 年，以谷歌眼镜问世为标志性事件，针对 AR 初创企业的融资热潮持续不断，2014—2016 年增长率甚至达 236%。但在 2017 年前后，AR 领域的投资逐渐回归理性，业内普遍形成了 AR 是依靠强技术护城河的慢行业的共识，需要拿出耐心在技术积累的过程中等风来。

具体到各家公司，在这个漫长蓄势的过程中，难免会遇到各种问题。以 Daqri 为例，一位曾经见证该公司从 12 人疯狂扩展到 300 人的前员工透露，虽然 Daqri 招募了很多出色的人才，但内部沟通产生了巨大问题："当洛杉矶的团队基于 Android 系统构建 AR 头盔的时候，所有在旧金山的视觉科学家都在基于 iOS 工作，导致研发的技术全都没法用。"最终，数亿美元被快速"烧光"，徒留一声叹息。

其次，我们来看 C2M 个性化制造。C2M 的全称是 Customer to Manufacturer，消费者直连制造。C2M 产品不一定都具备科技特征，之所以将这个类别列入，是因为 C2M 的发展与物联网和工业互联网紧密相关。C2M 需要利用最新 IoT 技术解决个性化定制的灵活性与大规模生产才有的效率提升之间的矛盾。在 C2M 模式中，消费者深度参与制造的整个流程，厂家可以按照客户的个性化需求来定制产品，最成熟的行业包括鞋类、服装和家具。

然而这种模式的问题在于，如果无法带来后端的利润提升，前端生产线技术改造的意义是什么？2019 年 3 月，成立 10 年之久的鞋类定制品牌"猎物"（Prey）宣告终结。在早期阶段，"猎物"发展得很好。他们为消费者提供舒适的定制鞋类，从脚趾类型到后跟类型，从鞋跟宽度到高度，都可以定制。Prey 早期主要通过口碑传播扩展女鞋的定制业务，获客成本较低，交期控制在 2 周以内并且不收取定制费用，公司成立两年半就实现盈亏平衡。

为了进一步扩展大众市场，Prey 接受了 Nordstrom 的投资，建立了自己的工厂和分销网络，充分做好了将公司营收扩大到 1 亿美元的准备。然而与 Prey 所做的市场调研结论相反，大众市场并没有对定制鞋品表现出很高的热情。

再看国内，定制服装生产商青岛酷特，在 2019 年上半年正式提交了招股说明书，拟通过创业板公开发行 6000 万股股份，预计募资 4.17 亿元，用于柔性智慧工厂新建项目、智慧物流仓储、大数据及研发中心综合体建设项目。青岛酷特的关联方——红领集团，一家在十余年前就着手转型的传统服装生产企业，是众多大企业争相探访学习的对象。在将部分资产、设备、业务转移至青岛酷特之后，红领集团连同原下属的红领服饰、红领制衣已注销。

随着上市申请同时披露的还有青岛酷特真实的财务表现，个性化定制业务占 2018 年上半年总营业收入的比例不足 10%。虽然酷特智能自建了针对 C 端客户个人化定制的酷特云蓝 App 和微信小程序定制化入口，但招股书显示订单明显偏少。一个事实是，贴牌生产仍是该公司营业收入的主要来源，且占比超过六成。而这也导致该公司的毛利率甚至低于同行业公司。值得注意的是，此前该公司一直对外宣称其企业效益因为上述颠覆式改革直接提升了 20%，员工收入也由此较行业平均高出两成。

事前验尸：忽视用户的消费惯性。各种新技术的进步，使得对于消费者需求和形体数据的收集成本降低，同时一批制造型企业拥有了柔性生产的技术能力，成为 C2M 模式的底层驱动力量。以完全追求个性化款式和设计风格为目标的 C2M 定制产品，虽然可能是一种深度影响消费习惯的未来模式，但现阶段 C2M 对消费需求的满足并不是普适性的。

Prey 联合创始人迈克尔·福克斯在博客中分析了公司失败的原因：普通消费者并不想花精力定制商品，他们更乐意追随名人、大 V 或者网红的潮流，买入知名品牌的最新样式。随着个性化定制产品的丰富，必然要求更多具备设计和"带货"能力的大 V，推动企业的发展，这在目前是一个瓶颈。且对于没有 C 端客户积累经验的初创公司来说，可能是致命的。采用 C2M 模式的企业，要想提高自建品牌的知名度和美誉度，寻找新的流量入口是一个需要依靠时间沉淀长期解决的核心问题。加之 C2M 模式的业务操作复杂，而且固定成本高，需要上量才能达到收支平衡。如果重新来过，Prey 的迈克尔提到他不会选择盲目扩张，而是暂时安心做一家小而美的公司，为小众早期客户提供服务。

再次，一个关于物联网平台/传统企业的数字化转型的故事。2019 年年初，三星低调宣布解散 Artik 物联网平台团队，停止发展相关业务。Artik 物联网平台在 2015 年推出，是整合了软硬件及云服务的一体化平台，针对量产型家电产品设计。截至 2018 年年底，已有 85 家合作伙伴与 Artik 建立合作，但市场上实际推出采用 Artik 平台的家电产品并不多。

根据调研机构 IoT Analytics 的数据，全球物联网平台在高峰时期曾达到 450 家，但最近一年其中的 1/3 正在关闭或者成为僵尸。一些传统企业试图搭建物联网平台或者构建物联网部门，通过数字化转型，提升自身的核心竞争力，却未能如愿。

GE 物联网平台 Predix 的故事料想你已经耳熟能详。除了 GE 之外，失败名单上还有一长串难兄难弟：玩具公司乐高宣布放弃了数字设计师的计划；运动品牌耐克早早裁撤了自己的数字硬件设备部门；奢侈品牌巴宝莉打出的口号是"要成为全球最佳的数字奢侈品牌"，但是业绩没有任何起色；福特公司重金投入的数字化转型，导致公司成本大幅增加，股价表现也因此受到了拖累……

国内类似的案例也屡见不鲜。例如，沈阳机床是世界排名第一的机床企业。在智能化方向，沈阳机床也进行了有益的探索。彼时，沈阳机床研发的 i5 智能数控系统，被称为掀开工业 4.0 改革的先河。然而智能化转型之路，却没有止住沈阳机床业绩下滑的颓势。7 月中旬，沈阳机床 2019 年半年度业绩预告称，上半年归属于上市公司股东的净利润亏损 11 亿～14.5 亿元，比上年同期下降 4456%～5843%。7 月底，沈阳机床被申请重整。沈阳市中级人民法院分别裁定受理沈阳机床（集团）有限责任公司、下属 8 家公司重整。

事前验尸：重视花拳绣腿的平台，轻视应用与业务生态。物联网平台或者数字化转型起到的作用，往往是锦上添花，而不是雪中送炭。传统公司业绩下滑的原因有很多，不能仅仅依靠数字化转型来扭转困局。如果为了数字化而忽略了原有的业务，则又进入了另一个极端。

一方面，技术的演进无法脱离市场的发展周期，物联网平台的基础是否扎实，决定权不在平台，而在应用。最终，物联网应用端将会从鱼龙混杂中，辨识货真价实的平台，戳破虚假繁荣。花拳绣腿、没有找到持续供血能力的物联网平台很难长期续命。另一方面，传统企业急于将智能化新业务变现的心情可以理解，但却无法认同。沈阳机床在智能化战略规划中，存在一些不合理的因素。沈阳机床在产品服务化方面的销售能力尚不具备，没有验证老客户对于新服务购买意愿和习惯的前提下，急于推进"制造即服务 MaaS"业务，公司为 i5 智能数控系统设计了一种急功近利的销售模式。

i5 的销售并非传统方式，而是采用了租赁模式，即按照使用时间、价值或者工件进行计费。这种销售模式对 i5 的远程监控能力、公司的销售和管理能力都是一次挑战。如果核算使用时间和生产价值的各项指标尚未达成市场共识，这种租赁模式很容易面临回款困难，造成巨大的坏账风险，使得公司债务雪球越滚越大。

最后一组例子来自边缘计算设备/物联网硬件。虽然每一款物联网设备在问世之前都经过精心的打磨，却仍旧无法改变其中一些失败的命运。每款物联网硬件，都能找到失败案例：智能手表、智能门锁、智能旅行箱、智能红酒瓶、智能烟雾报警器、智能助听器……无一幸免。网红的无人机或机器人，是扎堆牺牲的重灾区。

Airware 曾是资金最多的无人机初创公司，最初为无人机开拓基于云的软件和自主驾驶系统。早期的使用案例，包括飞越农田收集作物状态信息、农田水位、作物受害虫侵蚀情况、作物受化学品影响程度等数据。但是市场反馈表明，这些数据没法转化成价值，大多数农民还没有弄明白如何使用这些信息。随着投资人对精准农业的兴趣减弱，迫使 Airware 转向其他应用，如无人机使用咨询。但公司却在 2019 年 9 月关闭。

2019 年年初，另一家无人机公司，成立了 11 年的 CyPhy Works，宣布更名为 Aria Insights，并从开拓硬件转向开拓无人机数据分析软件。2019 年 3 月，该公司在累计获得了 3900 万美元风险资本后关门大吉。10 月 9 日，FLIR 公司宣布购买 Aria Insights 的知识产权和某些运营资产。CyPhy Works 更名为 Aria Insights 的初衷，是因为他们发现很多用户正在使用无人机收集和存储大量信息，因此 Aria Insights 希望更加专注于人工智能和机器学习，帮助用户将这些数据转化成洞察、分析和决策。然而，无奈市场上能够提供相关数据服务的合作伙伴数量太少，最终公司难逃关闭的命运。

再看机器人领域。在全球智能家庭社交机器人鼻祖 Jibo 和 Kuri 倒闭不到一年的时间里，2019 年 4 月，Anki 也倒闭了。Anki 曾经从风险投资机构获得 2 亿美元的资金，推出了 Overdrive、Cozmo 等代表性产品，目前已经销售了 650 万台设备。其中，Cozmo 是 2017 年亚马逊上最畅销的玩具，一度拥有超过 15,000 名开发者用户。

不过，开发长期吸引注意力的产品不容易。所有社交机器人公司都试图为其产品打造长期吸引人的应用场景。但是，消费者的兴趣通常是一时好玩，因此多数产品很快就过时。这也是那些公司很难成功的一个原因。一些工业机器人公司也在劫难逃，亚马逊的创始人贝佐斯 10 年投了 8 轮的机器人公司 Rethink Robotics，2018 年年底令人哑然地倒闭。

2019 年年初，丹麦机器人制造商蓝色劳动力（Blue Workforce）申请破产。该公司创立于 2012 年，主要为中小企业提供价格合理的机器人，公司对自动化技术进行了一系列根本性的创新，并推出了用于取放操作的并联机器人，主要应用于食品加工行业。

事前验尸：产品虽好，但不能创造独特价值。技术实现难度高，并不自动等同于市场采购需求大。价格太高、过度包装、实用性差，这些是物联网硬件失败的表象。物联网硬件本质上是一个生态的载体和入口，无论 B2C 的智能家居还是 B2B 的智能工业，想靠一家公司来撑起整个产业链，无异于天方夜谭。有数据采集无服务生态、语音交互技术不够成熟、应用和客户需求场景匹配度差⋯⋯任何一个残酷现实，都足以让含着金汤匙出生的初创企业衣食无着。与其怀揣最新技术自怨自艾，不如把手弄脏，深入一线解决实际问题。

同时，我们应当理性地看到，与物联网整体发展的进程所面临的问题一致，边缘计算设备和物联网硬件仍然处于技术探讨的初期，产业生态尚未形成，配套的产品和解决方案还不够完善，商业模式有待探索。

根据市场研究公司 CB Insights 的数据分析，70% 的初创公司以失败告终。思科公司曾经发布一份研究报告，显示全球近 75% 的物联网项目最终失败。CB Insights 进一步分析了 101 家科技创业公司的失败案例，总结出了创业公司失败的 20 大主要原因，位列前 5 的因素包括臆测市场需求、融资烧完、团队不佳、竞争力不足和定价 / 成本错误。最终能够成长为独角兽的公司比例，约为 1%。

行进在智联网道路上的人都是勇者。我们如何判断自己的方向是否正确？如何警醒纠偏？做到在重要选择之前，事前验尸，方为上策。一个能够在恰当时间、恰当地点让自己保持清醒的教训，或许是最佳的苦口良药。

第4篇 生态重塑

5G生态系统的建设是一场内外交替的迭代之旅。与传统的竞争优势理论中对竞争对手压倒性的"零和游戏"不同，5G生态优势强调"合作共赢"，而且在这一轮技术更迭中，很有可能见证新巨头的诞生。

08

第8章

生态建设：关键企业

- 华为：5G 助力千行百业进入"第二曲线"
- 阿里巴巴："新制造"与"新零售"无缝合体
- 西门子：让"中国智造"走出自身的特色之路
- 施耐德：工业互联网江湖里自成一派的"侠者"
- GSMA：5G 如何翻越资金、需求和生态的三座高山
- 亚马逊、谷歌、苹果：罕见联手，示范"一流企业定标准"
- 小米、华为、海尔、中国移动……携手破解物联网难题

在第 5 章，我们提到了"数字基建"时代的来临，无疑加速了数字经济的发展，并拓宽了 5G 产业生态，在该生态的形成过程中，企业之间往往以战略伙伴关系、合作备忘录等方式，来明确双方的合作意向。较为典型的一种合作则表现为资本方式，包括股权投资、企业并购或合资公司等。

8.1　华为：5G 助力千行百业进入"第二曲线"

5G 生态建设的"巨头"颇多，代表 ICT 企业的华为便是领跑者之一。2017 年年底，华为确定了与 IoT 紧密相关的新愿景："把数字世界带入每个人、每个家庭、每个组织，构建万物互联的智能世界。"此后华为立足于过去多年积累的传统优势，以推进垂直领域基础架构的变革为切入点，进行应用系统、合作关系的重构和商业模式的整合。我们不妨从合作关系和商业模式这两个基本维度来观察华为在智联网赛道中的表现。

首先在智能公共事业、智能环境监测、资产追踪等领域，华为的战略定位

是聚焦芯片、网络、平台等基础设施，帮助合作伙伴构建相对完整的生态。

2016年6月，窄带蜂窝物联网NB-IoT标准核心协议冻结。NB-IoT的技术优势是覆盖广、功耗低，而实现这两个目标的关键在于终端芯片。NB-IoT芯片一旦达到成熟商用条件，会对整个产业下游的应用创新起到巨大的推动作用。因此华为的策略是以物联网PaaS平台为抓手，南向以芯片和LiteOS聚集生态，北向以平台赋能各类应用，中间以强大的管道进行串接，不碰模组研发、终端设备、设备销售、应用开发、系统集成等环节。现在来看，NB-IoT仅在2018年1年就走完了当年2G网络6年发展之路，如今愈发成为智慧城市的基础配置。

其次在智慧园区、产业互联网、智慧安防等领域，华为进入边缘计算设备、智能安防摄像头、智能家庭连接类硬件等终端领域，策略性地进入设备研发、终端销售、系统部署等环节，与各类合作伙伴在博弈中协同发展。在5G商用化趋势下，华为在边缘计算服务器方面正进行更大布局，以满足5G移动边缘计算MEC的需求。

在这个过程中，华为除了考虑适应边缘计算的整体发展，研制出性能更高、成本更低的产品，还得不断进行技术突破和创新，利用软件的功能和性能来体现竞争优势。例如2018年年底，华为宣布将公有云上的智能边缘计算服务IEF部分开源，贡献了边缘计算管理框架KubeEdge，帮助各行各业加速向云原生迁移。

我们以某垂直领域边缘硬件的产业链为例。通过分析各个环节的价值与利润分配，可以看到华为软件、硬件、平台一体化的策略，不仅有利于在商业上获得成功，形成的协同效应还能增加利润回报。

在智能化汽车领域，华为拥有全球首个支持V2X的多模芯片巴龙5000；推出业界首款5G车载模组MH5000；掌握了最新的5G技术和网络；拥有OceanConnect物联网平台。另外，华为还是C-V2X的标准发起人之一，并深度参与了工业和信息化部"2019年车联网（智能网联汽车）标准项目计划"，是全球少数能够提供涵盖芯片、模组、终端、管道、云平台全方位解决方案的 C-V2X 厂商。

汽车这个市场，产业高度集中，也相对容易标准化，最为适合华为这种选定并聚焦于主航道，持续向同一个方向不断冲锋的战术。美国咨询机构 IHF 曾预测，到 2035 年，全球智能汽车销量将突破 1000 万辆。麦肯锡预测，2025 年智能汽车的市场规模将达到 1.9 万亿美元。就中国市场而言，20 年内中国交通面貌或将焕然一新，并将占据世界主导地位。

智能网联汽车是华为在智联网时代一个重点布局的全新领域，因此我们展开详述。华为在 2019 年 4 月初公布了其汽车战略和定位，这次华为是以 Tier1（为设备厂商供货的一级供应商）的身份登台亮相。2019 年 5 月 27 日，任正非签发组织变动文件，华为成立智能汽车解决方案 BU，隶属 ICT 管理委员会管理，侧面反映了其战略地位，即作为智能汽车领域的端到端业务责任主体，提供智能汽车的 ICT 部件和解决方案，帮助车厂造好车。

毫无疑问，V2X 已经成为巨头们的重要争夺战场，其中潜藏的机会值得仔细揣摩。近 5 年华为持续拓展车联网上游生态，先后与东风汽车、长安汽车、大众、奥迪等国内外车企在车联网领域展开合作。从合作内容看，发展重心由车载模块、车联网系统逐渐转向智能驾驶和云服务。

华为已实现从 3G/4G 车联网模块 MU609T/ME909T 到 5G 车载模组 MH5000 的产品演进。在 5G 领域的领先优势将巩固其在 V2X 领域的持续竞争力，华为不仅与车企合作研发专用车联网系统，也于 2018 年 6 月发布了物联网平台 OceanConnect，为车企转型提供连接使能、数据使能、生态使能和演进使能。在自动驾驶的"大脑"部分，华为发布了计算平台 MDC 和云服务 Octopus，通过云计算、大数据、人工智能与车的融合加速自动驾驶落地。华为推出的 MDC600 Level 4 级自驾平台已与 Audi、Bosch 达成合作协议，坐等车联网增量市场爆发。

随着智能汽车解决方案 BU 的成立，华为内部会对汽车业务进行梳理、拆分和重组，智能汽车解决方案 BU 的内部架构，相信会在不久的将来浮出水面，与之同时，更为清晰的是华为汽车业务的重点方向。

以智能网联汽车为代表，5G 的进程比我们想象的还快，它就像一辆已经启动的跑车，载着来自各个行业的乘客加速狂奔。我们面对的问题，不再是要不要拥抱 5G，而是在不得不直面 5G 的前提下，怎么用好 5G，助力企业发展。

所以，我与华为无线网络战略与业务发展部部长兼首席战略官徐伟忠进行了一次只谈干货的交流。作为首席战略官，他能将那些遥远的、局部的、零星的东西形成一个体系，并教会别人如何去建立这套完整认知。在他的办公室里，我们一人一杯咖啡，围绕 5G，开启了不那么轻松的对话，逐个探讨了 5G 的应用场景、战略布局、最新进展、5G 与 Wi-Fi 6、挑战与对策……

● **彭　昭**：面对 5G，不少企业还是很迷茫。能否举例说明你们看好并重点投入的 5G 应用场景有哪些？

● **徐伟忠**：从头部企业入手，抓住高价值业务，是我们目前的选择。这是一个踏实地围绕具体场景，进行技术体系重构的过程。核心的 4 个典型场景包括云化机器视觉、AR 辅助、机械臂远程操控、海量数据上传。这 4 个典型场景又具体落实为 50 个应用子场景，具有代表性的如拼缝检测，运用 5G 可将检测时长缩短 80%、人力节省 95%。在海外，我们和博世、西门子、倍福（Beckhoff）共同推动成立了 5G 产业自动化联盟，促进 5G 在制造领域的标准化和规范制定。例如在德国，华为与博世完成了 5G 服务于智能制造的网络架构，以及 5G 被集成模式的研究与验证；华为与倍福联合开发了 5G 网络性能评估平台，加速 5G 集成开发。

● **彭　昭**：最近我看到，Forrester 预测在 5G、AI 等技术的推动下，边缘云服务市场在 2020 年至少增长 50%，这个数字很可观。

◉ **徐伟忠：** 这几个仅仅是代表。除了刚才提到的这些例子，华为在车联网、智慧医疗等领域，包括 2022 年北京冬奥会的 5G 相关应用，都在进行尝试。从 B2B 业务来看，5G 时代最大的变化可能是，5G 的行业应用不再围绕网络能力展开，而是围绕场景展开。这次变化有可能彻底改变我们不曾深度触及的传统行业的生产结构、生产关系，甚至思维方式。当然，我们不会只描绘愿景，只看好的一面，也要分析技术演进过程中可能面临的问题。任何技术的普及都需要时间，不会一蹴而就。

◉ **彭　昭：** 为了促进这些业务场景的落地，你们投入了哪些资源？

◉ **徐伟忠：** 华为从 2009 年就开始进行 5G 技术的研究，到正式 5G 商用，不知不觉中已经累计投资了 40 亿美元。随着 5G 网络部署的推进，我们预计越来越多的企业将会开启 "第二曲线"，各种各样的应用可能呈现雪崩式的发展。在 2C 消费者方面，我们积极推动 Video 3.0，让视频从广播电视、互联网模式，演进到移动高清模式。在 2B 企业方面，我们作为创始成员，参与了 5G 汽车联盟（5GAA）、5G 产业自动化联盟（5G-ACIA）、工业互联网产业联盟（AII）、5G 应用产业方阵（5G AIA）等行业组织。

华为的组织是围绕业务而设计的，并在运作过程中不断优化。现在我们在 5G 网络侧（不含终端），整体人力投入超过 10,000 名。华为无线会去考虑我们该做的事情，但 5G 的成功归根结底是建立在生态链成功的基础上的，我们会把更多的空间留给合作伙伴，让他们来引爆 5G 的杀手级应用。

◉ **彭　昭：** 5G 和 Wi-Fi 6 之争似乎愈演愈烈，在这方面有哪些最新进展？

◉ **徐伟忠：** 从场景上来看，5G 和 Wi-Fi 6 有很大区别。Wi-Fi 6 更多的是侧重于室内、园区内的场景，它引入了一些 5G 的空口技术，性能相对 Wi-Fi 5 有所增强，但安全性、抗干扰以及组网等方面和 5G 仍存在着较大差距。在应用场景上，由于 Wi-Fi 覆盖距离短，室外广域通信主要依靠 4G、5G 的蜂窝通信技术；在室内，Wi-Fi 像其他技术一样，都面对各种各样的问题，因此很多行业也在积极探索 Wi-Fi 6 与 5G 通信技术的结合应用。

◉ **彭　昭**：所以要思考的，不是竞争，而是结合。

◉ **徐伟忠**：一直以来，全球电信界期待一个地球共用一套电信标准的想法，终于在 5G 时代实现了。为了满足 5G 更大容量和更高传输速率的需求，各国都在致力为 5G 分配更多频谱，尤其是中频频谱。在 2019 世界无线电通信大会上，中国代表团提出未来 4 年将 6GHz 频谱用于 5G 网络研究的提案，得到了欧洲、俄罗斯、非洲、中东等多数国家的支持，迅速形成产业共识并通过大会批准。我们也将联合产业界伙伴，共同展开 6GHz 频谱用于 5G 的关键技术研究工作。

◉ **彭　昭**：华为围绕 5G 在全球范围内取得了哪些最新进展？

◉ **徐伟忠**：5G 时代，时间是一个重要变量。我们的进展很快，每隔一段时间就有质的变化。到目前为止，华为已经获得 60 多个 5G 商用合同，其中有 32 个来自欧洲，11 个来自中东，10 个来自亚太，7 个来自美洲，1 个来自非洲。5G 基站的发货量已经超过 40 万站，这个数字每天都在增加。从 2C 业务上来看，4G 时代，视频、游戏、网购是最热门的移动宽带应用。从 2B 业务上来看，整个从产业链，从芯片、模组，到终端、设备、云平台……都很完整，而且布局很快。

◉ **彭　　昭：**5G 的挑战也不小，包括 5G 的覆盖、耗电和价格等问题。这些挑战，你们怎么应对？

◉ **徐伟忠：**5G 基站因为使用频段比 4G 高，使业界产生 5G 基站覆盖小、布网密度高的误解。通过多年的投入和研究，华为使用超级上行等技术手段，使 5G 基站与 4G 达到同站共覆盖的效果，基本上实现 5G 与 4G 基站建设 1∶1 的覆盖。我们还研究出了 5G 极简的解决方案，可以支持多频段、多制式都高度集成在一个基站产品中，节约了站点空间。我们还提出自动驾驶网络，将网络功能按需从中心至边缘分层部署，实现云边协同的分层自治。

从目前 5G 基站产品来看，5G 设备的功耗相比 4G 稍微大一些，但基本上维持在一个数量级，小区容量还提升了 30 多倍，相当于 5G 基站设备比 4G 设备能效切实提升 20～30 倍。IMT-2020（5G）推进组在定义功耗时，明确提出 5G 可以带来每比特功耗的降低。

◉ **彭　　昭：**得算明细账。

◉ **徐伟忠：**对。在同样的覆盖能力下，5G 可提供 67 倍的 4G 容量，每比特能耗只有 4G 的 1/25。

从基站价格来看，设备成本与生产规模成反比，规模越大，成本越低，这是产业商业发展的基本市场规律。5G 基站的价格也会随着规模增大而逐年降低，原有的技术体系和模式会被重新架构。

设备数量和数据的快速增长，背后隐藏着巨大的需求和商业机会。边缘设备产生的大量数据与日益提升的对网络实时传输和处理能力的要求之间的矛盾越来越显著。抓住刚需、解决矛盾，就是创造价值。创造价值的动力，会驱使千行百业回归本源，找到初心。

8.2 阿里巴巴："新制造"与"新零售"无缝合体

作为互联网企业的典型代表，阿里巴巴看待智联网的视角自成一体。在阿里巴巴眼中，智联网是互联网由上而下在产业落地的必然，是以云平台为中心，由内而外层层展开的外延。因此在阿里巴巴推进智联网过程中，是采用一种自顶向下的世界观。在这种视角中，行业属性并不是最重要的，商业模式是优先要务。

阿里巴巴 CEO 张勇认为，阿里巴巴已从一个电商公司转型为充满活力的数字经济体，并整合成为了一个可对外赋能的操作系统。底层的"基元"包含重构之后的人、货、场、制造、销售、营销、渠道、服务、金融、物流供应链、信息管理系统等企业运营中的 11 大商业要素组成。传统企业通过阿里巴巴商业操作系统中提供的各类云化基础设施，可以率先实现业务在线化，进而全面推进数字化。

这个商业操作系统，在各个行业和地域落地，形成了不同的版本。例如，2018 年 8 月，阿里云联合重庆南岸区政府、赛迪研究院共建"飞象"工业互联网平台，计划 3 年内接入 100 万工业设备，助力重庆 4000 家制造企业实现"智造"；2018 年 11 月，阿里云正式发布飞龙工业互联网平台，立足广东，辐射粤港澳大湾区，帮助广东打造新能源、电气装备等 8 大工业互联网产业集群；2019 年 1 月，阿里云宣布旗下的生活物联网平台"飞燕"连接数已经过亿，平台连接的智能设备覆盖了全球 200 多个国家、100 多个品类、2000 多个品牌。

从垂直领域的选择上看，阿里巴巴最先触碰到的是靠近零售端的小 B，这个群体特征是数量巨大，市场格局相对分散，效率提升、质量改进和供应链改造等蕴含巨大机会。例如阿里巴巴对淘工厂类型小B的改造，一家100人左右的工厂，改造的硬件成本在5万元左右，这个价格大部分工厂都能接受。改造之后，工厂排产效率提升6%，由于链路透明并且按需生产发货及时，整个供应链上的库存可以降低10%。目前阿里巴巴已完成超过100家"淘工厂"的部署。

2020年5月20日，在阿里巴巴的天猫精灵升级为独立事业部后的首场发布会上，事业部总经理库伟介绍了升级后天猫精灵的AIoT生态和战略，推出了"双百计划"。库伟同时也是阿里云IoT事业部的总经理，我更喜欢称呼他的花名：船长。2017年，船长前瞻性地提出"平台＋市场＋标准的成熟度，决定物联网发展"的观点，并稳步落实相应布局。

手握阿里云AIoT和天猫精灵两张好牌，船长将会如何掌舵，驶向广阔的AIoT万物智联彼岸？我需要他的第一视角来印证我的观察。因此发布会之后，我与船长习惯性地交流了一番，这里将为你呈现我们谈到的以及没谈到的一些内容。

从"双百计划"从何摆起谈起。第一个"百"，阿里巴巴将在天猫精灵的内容和服务生态上再投入100亿元。这些投入可以分为对内和对外两部分来看。在对内投入中，有一部分与新基建的投资将会力合一处。这部分投入将被用于与阿里云智能IoT、达摩院进行资源整合，重点投入物联网芯片、物联网操作系统、边缘计算、多模态交互等产品与技术研发。对外投入则主要用于扩展天猫精灵在包括文娱、健康、教育、购物等领域的内容和服务，并与产业生态深度合作，扩大能力圈。

第二个"百"，阿里巴巴将打造100款千万级"妙物"智能设备。妙物智能设备的与众不同之处在于，天猫精灵将与合作厂商一起进行品牌联合定制。这里包含4个层面：

- AIoT技术支持。阿里巴巴将为生态伙伴提供以AI+IoT为核心的技术，包括连接能力、远场语音识别能力、语义能力、视觉能力、芯片模组能力等。

- 构建"妙物"品牌。阿里巴巴设立了"妙物智能产品中心",提供产品定义、新品孵化、产品外观 ID 定义、数据学习反馈升级、消费洞察场景打造等服务。
- 智能新品扶持。在历年双十一大练兵中,销售额的攀升不再是由于人口红利的助推,而是消费者运营和兴趣深度挖掘的结果。天猫精灵将通过产品共创、销售渠道共建等方式,基于对消费者洞察的深厚积累,与合作伙伴联合打造爆款新品。
- 厂商组团出海。目前阿里巴巴已经在全球部署了 4 个 IoT 核心节点,14 个加速计算节点,支持 12 种语言,覆盖 200 多个国家。设备厂商只用一套 SDK 软件开发工具包就可以在海外销售产品,大大降低成本。

整体而言,"双百计划"都围绕 AIoT 生态圈的能力全面升级开展。阿里巴巴的打法揭示了一个隐含趋势,其实很多企业已经意识到"接口"的重要性高于"入口"。这个趋势又涵盖了两个层面。

首先,从超级入口到超级接口。超级接口有两层含义,"超级"是指应用范围广、覆盖面大;"接口"是指一种 2B 的中间层形态,标准化程度较高的业务,并不直接触达消费者。从超级入口向着超级接口转变的一个典型做法,是从打造超级 App 转变为布局超级应用程序接口(API)。如果使用模块化的思想,暴力拆解一个 App,可以理解为一个等式:"App = UI+ 各种 API"。一款智能硬件,则因循解构为:智能硬件 = 通用硬件模块 +UI+ 各种 API。API 将一个个基础性通用能力封装起来,以便被各种合作伙伴集成,从而撬动更加广阔的发展空间。

其次,从超级接口到超级枢纽。目前 AIoT 生态圈普遍是单核心模式,由一个领军型核心企业与众多服务提供商组成。作为生态核心的企业,如何建立信任和黏性,让合作伙伴们愿意与之长期携手,是巨头们共同面对的问题。随着 5G 时代来临，AIoT 不再是个别的设备连接，而是由"场景智能"构建的"智能生活"。场景智能需要由多种合作伙伴的能力叠加构建，在不同的生态之间建立可互操作性，达成协同发展、做大市场蛋糕的共识。因此巨头们只做超级接口还不够，需要进一步升级为超级枢纽。其典型特征是，枢纽性节点具备驻守要道的战略地位，并且形成了能力聚合而产生的战略黏性。

阿里云 IoT 与天猫精灵的结合，基本具备了这两项能力，既共同构成了 AIoT 能力平台，又提供了足够的战略黏性。整合之后，双方可以更加充分地对外赋能，AIoT 平台之上承载了语音能力、IoT 连接能力、硬件接入能力、AR 平台能力、内容分发能力、声纹识别支付能力、云服务系统支撑能力等技术能力，力求帮助 3C、数码、大小家电、家装家居等行业智能化升级。从市场表现来看，天猫精灵已经成为智能音箱的"头部玩家"。

从超级入口到超级枢纽，阿里巴巴并不希望成为一家智能硬件或者家电公司，"妙物"的目标在于孵化出 10 个像小米米家这样的智能硬件品牌，也就不足为奇。阿里巴巴的破局之道不在于复制别人的模式，而是在于从 0 到 1，将自身打造为顺应 AIoT 未来趋势的"新物种"，并且孵化出"新物种集团军"。

阿里云 IoT 与天猫精灵的资源整合，向着张勇在 2019 年年初提出的商业操作系统的方向又迈进了一步。从"新制造"到"新零售"，阿里巴巴逐步打造了一体化的贯通能力（见图 8-1）。

1. "新制造"中的工业互联网，一直是阿里云 IoT 战略布局的重点。

阿里巴巴的工业互联网平台实际上是一个数据中枢，通过把生产、消费、金融、物流等各环节串联，由工业物联网（IIoT）平台进行统一的交汇，成为数据驱动的底层商业操作系统。

在中国制造业最发达的广东省，已经有数千家中小企业接入阿里云工业物

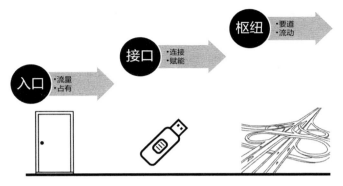

图 8-1 从入口到枢纽

联网平台,实现机器物联的纵向拉通和产业链协同横向拉通,将企业订单、采购、生产,以及仓储物流全面数字化,平均数字化改造成本下降了 80%,生产效能提升了 30%。

从生产工厂的数字化转型与重构、到供应链的产销融合,再到产品的智能化升级,阿里巴巴打通了从制造端到零售端的多个环节。阿里巴巴与老牌硬件企业佛山照明的合作,就是其中的典范。借助老牌硬件厂商的硬件技术能力,辅以阿里巴巴的连通和计算能力,他们共同实现了传统硬件升级,打造了全新的智能硬件新品。

在 AIoT 时代,佛山照明面临来自越南等地灯具供应商的价格竞争,以及欧美智能灯具新品日新月异的双重压力。因此阿里巴巴与佛山照明的合作贯穿了从产品生产过程的数字化升级、产品供应链管理和销售服务的全面升级,再到产品本身的智能化升级多个层面。双方共同研发的智能床头灯新品,不仅具备智能音箱的全部语音交互能力,还支持无线充电,设计了助眠模式、夜起盲控等全新体验,远远突破了"灯具"品类的属性,创造了一个全新的智能物种。

2. 围绕"新零售",阿里巴巴积极构建场景智能,驱动商业数字化转型。

有了优秀的智能产品,阿里巴巴的淘宝和天猫等平台,可以实现更加高效的分发和销售，并且建立以消费者运营为核心的全域营销范式。为了有效找到消费的目标人群，充分沟通并且留存消费者，阿里巴巴摸索了一整套方法论。这套方法论的核心理念是消费者运营，以数据化的工具、能力为支撑，推动线上线下全渠道的业务拓展。

比如阿里云的智慧园区 IoT 平台，就和天猫精灵进行了数据层面的互通。阿里云目前已经服务了国内超 80% 知名地产企业，云上智慧空间面积超 15 亿平方米。中南集团、保利、卓越集团、旭辉集团、新城控股、碧桂园服务等知名地产公司已先后与阿里云达成合作，希望将云计算、人工智能、物联网等互联网新技术引入业务洞察、供应链管理、智能决策、运营效率等多个环节。

从工业互联网到智能生活，再到智慧园区，最终到智慧城市，形成了从新制造到新零售的无缝合体,阿里巴巴手中握有多张好牌。围绕通信网络的"管道"连接，阿里巴巴在 5G 领域的布局也已默默启动。阿里达摩院 2020 年 3 月宣布正式成立 XG 实验室，致力推动下一代网络通信技术的研究，现阶段主要聚焦 5G 技术和应用的协同研发。

2020 年 5 月 15 日，阿里巴巴与中国移动合作建设的 5G 智慧园区专网正式启用。借助 XG 实验室 5G 智慧专网技术，企业可结合运营商基础设施快速部署安全可靠的 5G 专网，广泛适用于工业互联网、智能制造等不同领域，还可结合阿里云形成一个企业专享的广域连接网络，实现多站点的云上协同。

2017 年年底，船长为我的《智联网：未来的未来》一书作序，其中写道："如果把物联网的各种碎片信息比喻成厨房里各种难以处理的原始食材，本书的内容就像是五星酒店餐厅端上来的干干净净的一道神户牛肉大餐，观赏性强、口感极佳、易于消化，配点儿红酒更是回味无穷。"甚合我的口味。如今船长也端上了一道神户牛肉大餐，"肥瘦相间"的新制造与新零售完美融合、和谐分布，厚重的生长期赋予了它更加丰富和美味的技术赋能"口感"。

8.3 西门子：让"中国智造"走出自身的特色之路

当下方兴未艾的工业互联网，让不少公司蜂拥而至，也让不少公司走了弯路。例如 GE Predix 独立运营之后，仍在不断调整战略，新发布的私有化部署产品尚缺乏实际客户案例。曾经跨过山和大海，也穿过人山人海的西门子，看到同行者的境遇，做何感想？

2019年年初，西门子和《哈佛商业评论》（HBR）联合发布调研报告《加速工业互联网的时间进度》，741 名高管中有 74% 认为物联网将在两年内助力他们在市场中建立竞争优势。然而障碍也显而易见，90% 的高管认为物联网项目的投资回报率 ROI 难以计算；还有不少高管表示，公司中缺乏懂行的专家以及应对物联网项目复杂性和挑战的信心。很多人表达了一种两难困境：没有 ROI 硬数据，公司的高层领导在当下暂时没法拍板投资做物联网项目。不过反过来看，如果竞争对手率先尝试了物联网，一两年的时间差就有可能造成无法追赶的差距。

报告发布不久的 2019 年 4 月，西门子迎来了一个关键节点，西门子物联网服务事业部正式成立。为什么有了 MindSphere，西门子冷思考之后还要成立物联网服务事业部？物联网服务事业，西门子在哪里找到了指数级的增长机会？数据中台，西门子怎么解读？西门子悄悄布局的工业知识图谱，会成为下一个超级风口吗？

带着这些问题，我和西门子中国研究院院长、西门子（中国）有限公司物联网服务事业部总经理朱骁洵进行了一次挑战思维极限的对话，体会了他为物联网服务发展所做的沙盘推演，感受了他行为逻辑背后的决断、取舍和专注。

● 彭　昭：物联网服务事业部的定位是什么？

◉ **朱骁洵：** 这是一次商业模式的创新，从卖产品转变到卖服务，用端到端的服务帮助顾客完成数字化转型。西门子认为围绕物联网平台应当开展7种类型的集成服务，它们推动IT和OT的紧密集成，也体现了物联网服务要做的事情。简单地说，物联网服务过程的7步分别是：

- 第1步和第2步，咨询和原型设计。
- 第3步，要把现有设备连起来。
- 第4步，现有OT系统可能需要的智能化适配及升级。
- 第5步，所有这些连起来的设备和系统，需要有一个物联网平台进行管理和集成，也有可能需要把其他已有的物联网平台接入其中。
- 第6步和第7步表示，有了平台之后，可以根据顾客的需求开发各种数字化应用，并长期运营和服务。

这7步走完，西门子才真正帮助客户走完了整个数字化旅程。客户不仅需要硬件和软件，还需要端到端的服务，物联网服务是对现有数字化能力的补充，我认为这才是一个完整的数字化世界的建立过程。

◉ **彭　昭：** 物联网服务应该怎么做？

◉ **朱骁洵：** 第一，通过咨询的方式评估数字化能够带来的价值，明确组织现有的数据情况。我们有一套建模评估工具包，用来解决任何一个存量工厂的建模问题。第二，当客户有一条生产线要升级的时候，在什么地方应该放什么样的传感器，从物联网服务的角度来看，我们会提供以关键绩效指标（KPI）为导向的IoT部署建议。我们能够精准地告诉厂长，他在什么地方缺什么样的数据。从而建议工厂如何做IoT部署。第三，运营层面的优化。这也是基于知识图谱的，就是让软件通过知识图谱来做算法。这三个步骤，第 1 步是建立知识图谱，第 2 步、第 3 步是运用知识图谱。

◉ 彭　昭：从上面这个过程，可以看出知识图谱很重要。到底什么是知识图谱？

◉ 朱骁洵：过去大家都讲工艺包很重要，看了工艺包文件就可以知道这个工艺是怎么把产品做出来的，知识图谱则是把工艺包变成机器能够理解的东西。当机器理解之后，再去写各种 App 的时候，就不需要做太多定制化的部分。知识图谱的重要性在于它为各种算法的介入提供了一个核心支撑。没有它，很多数据的访问是松散的。

◉ 彭　昭：知识图谱的载体是什么？

◉ 朱骁洵：数据中台。这个数据中台可以跑在西门子的 MindSphere 上面、客户现有的云平台上面，以及客户工厂里的服务器上面。总体上说，有两点很重要。第一，这个数据中台不一定是 MindSphere，它不与工业互联网平台挂钩，而是"与平台无关"的（Platform Agnostic）。第二，数据中台只做数据的读取，不做数据的汇聚，原有的关键数据仍会存在原先的若干个不同系统里，不会改变原有的系统架构。这一点可以解决客户对于数据交给谁的困惑。

◉ 彭　昭：所以你可以不用 MindSphere。

◉ 朱骁洵：不是必须。数据中台本身不依赖于 MindSphere，但是我们认为西门子 MindSphere 是目前工业市场从商业化成熟度、App 布局来看首选的平台。

● 彭　　昭：这个数据中台，和 BAT 所讲的数据中台，是一个含义吗？

● 朱骁洵：我不知道 BAT 的数据中台到底是什么。我认为的数据中台可以比作一个杯子。比如我本想泡茶，我可能只会对你说需要一个杯子。至于这个杯子如何对我来说并不重要，重要的是这个杯子里准备装什么茶。谁都可以说拥有数据中台，但是这个数据中台是不是能够通向真正可行的技术路径，通过行业标准，得到知识图谱，最后利用知识图谱作为工厂数字双胞胎的基础，打造一个可持续使用、可持续开发的数字化平台，这才是关键。

● 彭　　昭：是不是可以理解为，西门子物联网服务最后给客户交付的是知识图谱和数据总线，类似这种形式的东西？

● 朱骁洵：可以这么说。在物理世界体现为数据总线，就是客户缺什么数据，我们会给出添加建议。在虚拟世界，我们为客户的工厂建模，交付知识图谱。这个知识图谱是一个活着的数字双胞胎。一个工厂，甚至一个房间，都可以根据需求建模，创建知识图谱。而且，当面对一个庞大生产线的时候，知识图谱作为进行物联网整体布局的基础，能够实时地感知你的生产线是不是处于最优状态，哪一部分还有提升的空间。

● 彭　　昭：数据中台、知识图谱、数字双胞胎……市场上很多人在做，西门子有什么独特的地方？

● 朱骁洵：我觉得是我们的技术路径。第 1 步，我们会通过语义模型的手段把来自各个传感器的数据语义化，进行语义标注，成为语义数据。这个过程是把异构数据结构化的过程，让数据建立关联。

第2步，基于语义模型，增加人的专业知识作为输入，生成知识图谱。知识图谱就像一套机器可以使用的百科全书，如果一条生产线或一台设备出了问题，机器很容易就能调取相关信息，给出数字化的诊断指南。再往后的下一阶段是决策推荐系统，机器可以根据知识图谱和数据，自动匹配相似的模型和决策机制，从各种故障案例库中选取最优。

最后一步才是基于知识图谱的应用开发与落地。所以我认为工业人工智能有两个大的支柱，首先是知识图谱，其次才是深度学习。现阶段我们最应该重视的是知识图谱。

● **彭　昭**：知识图谱还没有被很多人提及。

● **朱骁洵**：我们提出制造企业需要数据中台。就像刚才的比喻，数据中台是一个杯子，泡好知识图谱这杯茶，让物联网能够真正赋能制造业，需要这样一个统一的数据中台。提出数据中台并不是说想做一个一统天下的平台，大家要把数据都放在这里。数据中台是西门子为了应对现状而提出的解决方案。现在国内有数百个工业互联网平台，还有很多个数据中台，我并不想要再加一千零一个平台来解决制造业的数据问题。

● **彭　昭**：物联网服务，中国的机会在哪里？

● **朱骁洵**：中国有很多自动化水平不高的行业，数字化是帮助它们提升效率的好手段。我不倡导让这些企业先大量铺自动化设备，而是建议先用数字化手段做仿真和规划，再决定该怎么精益改进。中国是全世界的制造大国，是靠人工在解决制造业这些最难的技术问题。尤其去看中国的一些组装类型工厂就会发现，很多偏偏是自动化最没法解决的问题、工业机器人最不能解决的问题，他们用人力进行了完美的实现。

中国的智能制造和德国的工业 4.0 会走出完全不一样的道路。我们存量改造的理念是，一条手工线不需要经历整个自动化的过程。我经常跟团队说，你先不用去考虑自动化是什么，先通过数字化手段来评估任何一种形式生产线的效率，评估效率可以让你发现这些环节是不是真的紧扣资产利用率，员工利用率是不是最优。效率能够提升，就是数字化带来的优势。不用改变任何的商业模式，通过数字化就可以提高工厂效率。我们主打的存量工厂改造的概念就是任何样式的生产线，通过建模、数字化仿真，都能找出提升的空间。

● 彭　昭：是不是从另一个角度也说明，现有的制造企业其实很困惑，不知道自己想要什么，或者应该做什么怎么做。

● 朱骁洵：大部分不是很清晰。我们在跟客户沟通的过程中，很多人对数字化还是很困惑的。困惑有几点：第一，客户不知道数字化到底能带来什么价值，为什么要投入这么多去做这样一件事情，做完了以后有什么样的回报。第二，客户不知道自己现在到底有多少数据，这些数据是分布在哪些系统里面的。工厂在过去的 10～20 年，不同的系统里到底藏了多少宝贝？基本上没有企业真正有时间去梳理这个事情。

● 彭　昭：太多人只看重增量。我同意存量市场很大，有没有一些更细分的客户画像？

● 朱骁洵：我们的物联网服务对增长的预期非常大，并没有对各种领域做出严格的划分。任何一个西门子具备传统强项的垂直领域，我们都能够去提供服务。存量工厂的改造是一个探索的过程，市场中物联网服务的体系目前是不存在的，本身也不存在类似的方案，从某种程度上说，这是我们的一次突破和尝试。就像在西门子内部创业，开创一套新的模式。

◉ 彭　昭：西门子准备投入多少资源？

◉ 朱骁洵：我们预计 2025 年之前，物联网集成服务市场的年增长率将达到 10%～15%。中国是西门子认为与美国、欧洲并列的核心市场。西门子的传统业务是卖产品、卖软件的模式，而物联网服务事业部是卖服务而不跟产品挂钩的一种商业模式。在中国，我们有 200 多人的团队全心全意服务这个市场。

◉ 彭　昭：存量工厂能够改造成功的关键点是什么？

◉ 朱骁洵：领导者的信心和意志是很重要的。真正转型成功的，或者说数字化试点之后愿意再投资的，非常重要的一点是领导者的理念。如果领导不认为数字化是企业未来生存的核心，光做试点那是没有用的。

　　我还没有见过一个案例，只做了一个试点之后，就改变了领导者的观念。往往是领导者首先有这个观念，认为数字化是公司转型的必经之路，然后通过试点来印证这一理念是对的。就像西门子在白皮书《物联网变为现实——开启独特物联网旅程的实用方法》中画的这幅图（见图 8-2）。图片中的最外圈是变革管理，体现了领导者的信心和意志是首要前提。

◉ 彭　昭：你怎么看中国工业互联网现在的发展？

◉ 朱骁洵：中国的智能制造，经常会提到两化融合，就是自动化＋信息化。我觉得，这距离真正数字化的第一步都还不到，我们现在正在经历从 0 到 1 的

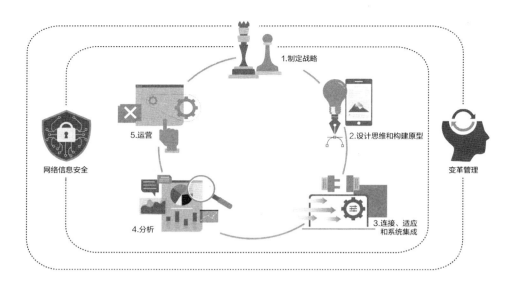

图 8-2 西门子白皮书中的插图

过程。那么什么是我认为的数字化呢?

第一,作为一个传统制造企业,在物理世界中是真正产生价值的,通过加工原料,把它生产成产品,把产品转换成金融的价值。第二,物理世界中的制造企业,能够映射到一个数字世界。通过数字世界的建模、仿真、优化,可以提供决策上的支持,来影响物理世界的事件处理结果,减少在物理世界中犯错的可能性,加快所有的流程,让整个过程变得更加的流畅和高效。

另外,从工业数据到人工智能应用之间的路径还没有搭好。现在工业人工智能的很多应用,总体来看数据源是非常单一的。例如做零部件的缺陷检测,所有的可用数据其实也就是图像。如果做语音识别,所有的数据也就是声音。真正复杂的项目没人去谈,为什么?因为工业的数据特性,工业的数据量很大,数据的种类完全不同,从结构数据到非结构数据、从实时数据到非实时数据、从非常没有价值的单个数据到积累了足够长时间可以呈现一定趋势的聚合后的数据……处理这么多种数据已经够头疼了,最后人工智能应用还会发现,即便是最好的工业设计架构，数据永远是分散在各种不同的子系统里的，这些都是无法回避的问题。

如果工业想用好人工智能，无法绕过的路径是先建立知识图谱。如果不把前期的语义模型和知识图谱搭好，人工智能很可能只是一个空中楼阁。基于知识图谱已经建立的模型，持续地采集和积累数据，才能为后面的数字化和人工智能应用铺好路。有了知识图谱以后，人工智能才有可能实现最后的终极目标，就是所有的设备完全自主、自治。

◉ **彭　昭**：在你心里，有没有工业互联网终局的景象？

◉ **朱骁洵**：我不能预言今后会怎么样，但是我有指导我自己去做事的一些假设。首先，我的假设是会有各种企业推出他们自己的工业互联网平台，这些平台的同质化是不可避免的。这就是为什么我现在要从技术角度推一些我认为不太一样但却正确的东西，因为我觉得这些同质化的产品不能解决用户的问题。

其次，我觉得这么多工业互联网平台会长期存在，它们都会成为未来物联网生态系统中不可或缺的一部分。我不认为IIoT会像消费品领域一样，只有极少的几个平台一统江湖。工业互联网未来的生态会是一个丰富、有趣的w生态。

最后，谈到数字化转型，我觉得大家一定要意识到，这不是一个纯技术就能解决的事情。技术只能解决一个很小的方面，如果缺乏好的战略和业务规划，将会导致各种各样的问题。

我提到我们正在经历从0到1的过程，物联网生态的布局还非常不完善。数字化转型不是一家企业就能做到的，而是必须有一群人有着同样信念去做数字化这件事情，我们才能真正地从0跨到1，然后从1变到无穷。西门子做物联网服务这件事情，也不是光靠我们这一个团队来实现社会影响力。最后你会看到，西门子物联网服务的成功，不是西门子一家企业的成功，而是一个生态体系的成功。

8.4 施耐德：工业互联网江湖里自成一派的"侠者"

在工业控制领域一直存在"大 S 小 s"的打趣叫法，"大 S"指西门子（Siemens），"小 s"指施耐德电气（Schneider Electric）。小 s 施耐德电气的逻辑一直是自成体系，不太"合群"。无论工业 4.0 还是工业互联网，施耐德电气都不怎么掺和，画风常常是"他强任他强，我自一口真气足"。

施耐德电气的逻辑很明确：工业企业引领工业转型。工业互联网不能用互联网的、IT 的思路推进，而是应该使用源自制造业的、工业的思路引领。这是一个渐变的过程。与 IT 和互联网"从顶至下"的视角不同，工业往往采用"从下到上"的角度观察。作为工业领域的"硬性大脑"，工业控制器 PLC 是核心设备。它是生产现场和操作车间的总指挥，长期发挥着重要的作用，所有重要的控制决策都从这里发出和汇总。

物联网硬件和物联网操作系统是两套截然不同的逻辑，一个逻辑是帮客户省钱，一个逻辑是帮合作伙伴赚钱。按照施耐德电气的"另类"逻辑，恐怕是不急于推进工业互联网平台或者操作系统，而是想将工业控制器和物联网硬件的逻辑推进到极致。

在工业领域，PLC 工业控制器面临的主要挑战之一是异构问题，各个供应商的专有架构很难融合，各家的编程软件也不相同，因此，推进智能工业就非常需要统一自动化平台（Unified Automation Platform，UAP）。为什么 UAP 尤为重要呢？我以大家最为熟悉的手机领域为例，结合苹果和 MTK 公司案例来回答这个问题。

在功能手机时代，有两种不同类型的进阶路径。其中，苹果的路线是从计算机、IT 的思路改造功能手机，其操作系统是从计算机行业的通用操作系统按照手机需求裁减、演变而来，最终形成了手机 App 新生态。MTK 的路线则是沿着通信行业的无线终端路线逐步推进，通过不断扩充应用功能的嵌入式软件，降低功能手机的技术壁垒及成本，迅速推进了手机的普及。

如果将以 PLC 为代表的工业控制器与当年的功能手机进行简单粗暴的类比，大多数工业互联网平台、工业网关和 PLC 的搭配接近苹果的路线，统一自动化平台（UAP）则较为接近 MTK 的路线。两者的立足点和思维模式有很大差异，前者关注于软件的丰富性和易用性，后者关注于硬件的集约性和标准化。

"对标" MTK 路线，推进 UAP（统一自动化平台）的好处显而易见：首先，控制器最大限度地采用通用化的硬件，尽可能解除了传统专用设备的绑定和局限。其次，工程不再需要依赖任何特定的硬件和拓扑，实现硬件与软件解耦，两者相互独立。最后，开放式的自动化平台解决方案，促进硬件接口的兼容和规格的统一。

UAP 平台背后的推动者正是施耐德电气。一个人不能骑两匹马，聪明人会把凡是分散精力的要求置之度外，只专心致志地去做一件事。在苹果和 MTK 这两条路线上，施耐德电气未明确朝向，但重点似乎在后者。

施耐德电气最新发布的 M262 控制器，结合了控制器和协议转换网关的功能，具有嵌入式的云平台接入能力，可以实现机器对机器，以及机器对云的直接连接，集成速度提升 40%。由于允许即插即用的嵌入式系统访问，减少约 50% 的调试与服务工作，安装成本降低 30%。

值得注意的是 2017 年被施耐德电气收购的软件公司 nxtControl。nxtControl 把所有相关的自动化任务集成于统一的方案之内，可以说打造了一款最为高效、最节约成本的分布式自动化架构工程工具。据闻，施耐德电气正在考虑是否将 nxtControl 开源，以获得更为广泛的应用。

从施耐德电气的推进节奏上来看，UAP 的相关研发尚处于静默期，随后将会逐步推向市场。届时国内市场将迎来 PLC 和 DCS 更新换代的高峰，也将是 UAP 等新技术发展的重要窗口期，如果能抓住，则将对行业格局产生深远影响。

8.5　GSMA：5G 如何翻越资金、需求和生态的三座高山

通过云端化、虚拟化和边缘计算，5G 技术成为时下改变各行各业的利器。风口之下，如果置之不理，则必然与机会擦肩而过，将领先地位拱手让人。那么究竟该怎么做？大家在追捧的同时，也要更务实地看待 5G 技术的现状，以及市场对 5G 技术的真实需求。

若问谁最有能力领先一步看到 5G 的现状与需求，具有国际视野、持续追踪和研究移动技术发展的机构——GSMA 当仁不让。GSMA，即全球移动通信系统协会，成立于 1987 年，是一家面向全球会员，代表全球移动行业共同关注点和利益的国际组织。会员包括 750 多家运营商，以及广泛移动生态系统中的近 450 家公司，其中既有华为、中兴、小米、OPPO、联想、亚信等通信设备与互联网公司，也有正在采用 5G 技术的一级方程式集团和空中客车等垂直行业知名企业。

GSMA 在国内成立了全球首个 GSMA 5G 创新与投资平台。这个平台由 GSMA 牵头，并与 12 家创始成员共同推进，聚合了移动通信行业内多家投资机构以及学术界意见领袖。这 12 家联合创始成员是中移资本、电信投资、联通资本、中移国投、宽带资本、晨山资本、华为、中兴、东证资本、CSDN、深创谷和德勤中国。

2019 年，我与 GSMA 大中华区总裁斯寒一起，共同就 2020 年的 5G 发展走向进行了一次交流与探讨。其间既有思维共振，也有灵感火花。下面是我们谈话的内容。

● 彭　昭：有哪几类企业可以申请加入 GSMA 5G 创新与投资平台？

● 斯　寒：最显而易见的是投资机构和创新企业。具体来说，我们又将关注

的重点划分为 10 个领域，涵盖 5G 网络、芯片、物联网等（见图 8-3）。

资料来源：GSMA

图 8-3　GSMA 5G 创新与投资平台关注的领域

地方政府、科研机构等相关组织也是 5G 创新与投资平台的重要角色。GSMA 会积极配合政府推进 5G 创新园区的建设，可能涉及智慧工厂、智慧港口、智慧医疗、智慧城市等应用。我们将前沿技术、现实案例和产业需求与科研单位和高等院校进行对接，加速技术的落地。GSMA 期待各种创新型企业加入这个平台，希望它们都能对接到需要的资源。

◉ 彭　昭：企业要付费吗？

◉ 斯　寒：现阶段不需要。我们是非营利机构，目前平台上已经入驻了 60 多家创新企业。

◉ 彭　昭：投资人在平台上有什么收益？

◉ 斯　寒：节省时间。我最近接触了很多投资人，他们表示，通常要看上百个项目才能发现一两个好的，而在5G创新与投资平台上，投资人会惊喜地发现，只要看十个项目就能达到过去看上百个项目的效果。

◉ **彭　昭：**怎么做到先人一步发现5G的优秀创新项目？

◉ **斯　寒：**这就涉及产业的积淀和眼光。不仅要听懂、看懂产业中发生的事情，还要加入自己的判断和分析。

我们将5G机遇划分为三个层面，分别是已知的已知、已知的未知和未知的未知。已知的已知，是指企业现有业务在5G时代的升级演进，例如运营商如何提升现有面向消费者的核心业务的能力和效率。已知的未知，是指如何通过5G业务创新，帮助众多垂直行业实现业务转型。我们已知的是垂直行业数字化转型的市场机会巨大，还未知的是5G时代运营商如何通过自身业务转型成功地为行业市场提供新的解决方案，赋能千行百业的数字化转型。未知的未知，是指随着人工智能、边缘计算、物联网、大数据与5G技术的相互作用、深度融合，我们目前还不知道有哪些超出我们现有想象空间的新场景、新商业模式将会出现。

◉ **彭　昭：**你对GSMA 5G创新与投资平台未来的发展，有哪些期许？

◉ **斯　寒：**最大的期许是不忘初心、培育未知的机会。未知的未知，现在有很多机遇完全无法预测，我们希望把它变成现实。围绕未知的未知做探索的初创企业，早一点儿发现他们、帮助他们，这就是我们建立这个平台的初心和使命。

◉ **彭　昭：**GSMA目前的会员及服务主体似乎更多是面对通信运营商、设备供应商、模组商、芯片商及手机商。5G带来万物互联的新时代，产业生态预计会发生很大的变化。GSMA怎样更好地将众多垂直应用行业的企业融入生态体系？

● 斯　寒：我直接举例。最近空中客车和一级方程式集团都加入了 GSMA，这让我们自己也有些吃惊。他们为什么会主动加入？当我们谈到 5G 进入千行百业的时候，自然会有一些领先者，甚至抢跑者，他们会主动去想如何利用 5G 技术赋能行业转型，他们会主动加入并驱动 GSMA 发生转变。当然，GSMA 自身也在积极求新求变。

● 彭　昭：这是一种内力和外力的双重驱动。

● 斯　寒：而且这种变化会发生得很快。5G 的能量真正要被释放出来，就一定要和垂直产业对接发生化学反应，也就是我们常说的 5G 的"使能"作用。如果从一个个垂直场景来看，5G 的这种使能已经开始了，而且不只是从 GSMA 开始的，各地的运营商、创新企业、科研机构……都在做各种探索。在 5G 时代门前，任何企业还想封闭发展都已不太现实，科技的浪潮会将它们推向开放和结盟。在这个过程中，GSMA 作为一家非营利机构，不看重近期、不看重既得利益……

● 彭　昭：所以你们更有公信力，也更加坦然。

● 斯　寒：是的。GSMA 内部有十几个工作组研究不同垂直领域需要解决的方方面面的问题，从技术迭代到产业模式，再到战略发展，从点滴处入手切实帮助企业。

● 彭　昭：目前国内企业对产品和方案出海的诉求非常旺盛，GSMA 在帮助企业出海方面，开展了哪些工作？

● 斯　寒：GSMA 非常关注中国 5G 的创新进程，我们也很期待把中国的最佳实践介绍给国际舞台。从今天这个时间点来看，中国 5G 出海还处于"小荷才露尖尖角"的阶段。在 GSMA 的平台上，企业可以将一对一的对接模式扩展为多对多的集群模式，具有很强的复制性。

中国市场是目前全球最活跃的市场，中国的 5G 在工业制造、医疗、教育、传媒等方面的实践也走在世界的前列。虽然 GSMA 起步于欧洲，但现在 GSMA 大中华区在全球处于领航者的地位，我们正在尝试很多试点项目（Pilot 项目），这在 5G 之前的时代，是很少见的现象。

● 彭　昭：作为 Pilot，压力大不大？

● 斯　寒：压力其实不大，更多的是水到渠成的感觉。市场好、时代对，我们在对的时间做正确的事情。通过 GSMA，国内的创新企业可以对接到海外投资人、国际买家和业主、国外的运营商，以及各种跨国机构。我们还在推进跨行业的数字领袖计划，建立助力企业出海的常态化对话机制，并且还计划出台数字中国项目，将国内的先进项目和经验展现给全球市场。

● 彭　昭：GSMA 的定位似乎在 5G 时代有了调整，你希望产业界对 GSMA 建立起怎样的认知？

● 斯　寒：在 5G 时代，重塑是必然的，重塑到什么程度是一种平衡。一方面我们在做很多未来趋势的预测，另一方面我们也在考虑自身会有怎样的变化。

我希望产业界认识到 GSMA 三个维度的能力：首先，GSMA 是一个国际平台，我们在全球主要的国家和地区都有办事机构，并定期举办大型展览展示会议。其次，GSMA 具有深厚的产业背景，在成立的将近 32 年间，GSMA 一直持续追踪和分析移动通信领域的发展，具有强大的产业基础。最后，GSMA 是一个中立的、有公信力的非营利机构。我们在与企业合作的过程中，不断地释放自己的能力和资源，助力企业的长期发展。

与斯寒交流之后，我翻看了 GSMA 关于 5G 的最新分析报告。GSMA 一直对 5G 的演进做着严谨、可靠的研究，GSMA 移动智库的数据显示：目前全球有近 40 个运营商正式商用了 5G，全球 5G 用户数接近 500 万。

5G 发展的窗口期相对缩短，更要求我们要更好地把握市场机遇，准确敏捷地面对变化。预测到 2025 年，全球 409 个运营商将会在 117 个国家和地区商用 5G 网络，全球 5G 用户数将超过 16 亿，而中国将以 6 亿用户数成为全球最大的 5G 市场。

GSMA 移动智库的报告《中国移动经济发展报告 2019》分析指出，业界已经形成共识，未来 5G 的更大收益区可能在于结合垂直行业，B2B 产业应用的回报更大于 B2C 消费者领域。对于就业和经济的贡献，2018 年移动产业在中国直接和间接造就了 850 万个工作机会，经济层面贡献达到 1.9 万亿元，这相当于中国 GDP 的 5.5%。

我们已经看到 4G 为各个产业带来自动化、信息化、智能化等方面的变化，而到了 5G 时代，这将是一个化学反应，是一个飞跃。

8.6 亚马逊、谷歌、苹果：罕见联手示范"一流企业定标准"

在物联网领域，不同厂家设备之间的互联互通和可互操作性差，这个痛点在智能家居场景中尤为明显。例如，你看上了一个智能水壶和一款智能插座，但它们归属于不同的厂商或采用了不同的连接协议，往往很难实现两者间的相互协作。

巨头们的加入没有让智能家居获得更大规模的普及，反倒是每家公司都倾向于建立自己的平台和服务，让原本割裂的市场变得更加四分五裂。基于这种现状，智能家居的前路早已与最初设想的万物互联愿景背道而驰。

2019年年底，亚马逊、谷歌、苹果、宜家等宣布了一项新的合作，共同成立一个名为Connected Home Over IP（CHIP）的小组，旨在开发、制定一套基于IP协议的智能家居连接标准。借助这条数字"管道"，家用电器、医疗设备、智能汽车等硬件的物理功能都可以被转化到一个统一的数字世界之中。

这是一次难得见证巨头们共同设立标准的机会，也可谓是智能家居发展史上的关键一步。这里我们一起来解读：CHIP将设立的是一套怎样的智能家居连接标准？巨头们如何推进新标准的建立？

1. 这是一套怎样的智能家居连接标准？

根据官方网站发布的消息，本次成立CHIP合作小组的目的，主要是解决当下智能家居市场存在的安全性、连接性和兼容性等问题。巨头们希望建立一套基于IP的新协议，简化设备与设备之间传输信息的过程，同时强化对隐私安全的保护。CHIP工作组将由ZigBee联盟牵头，新的标准将允许家庭中的近距离设备相互通信，如电灯、音箱、门锁等。

新标准的特色在于基于IP协议，允许各种硬件与互联网直接相连。CHIP将建立一个新的应用层协议，可以适用于各种网络和连接技术，包括Wi-Fi、Thread和BLE等。中小型企业只需增加对新协议的支持，即可实现对多个主流平台以及各种语音助手的兼容，不用再针对单个平台做适配。新标准本身将不包含授权费用。如果新标准成功推行，将获得市面上主流智能助手和平台的支持，如亚马逊Alexa、苹果Siri及Google Assistant，消费者可以自主选择让智能家居设备接入到哪个平台。新标准将建立一套统一的数据模型，可供其他领域或行业的设备使用。新标准将增强家庭智能硬件与云服务之间端到端的数据安全性和隐私性。

CHIP 工作组将以开源方式开发和执行新的连接标准。目前比较常用的网络协议有 Wi-Fi、BLE、ZigBee、Z-Wave，各自满足了不同的设备联网场景，但都各有利弊。考虑到不同的智能家居设备对联网的需求存在较大差异，一次性推出一种适用于全场景的网络连接技术难度很大。因此，CHIP 工作组将率先专注于推进物理安全的智能家居设备之间的互联互通，如烟雾报警器、CO 传感器、智能门锁、智能插座、智能窗帘等，然后再扩展到其他设备和解决方案。当然，CHIP 工作组并不会对智能家居设备的软件端进行标准化，也不会建立统一的语音服务。

2. 巨头们如何推进新标准的建立？

这一次，巨头们共同做大蛋糕的意愿战胜了彼此竞争的心态。为了推进新标准落地，各方均拿出了"看家宝物"：谷歌将为这项工作贡献 Thread 和 Weave 协议，除此之外，苹果的 HomeKit 技术、亚马逊的 Alexa 技术，以及 ZigBee 的 Dotdot 技术也将被包含其中。

Thread 是由谷歌旗下的 Nest Labs 于 2014 年 7 月提出的一种安全、低功耗的无线 Mesh 网络技术，在一定程度上改进了家庭中原有各种通信协议的不足。谷歌认为这种基于 IP 的无线网络协议具有独特的网络技术整合能力，并且可以利用现有的网络基础架构，是家庭中融合各种设备通信的理想平台。目前，谷歌已将 Thread 开源，并将其贡献作为 CHIP 新标准的基础。

Weave 是一种物联网通信框架，它具备如下特点：首先它可以移植到任意操作系统上，同时又不依赖于任何通信协议，能够运行在 Wi-Fi、BLE、ZigBee 等常见的通信协议之上。其次，针对不同的目标设备，分别有不同的代码与之对应，这些不同的代码或组件共同组成了 Weave。再次，Weave 提供了一套标准的设备操作命令以及对应的认证机制，对常见的物联网设备，当前主要是智能家居设备，进行了总结和抽象，并形成了一套固定的操作命令集合。最后，Weave 的大部分代码都是开放的。谷歌希望充分利用开源模式来构筑一个完整的生态链，从而奠定在物联网领域的霸主地位。

HomeKit是苹果在2014推出的软件项目，但近几年来的发展不尽如人意，为了加快CHIP新通用标准的开发，苹果正在开放其HomeKit配件开发工具包的部分内容，并计划向工作组提交HomeKit配件协议。开发者可以在GitHub上进行调用和修改，把智能家居设备整合到苹果的家庭Home应用和智能家居生态系统中。

在智能家居领域，亚马逊起到了重要的"鲇鱼"作用。2014年11月，亚马逊推出全新概念的智能音箱Echo，将智能语音技术带入其中；2015年6月，又对外开放了语音服务平台Alexa。5年后，数以百万计的Alexa设备被售出，包括亚马逊不断扩大的Echo和其他智能设备，以及使用Alexa作为语音接口的第三方设备。但值得一提的是，尽管Alexa作为一款消费产品取得了巨大的成功，例如亚马逊占据了美国智能音箱市场约70%的份额，但Alexa的商业模式依然并不清晰。

Dotdot是ZigBee联盟于2017年发布的可跨网协作IoT通用语言。根据官方说法，Dotdot是一个可以运行在多个网络协议上的开放标准，帮助智能产品进行通信。基于ZigBee联盟成熟且经过验证的解决方案，Dotdot凝聚了ZigBee联盟全球数百家致力创新的成员公司10多年的工作经验和产品经验。2019年年初，Dotdot 1.0标准和Dotdot over Thread认证程序发布，意味着智能硬件开发者首次可以放心地在低功耗IP网络上应用成熟、开放且可认证的互操作性语言。

CHIP标准从一开始就囊括了亚马逊、苹果、谷歌等巨头，这显然是一个良好的开端。从生态圈的现状来看，苹果的HomeKit生态系统只有数百设备，ZigBee联盟在2019年8月认证了第3000个联网产品，而亚马逊和谷歌的语音助手分别与85,000和10,000个智能家居设备兼容。CHIP统一标准的建立，至少从设备数量方面将有助于使智能家居品牌处于更加平等的地位，而应用程序和语音服务水平将成为不同生态系统之间形成差异化的主要因素。

面对时间的挑战、巨头之间协作方式的磨合、其他通信协议推进方的应对，CHIP 的推进之路有待继续观察。无论如何，CHIP 让我们看到了巨头们注重大局的眼光，以及他们为共同建立标准所拿出的诚意和态度。

8.7 小米、华为、海尔、中国移动……携手破解物联网难题

在国内，行业存在隔阂、连接遇到障碍的问题同样存在。因此开放智联联盟应运而生，这将是中国物联网"江湖大一统"的开始，也是国内物联网产业迈向下个时代的第一步。

2020 年 12 月 1 日，开放智联联盟成立。这个组织的愿景恰如其名：开放智联，英文 Open Link Association（OLA）。OLA 旨在针对物联网局部小圈子之间彼此割裂、用户被单一品牌捆绑的现状，以推进建立统一的互联互通标准为手段，从全局视野出发，带动整个产业共同融入大生态，为全球物联网全产业链的参与者创造价值和分享价值。

虽然物联网连接数超过手机、计算机等非物联网连接数总和，但物联网发展需要与各行业数字化转型相匹配，还没形成所谓的爆发。这与物联网生态之间存在隔阂，难以形成合力的现状不无关系。

OLA 正是针对这个产业痛点而生，可见它的使命重大，意义深远。OLA 的初始发起成员包括阿里巴巴、百度、京东、小米、华为、海尔、中国移动、中国电信、中国信通院等知名企业与权威机构，确实堪当此任。

OLA 还同时汇聚了诸多互联网和 IT 领域的行业巨头，在全球性物联网互联互通标准的制定方面，具有明确的话语权。OLA 的专家阵容同样熠熠生辉。以

工业和信息化部原部长李毅中、时任中国信息通信研究院院长刘多为首，组成OLA联盟的指导委员会，中国工程院倪光南院士担任理事长，何积丰院士担任专家委员会主任。

OLA联盟的成立，有望将物联网市场从撕裂的碎片，推进到"车同轨、书同文"的共同愿景。不过这也是一条最难走的路，互联互通的问题掣肘物联网已久。

标准是发现世界基本规律，以加速社会进步的基石。从技术标准入手解决互联互通的问题，可以说是最本质的办法。

客观上看，物联网生态碎片化是由其独特的设备需求所导致，如针对不同场景诞生的NB-IoT、LoRa、ZigBee、Bluetooth、SigFox等各种专网。打个比方，如果把各类专网比作全国各地的方言，NB-IoT是北京话（适用于北京市），ZigBee是四川话（适用于四川省）……那么在跨省份后，人与人的交流都会因为各说各的方言而出现沟通困难的现象，这就是客观事实。为了更好地促进交流，全国各地的人们会对标准化、统一的语言具有强烈的需求，因而国家就会把"普通话"作为全国性的语言进行推广，向下兼容，上层实际中即便说"川普""安普"等方言普通话亦可起到交流的目的。而OLA联盟所做的便是推广物联网产业的"普通话"。

2020年4月，OLA联盟已经陆续开启了三项标准的立项工作，技术要求标准计划2020年年底基本完成，测试方法标准计划2021年4月底基本完成。之后，基于OLA联盟"普通话"——互联互通标准的第一批产品，包括智能音箱、网关、路由器、空调、智能灯、门磁、云平台和App等，将实现跨平台、跨品牌与跨品类的产品互通，并在此基础上进一步实现更安全、更智能与更高质量。

不过，仅有标准是否足够？我认为这只是答案的一半。物联网生态的碎片化，客观上由物联网设备具有的独特需求导致。

很多物联网设备确实是使用标准Internet协议通过主流网络进行通信，但是大量的小型设备，如插座、电灯、门锁、温度计、传感器、电机等，无法承载主流网络之"重"。

这些设备的需求是低成本（功能受限，控制成本）、低功耗（需要依靠电池运行多年）、体积小（节省空间，无感地嵌入物理世界）、低设置（无键盘、无显示，提供最简体验）。因此，小型、受限的物联网设备使用的通信协议，必须采用与主流截然不同的演进路径。

当应用于物联网的嵌入式设备出现时，针对主流网络协议耗电、复杂、昂贵等问题，为了填补特定场景的通信协议空白，诞生了 ZigBee、Z-Wave、Bluetooth、LoRa、SigFox 等各种专用网络。至今各种技术并没有融合的迹象，而且更多的专用协议正在赶来的路上。

这些专用网络每个都有其诞生的独特意义，但它们在解决连接问题的同时，也无意中引入了阻碍物联网产业向更高层面迈进的摩擦力，物联网设备和企业也就因此陷入了互不兼容的网络孤岛。

当我与物联网圈内人交流时，大家都对互联互通的问题心知肚明，也曾有机构和组织尝试解决，但往往力不从心、鲜有突破。究其原因，技术标准只能解决"技法"的问题，另一半的答案得依靠"心法"。

与"心"相关的障碍虽然看不见摸不着，但其确实存在。

TCP/IP 得益于美国国防部将其作为计算机网络的标准，逐步将美国北卡罗来纳州立大学的 Usenet、纽约城市大学的 BITNet、位于美国旧金山的公告牌系统 FidoNet……相继并入 Internet 成为它的一个组成部分。

2G 移动通信协议的阶段性整合，离不开欧洲电信标准协会，该组织提出了 GSM 标准，并不遗余力地持续推动。

回归到物联网，由大型企业或者知名机构以身作则、深度参与，整个产业才更容易建立物联网设备互联互通终将实现的共同信念，并逐渐围绕这样一个大胆的目标团结起来。

共同信念＋技术标准，"心法"和"技法"结合，方能书写历史。阿里巴巴、百度、京东、小米、华为、海尔、中国移动、中国电信……国内的巨头们主动肩负起了责任。开放意味着广纳，互联意味着融合。OLA 联盟的成立将为物联网提供一个开放的产业运作平台。

按照计划，OLA 会以智能家居领域先行先试，并逐步向其他物联网应用领域扩展，构建场景化的、统一的物联网体验，向全球开放和推广。

历经 10 载，国内物联网产业发展迎来关键的历史时刻，而 OLA 联盟的成立也同样具有重要意义，不仅是迎合时代潮流，更重要的是 OLA 联盟遵循着物联网发展的规律，开启了产业开放与合作的第一步。未来回首再看，这可能不仅是物联网产业规模化发展的一个起点，还有可能是物联网产业的一个拐点。

> 生态重塑
>
> 5G 生态系统的建设是一场内外交替的迭代之旅。与传统的竞争优势理论中对竞争对手压倒性的"零和游戏"不同，5G 生态优势强调"合作共赢"，而且在这一轮技术更迭中，很有可能见证新巨头的诞生。

09
第 9 章

幕后推手：投资机构

- 云和资本：专注产业投资，助力科技强国
- 翎翎资本：物联网中间层仍有机会，或将成长出百亿级独角兽
- 常垒资本：以产业思路融合物联网，一切从需求出发
- 名川资本：IoT 是新经济的基础设施，行业渗透将无所不在
- 丰厚资本：人工智能 + 物联网将"感官"延伸，应用将更加智能

  我们曾多次强调过，当前融合 5G 及未来新技术的数字经济时代，产业将从价值链迭代到价值网，这是一个大趋势。最早谈及这个趋势的是 10 年前的一本畅销书，名为《开放性成长——商业大趋势：从价值链到价值网络》，其中的观点之一便是"商业大趋势是从价值链到价值网络"。

  在融合 5G 的 AIoT 领域，我们很明显地观察到了这个现象。传统意义上的价值链，是一环扣一环的，产业上下游的边界分工清晰、技术标准明确，商业模式和合作关系也经历了长期磨合，趋于稳定。而物联网和人工智能等新技术的发展，则正在驱动着从业者打破传统，"以客户为中心"，离客户越近越好，产业链越短越好，而且技术的发展又为这种颠覆创造了条件。

  产业链的各个环节都有望出现整合别人的领军者，这样领军企业可以围绕最终客户制定有利于自己的技术标准，这种竞争会打破原有的产业秩序，最终的结果可能是两种表现方式：在生产制造方面重建产业链；在商业模式方面呈现网络化的方式，不仅某一个环节可能跳过中间环节，甚至与最终用户建立联系，而且可以为传统意义上其他的产业链提供产品。这种产业的网络化给 AIoT 带来了更大的想象空间和发展空间，也给合作方式的创新培育了土壤。

在这个演进的过程中，展开来说，立足国内，我们观察到 AIoT 的 5 个重要子趋势。

趋势一：更多企业意识到，AIoT 是组织、管理与商业模式重构。

试想一下，如果你的用户、消费者、客户已经习惯了数字化的体验，企业怎么还能在原地踏步不前？北京大学国家发展研究院 BiMBA 商学院院长陈春花老师在最近一次演讲中提到，现阶段企业要考虑怎么解决人、组织与效率之间的关系，解决成本与顾客价值的关系，最后是组织和外部协调的关系。这是我们最先要做的事情，必须把管理当成整体去看。授权赋能基层团队，激发小团队的主观能动性，打造敏捷高效适应环境的团队，是这一轮组织变革的重头戏。

趋势二：物联网 + 区块链，加速金融队友进场。

与区块链的结合，有可能把物联网带火，因为区块链为物联网带来了价值模型。在金融这个层面，区块链可以真正把物联网采集到的数据和背后关联的物体资产化，资产化之后就会产生各种各样的变现模型。

举例来说，万向区块链就正在利用物联网 + 区块链的解决方案，提供金融服务，如此前章节提及的汽车零部件产业链上的物联网 + 区块链系统。具体做法是，万向把一整条汽车物流相关业务流程、数据都放在运链盟平台这个闭环中，整车厂、物流公司、承运商乃至车辆运达某个 4S 店等所有相关方数据全部上链。这样一来，银行可以即时清晰地看到每一个业务运行过程，并进行相应风险评估。

趋势三：企业迎来快速增长黄金期，开源→节流→提效。

从数据上来看，物联网市场仍在保持不错的增速，具体到不同的行业、相同行业的不同场景，未来的发展空间会呈现差异。

以蘑菇物联为例，他们是一家工业互联网领域的创新性企业，其主要业务是为工业设备市场的三大主体（设备制造商、设备代理/服务商以及设备用户）提供基于工业物联网的 SaaS 管理软件及增值服务。蘑菇物联创始人沈国辉认为，从本质上来讲用户最终不是需要 AIoT，而是需要新增的价值，并且是产出大于投入的价值。所以从客户角度出发，需求被满足是按照一定优先级进行的，先是开源，其次是节流，然后是提效。实事求是，让客户享受价值，这是基本逻辑。

趋势四：用确定的技术投入，应对不确定的未来。

新型基础设施，或许不一定是大规模投资的实体设施，能够渗透到各行各业生产经营的各个角落、直接为生产经营带来乘数级产出的也具有基础设施的特征。一款广泛使用的轻量级物联网终端操作系统、一种可供大量场景应用的 AI 算法，这些创新的物联网元素都能够带来产出数倍增长。下一个 10 年，物联网新型基础设施作用开始显现，物联网本身产业规模值得关注，但物联网化后各行各业相对原来的变化更值得关注。

越来越多的企业，开始用确定性的技术投入应对不确定性的未来。在这种自发创新驱动下，物联网在各行业应用的普及速度会越来越快。一个典型的案例是国家电网公司于 2019 年年初提出建设"泛在电力物联网"，这一规划并非对物联网碎片化的应用，而是通过物联网和相关技术对国家电网进行深刻的变革。作为一个拥有超大体量且对国民经济各方面都产生重要影响的经济体，国家电网拥抱物联网，开启了垂直行业规模化应用的先河，具有非常明显的示范效应。

趋势五：智联网企业出海，加强跨国合作。

很多企业在将国内的 AIoT 产品、方案、项目经验复制到国外的时候，结果往往不能尽如人意。除了测试认证的烦琐外，其他因地域差异带来的挑战，也需要几家伙伴联手去解决。

例如，场景、模式、需求差异。一些模组企业在推向欧洲市场时发现，相较于国内的价格之争，欧洲市场并不买账，如何在性能、功耗、成本、价格等维度之间做出平衡，找准客户实需精准出击，则要求企业对该市场的长期深入研究，这些经验对目前的国内模组企业而言无疑是缺乏的。

再如，市场和渠道难题。好的产品需要好的市场推广，接触到多层用户方再谈规模化复制，然而国内企业对海外市场和渠道并未掌握，也算不上专长。这时就需要借力伙伴，在伙伴的市场和推广渠道中进行集成或项目合作，实现携手共赢。

另外，还有不同基础设施水平所造成的困扰。近些年国内 AIoT 产业突飞猛进，软硬件及基础设施都从初级阶段走向正轨，但一些海外地区网络情况不敢保证，基础设施质量参差不齐使得许多物联网应用无的放矢，难达效果。换言之，不同地域的需求、市场、网络差异所带来的"信息不对称"，有可能阻碍中国 AIoT 玩家走向全球化的步伐。

面对各种各样的新趋势，不同企业正在试图找到适合自己的新业务、新组织和新模式。无论 AIoT 企业处于生态链的哪一环，面对客户的表现形态，都是端到端服务。为了顺应整个产业合作形态从价值链转变为价值网络的浪潮，越来越多的企业抓住机会，促进管理能力和流程再造。

除了建立新业务、新组织和新模式，还需要转变新视角。数字化时代不是简单的自动化、虚拟化和信息化，而是整个商业和战略逻辑的变化。"站在未来看现在"，才能深刻理解商业的逻辑变化。工业化时代的企业战略思维更多是"站在现在看未来"，属于线性思维或指数思维，是保持经验主义的战略思维。

数字化时代企业的战略思维应该是"站在未来看现在"，要有产品与服务的场景思维和指数型的增长思维，客户需求才是企业增长的根源和动力。这是一个非连续型的增长战略，如果仅依据我们现有的能力去设计企业的战略，而不是去洞察和布局未来，则是无法在数字经济时代占据先机的。

5G 产业生态并不是一条单薄的技术赛道，而是综合实力的比拼。对于一些 5G 项目来说，实施初期由于时滞效应的影响，经济价值并不明显，加之 5G 项目对人员素质和操作技能有全新要求，不同环节之间的流程需要重建和熟悉，有可能造成"J 曲线"效应，最初发生的情况与预期不一致，经过一段时间的校正才能走上正轨。而破局的关键除了技术、生态难点外，还有商业模式的创新，由实际交付的案例，验证其经济可行性。

  专业的人才能做专业的事情，很多知名的投资机构开始关注数字经济和 5G 的发展。聪明的资本总会优先布局、恰逢其时地切入经济发展所必需的产业结构中。随着众多行业进入"下半场"，垂直化、端到端的物联网场景化方案逐渐受到资本的青睐，它们将有力地剔除有关时间成本和资本方面的一些绊脚石，从而正向加速 5G 产业的落地。

9.1 云和资本：专注产业投资，助力科技强国

  云和资本成立于 2016 年，专注于高新技术领域的产业投资，尤其是数字经济中的创新项目，成员主要来自北京大学、清华大学。累计投资近百个项目，累计推出超过 20 个项目，历史基金投资业绩平均 4.4 倍回报。本次接受采访的嘉宾为云和资本董事长赵云，云和资本合伙人张波、乔栋和我。

◉ **提 问**：云和资本特别关注数字经济，投资了哪些企业？成绩如何？

◉ **赵 云**：投资了一批数字经济各细分领域的龙头企业。比如国内最强大的大型通用人工智能芯片设计独角兽企业燧原科技是云和资本投资的代表性案例之一。云和资本也是唯一一家从种子轮开始连续三轮投资燧原科技的投资公司，同时该企业也有腾讯投资、红点投资及国家集成电路基金直投基金等重量级股东共同加持，燧原科技一直致力提供全球同步领先的、国内自主创新的、为数据中心打造的云端 AI 训练和推断加速平台。

◉ **提 问**：作为董事长，您给团队注入了什么样的投资理念？

- **赵　云**：本固枝荣，固本培元。

- **提　问**：怎么理解？

- **赵　云**：《金刚经》云："凡所有相，皆为虚妄。若见诸相非相，即见如来。"强大的投研能力及顺势而为，是投资的两大基础。谈及投资心得，"投资研究"和"竞争壁垒"是云和资本提及最多的词。"本固枝荣"，指事物的发展都离不开本体；"固本培元"，坚持投资研究就是云和资本一以贯之修炼的"本"。团队成员要首先学会做好行业研究工作，在此基础上，形成精准的技术剖析、市场分析，建立全行业图谱等研究成果，每一份投资建议书都要与投资研究匹配，团队成员的绩效奖金也要和投资研究成果挂钩，只有前期基础打牢靠了才能在今后的发展中枝繁叶茂。云和资本的投资法则：守正出奇、布局榜首、引而不发、一发即中。

- **提　问**：在这种投资理念的支撑下，哪些企业是云和资本优先考虑的？

- **乔　栋**：首先，我们会将一家企业的行业领先度、专利储备、技术传承、市场扩展能力作为考量因素；其次，基于企业不同发展阶段，适时制定尽调程序，如创始人是否带着原有公司的烙印和痕迹，是否具有独立的知识产权属性等，这些对科技企业都很重要。

- **提　问**：通常情况下，一个企业的创始人往往决定着该企业的基因，以及能走多远，您认为衡量创业者是否成功的标准是什么？

- **彭　昭**：首先，成功的创业者首先要有大格局，格局的大小往往决定了能否选中一个巨大的市场，也就是说先选赛道，赛道的长短决定了企业最终的发展潜力；其次，一家企业的业务线并不是越多越好，而是要有护城河和增长性，要在选定赛道里找到独特的打法。

◉ 提　　问：从业务角度，您是如何定义一家优秀的企业的？

◉ 彭　　昭：企业形象可以比作"青松""凤凰木""梧桐木"三种类型。青松比喻一家公司至少要有一条压舱石般的基础业务线，即所谓"大雪压青松"，当然有些大型企业也可能有几条这样的并行发展线；凤凰木"叶如飞凰之羽，花若丹凤之冠"，是一种快速生长的树，这种类型的企业往往有明确的目标，发展迅速，比如云和投资的伯坦科技，锁定智能换电赛道，成长非常快；提到梧桐木，大家都知道的是"梧桐花开、凤凰自来"，是"筑巢引凤型"，我们最近在看的很多企业都是这个类型，自己做好生态的基座，吸引其他企业共同合作扩展市场。

◉ 提　　问：怎么看待自己投资过的项目？有没有特别不理想的情况出现？

◉ 张　　波：在商言商，我们也要考虑投资人（LP）的回报率，目前云和资本所投项目内部收益率年化30%～35%，有的甚至更高，这是一个很不错的成绩，最后要回馈给我们的投资人，包括国家级的、省市级的、区县级的，还有社会资本。

作为投资人，一旦选定项目投资，就要与企业同舟共济。云和资本通过成立"将相云和企业家中心"为被投企业赋能，帮助被投企业与政府机构、研究机构等进行对接，使企业获得更加完善的资源配置体系，辅助企业做好独立内生生长，提升被投企业的综合竞争力。同时云和资本也逐步成为地方政府资本招商、项目落地和实现产业转型升级的重要支撑力量。

成绩方面，截至目前，云和资本旗下正在管理的太湖云和科技成果转化创投基金虽还未进入全面收获期，但已有数家企业进入 IPO 阶段，其中，2020 年 IPO 申报 2 家，一家实现借壳上市，2021 年预计也将有数家代表项目进入 IPO 阶段。我们不能确保每个项目都能取得成功，但能实现的都会全力以赴，不容错过。

◉ **提　问**：在投资领域，常常会出现"看走眼"的情况，并不看好的项目，最后却成功了。您怎么看？

◉ **乔　栋**：做投资本质是一场修行，如何保持内心的平静，在不断的市场诘问和自我拷问中，既不故步自封，又不随波逐流，最需要的是拥有一颗投资初心，这颗初心包含了深植行业、深挖企业以及沉下心来对市场进行深入研究的卓越能力和始终保持对欲望控制的强大自我约束力。

◉ **提　问**：对当前日新月异的新技术怎么看？为何只专注于高新科技领域内的产业投资？

◉ **张　波**：高科技项目投资是一项复杂的系统工程，在高速发展的科技赛道，市场变化日异月殊，没有哪种方法能一劳永逸。云和资本践行的底层投资逻辑是：在满足国家政策、行业政策、产业政策的前提下，重点布局高端装备制造、新一代信息技术、高技术医药医械以及新材料、新能源、节能环保等对产业转型升级有确切推动作用的高科技项目。

◉ **提　问**：高新科技是技术和资金密集型行业，如何规避这些资金需求量巨大、创新强、风险高的项目？

◉ **张　波**：云和资本从投前、投中、投后三个阶段全面、审慎、有效地规避系统性风险，实现非系统性风险的分散与化解，最大限度降低高科技项目投资周期长、不稳定带来的风险，与被投企业共同成长。科技也讲究传承，颠覆性的重大科技革新并不常见，考量是否拥有科技传承是云和资本规避风险的重要手段之一。另外，技术是否能最终落实到产业，直接关系企业未来是否能够产生持续稳健的现金流。热钱过后，产业落地也已成为科技投资的必要指标。

◉ **提　问：**科技驱动的产业升级，给云和资本带来了什么影响？

◉ **张　波：**云和资本专注于科技投资，资本作为产业转型升级的保障和基础，在整个发展过程中扮演着重要角色。今年以来的整个国际形势走向，对中国的硬科技发展影响来说积极因素要远大于消极因素。

从产业升级的角度来说，中国硬科技已走出模仿跟踪的仿制阶段，由内部巨大需求推动的产业升级势在必行。很早之前邓公提出科技是第一生产力，到今天仍然非常正确，从中央到地方政府、再到企业都非常认可。我国目前所处的产业发展阶段，已经没有什么可仿制、没有什么可跟踪、也没有人再提供逆向思维，在这种趋势下，内部需求是最大的推动力，因此也是促进产业升级最有力的驱动因素。

◉ **提　问：**在产业进行升级，淘汰落后的产业链过程中，最先进的技术往往面临垄断局面，不可避免出现"阵痛期"。对此，您怎么看？

◉ **张　波：**目前的国际形势微妙，国外高端技术一键垄断，随着中国在量子技术、5G、高铁、互联网应用等方面齐头并进高速发展，占领不少国际市场，也因此造成竞争者在国际层面妄图对中国实行全面封锁，不过这些也反而促使国内自主研发技术开始发力。从资金角度讲，国家引导基金及地方财政也一直持续给予重点扶持；从政策环境来看，货币政策更加稳健的同时，税收政策、货币政策、财政政策也更加灵活。在人才方面，国内每年培养出大量的工程师及技术研发人员，他们耕耘在行业的各个角落，基于财富效应和对各自专业的追求，这些技术研发团队具有非常明确的连续创业精神，这是投资最好的土壤。反过来讲，在所有生产要素中，投资也成为创业的有利驱动因素。

⦿ **提　问**：您认为产业转型过程中的科技投资十分乐观？

⦿ **张　波**：是的，虽然目前存在很多困难，但对科技投资来说，总体是乐观向前的，积极因素远大于消极因素。

⦿ **提　问**：国家正在推动战略新兴产业的发展，比如加大对集成电路的投资和扶持。您认为在该政策下，有哪些投资新机遇？

⦿ **赵　云**：集成电路作为新一代信息技术的基础，经过多年部署，我国目前主要有四个产业集聚区，分别是以上海为中心的长三角、以北京为中心的环渤海、以深圳为中心的泛珠三角，以及以武汉、成都为代表的中西部区域。

通过这些年接触过的上千家早期高科技企业，云和清晰地认识到只有对战略性新兴产业进行深入研究，才能更好地帮助创业投资机构找准投资方向，筛选出有价值的企业，并给企业更多战略上的帮助。

⦿ **提　问**：未来有什么规划？

⦿ **赵　云**：未来两年，云和资本不仅要将基金投好、项目管好，还要将退出工作做好，确保基金投资人获得可观回报。另外，通过我们与各级政府引导基金、社会资本的合作，推动自主核心技术产业发展，助力地方政府加快产业转型升级，助力科技强国，坚定不移实施创新驱动发展战略。希望被投企业在云和的资金支持、深度赋能之下冉冉升起成为一颗颗在各个细分领域堪称国之栋梁的耀眼明星。

9.2 翊翎资本：物联网中间层仍有机会，或将成长出百亿级独角兽

翊翎资本成立于 2015 年，管理规模约 10 亿元，主投科技、教育、消费等三大方向，本次采访嘉宾为翊翎资本合伙人李栋，李栋带着 3～5 年后对行业格局观察的视角，缜密地倒推出现在最有价值的企业。在物联网领域的布局，李栋认为未来应用层一定会爆发，在这个大逻辑下，对开发者输出功能的 PaaS 层将必不可少，当下正是布局最合适的时机。

◉ 提　问：能不能先给我们简单介绍一下翊翎资本的情况？

◉ 李　栋：翊翎是 2015 年成立的，到现在为止有 10 亿元的管理规模，翊翎主要投三个方向：科技、教育和消费，科技里面再细分的话就是人工智能、大数据、企业服务；教育主要投资创新教育，我们投资了国内最大的实习兼职平台实习僧，国内最有代表性的两所创新教育品牌—土学校和探月学院；消费领域投资了一些渠道和供应链的公司，如下沉市场的芝麻掌柜、做纺织行业智能交易平台的智布互联等。

◉ 提　问：现在，很多对于物联网的讨论又变得热了起来，您觉着行业的拐点到来了吗？

◉ 李　栋：我认为物联网本身并不存在垂直赛道，今天做的所有技术，包括零售、物流、智慧安防，其实都会和 5G、物联网产生结合，未来 5 年会爆发很多行业场景的应用，我们更看重中间层公司的机会。IaaS 层只有大厂的机会，像阿里云、微软、华为、金山这种代表，但越到物联网的层面，所有的应用场景会越来越分化，巨头没办法全部渗透，这中间就有 PaaS 层创业公司的机会，我们认为 PaaS 层有机会成长出百亿美元的公司。

◉ 提　问：除了云资源管理层面，PaaS 层您觉得还有什么样的机会？

◉ 李　栋：服务开发者的功能性输出公司，类似最近比较热的低代码开发平台。我们认为物联网时代应用层有大量的需求，需要大量的 PaaS 公司把中间环节搭好，输出功能给开发者，让应用的开发更简单、投入更低，上层任何一个行业的应用跑出来，PaaS 层都会受益。

◉ 提　问：这个观点很独到，PaaS 层尽管今天看起来收入不大，但从未来格局倒推看的话，有巨大的机会。您对当前应用层的公司怎么看？

◉ 李　栋：应用层仍然有大量的机会，但我觉得都是阶段性的。我们在应用层没有以物联网的视角去看，如智布互联，这是我们 A 轮投资的项目，它给我的惊喜是能够用物联网技术实时地调度和分配每台设备上的产能。但实现这个不光是靠物联网技术，还包括对行业的理解和打通上游的能力，它是一个完整的系统。没有对行业的理解，没有对数据的调度解析能力，很难实现生产链条的打通。

◉ 提　问：智布互联是工业物联网这个领域的项目，您在工业物联网看到了哪些变化？

◉ 李　栋：工业物联网的确是我们重点关注的领域，先说好的点，第一，不断地有利好政策在出台；第二，大多数工业制造企业真的意识到要去做这个东西，今天的领导们会有一个稍微开放点的心态来拥抱这件事情；第三，包括5G在内的许多技术也确实在变得更加成熟，一些传感设备成本也在急速降低，这些都有利于物联网开始在行业中去落地。

不好的点也很明确，今天大家都说工业物联网可以做的事情很多，但是并没有解决工厂的核心问题。现在经济放缓增长的情况下，中小企业最痛的点是如何赚更多的钱，还没有关心到节省成本和提升生产的效率，大企业有真实需求、真实订单，但它给的商业条款很差，如账期长、合同金额不大，对于创业公司就很苦，不做不行，做的话垫资严重、交付成本很高、需要做很多的定制化，让创业看起来像一个外包公司。

◉ 提　问：的确，我们观察到的工业物联网从数据可视化和设备监测切入的公司较多，收入比较依赖大客户，订单金额大多在几十万元，高些的在百万元级，有较高的定制化成分。

◉ 李　栋：我们觉得这里面的核心问题是行业的问题，不是客户的问题，原因在于今天大家对这些东西到底能用来做什么、能提供什么价值等都不是特别清楚，所以我觉得现在还是处于突破的前夜。但对于我们早期投资人来讲，现在的情况不等于3年以后的情况，即便是这种情况，如果我们认可团队，也认可解决方案的方向或者核心技术的突破，我们也愿意布局。我们更希望看到未来3～5年之后的格局。

◉ 提　问：曾接触过什么样的创新性变化觉得比较惊喜？

● **李　栋：**我认为有一个趋势是软件硬件化和硬件芯片化。现在国内的创业公司在软件层面已经做得非常好了，但对于底层技术还有待突破，而核心技术如果不能硬件化，甚至芯片化，成本降到一定程度就无法再降下去，行业应用就非常受限。今天我们看到一些创业公司在往底层去走，甚至下沉到芯片层。举个例子，我看到的一家上海的公司，他们做电力的预测性维护和火灾防护，他们的传感器在逐步往芯片走，很多做工控的行业竞争对手就做不到这一点，他们很快就部署了像海关、大型商超、百货这些场景，而且会做得越来越深。

● **提　问：**这个行业向未来演变的过程中，最大的制约因素会是什么？

● **李　栋：**标准协议是否能统一还是一个未知数，行业内的人还不清楚到底拿来干什么，如大数据行业，很多企业说自己有很多数据，但真正面对客户的时候，发现这些客户他们的底层数据治理都还没做完，客户对于渐进式的改变不敏感也不在意，很多时候都会选择放弃。物联网差不多就是这个状态，大家都听说了，也觉得好，但能发挥什么价值，今天还不是很清晰，这是影响整个行业演进最大的制约因素之一。

还有就是安全的问题，这么多的设备连接起来，各种安全隐患都会出来。移动互联网可能是手机出点故障，死机了大不了重启，但是物联网设备一旦被攻击，会造成实际的损失甚至严重的灾难。当然，这些事情都会随时间而改变。

● **提　问：**我们关注到在应用层的创业公司，很多订单都来自政府，活得还挺舒服。您怎么看政府对这个领域的需求？

● **李　栋：**我们投过国内最大的企业级网络安全公司奇安信，从这个项目上我们看到很多特点，拿政府订单大多是巨头公司的机会，小公司没有优势。小公司拿到单个项目的可能会有，但在订单持续性上会很有问题。而且政府大型项目的实施，会要求公司投入数百人甚至上千人的团队去开发，大公司还能扛得住，小公司为了完成一个大项目，招聘这么多人，如果没有持续性的大订单进来，会被拖死，所以我们对做政府项目的公司比较慎重。如果我们投的话，我们会更加倾向于投资有核心技术和产品，又能做规模化落地服务的大公司。

◉ 提　问：有道理。您觉得物联网领域的创业团队，什么样的组合更容易成功？

◉ 李　栋：我从技术类的公司来看，大多数技术类公司都是2B类的。这几年看下来，技术虽然重要，但不是最重要的因素，除非是特别依赖技术，如芯片类公司，需要超级技术大牛来做，但多数公司是2B的公司，最重要的是行业销售能力和市场定位能力。技术类的公司早期环境因素比较单一，在商业化道路上非常容易碰到天花板，需要团队有较强适应能力、能快速完成转身，最好的CEO可能是懂技术的销售。

◉ 提　问：现在5G也是一个很热的话题，您觉得5G到来会在哪些方面带来变化？

◉ 李　栋：尽管5G牌照已经发放，我觉得5G的爆发还要在3～5年之后。但我们不能等到成熟以后再出手，我们仍然更倾向于布局中间层，无论哪个应用爆发，中间层都会受益。尽管这些中间层在现阶段的形态可能不一定是用5G服务，但在将来可以一步切换；再一种就是用简单的传感器和物联网设备能在行业中提升效率的企业，但它的主营收入不是来自卖设备、卖技术，而是通过提升效率创造的增量来分一杯羹，如自动驾驶、智慧医疗等。

◉ 提　　问：科创板对物联网行业的影响会很大吗？

◉ 李　　栋：我其实没觉得资本市场的变化会改变创业这件事情，这只是一个利好的消息，我们不投那种因为科创板来了而去创业的人或者刻意把自己包装成科创概念的项目，核心是公司给行业创造的价值，公司登陆资本市场只是水到渠成的事情，我们不会奔着科创板去找投资标的，这是很多传统PE的打法，挖地三尺地去找项目，这种套利的机会会越来越少。

◉ 提　　问：关于移动互联网的投资和IoT领域的投资，差别在哪里？

◉ 李　　栋：有很大的差别，最大的差别是用户的改变，移动互联网主要是2C的创新应用，物联网主要是2B的创新应用，这对投资判断有很大的差异。大家要渐渐适应"前期赚钱慢、但能赚更久的钱"的这种逻辑。从移动互联网的1年赚5倍，变成可以3年赚5倍，5年赚10倍，能赚的时间更长久。我们目前已经适应了2B的投资，从2015年还在移动互联网的时代我们就开始做企业级服务的投资，所以我们现在看公司已经比较理性。

◉ 提　　问：您能不能给我们物联网行业的创业者一些建议？

◉ 李　　栋：我觉得有几点建议。第一，还是要重视自己的产品技术。有很多具有格局和视野的早期创业公司创始人，常常会把自己的创业公司想成大公司去推动很多的事情，导致最后不那么重视自己的产品和技术，这种公司往往活不长。创业公司核心的本质就源于你能做成一些大公司不做的事情。

第二，确实要重视自己的团队组合和组织能力的建设。做2B的创业公司其实需要关注到非常多的方面，包括资金、客户、客户背后的用户、政策导向、主管部门等,所以对于整个创业团队的要求是非常多元的,只有一种武器用的好在这个市场可能就会过得不是那么容易。

第三,不要过多关注整个资本市场。创业公司还是要扎扎实实地在行业里思考我到底能提供什么价值、提供的这个价值有没有差异化,能否持续以及我能否把它商业化这三个核心问题。

9.3 常垒资本:以产业思路融合物联网,一切从需求出发

常垒资本是由 VC 老兵石矛、潘金钊、冯博三位多年的同事共同发起,主投科技类早期创业项目的私募股权基金。本次采访嘉宾潘金钊曾投资过早期的科百科技(农业物联网),对于物联网和产业的结合有着深刻的认知。

◉ **提 问**:物联网技术出现很久了,因为 5G 的到来行业再一次变热,但过去行业的落地速度一直较慢,您怎么看待这个问题?

◉ **潘金钊**:物联网创业其实有两个方向,一个是从产业思路去融合物联网,一个是拿物联网技术去找产业。用物联网技术去找产业,如果你不懂产业的话,很难做大;而用产业思路去融合物联网,需要对这个行业了解很深,能做出满足行业需求的整体解决方案,而不只是一个数据采集、控制物联网产品。所以落地速度慢,一方面可能是技术还未完全成熟,另一方面也说明大家对行业的理解应该还没足够。

◉ **提 问**:应用端的确很容易做出收入,但物联网领域的应用很多人觉得会

是偏向于碎片化，甚至粉末化，这是否意味着公司的未来发展空间有限？

◉ **潘金钊**：目前的物联网技术是一个辅助性技术而不是核心技术，物联网领域创新需要的是对产业很熟悉的人，只有当你对应用场景很熟悉，物联网技术又恰好能帮你解决关键数据的缺失和设备控制问题的时候，才不会那么碎片化。否则，就单点的物联网技术应用而言都可能会是帮别人作嫁衣或者说碎片化。

◉ **提　问**：在这么多这种碎片化的应用场景中，投资难度是否会比较大？您觉得什么样的团队更容易在这个趋势中脱颖而出？

◉ **潘金钊**：团队基因会很大程度上影响项目的发展，从投资的角度来说，就像我们刚才讲的那样，我们会更多地把焦点放在团队基因和对产业的理解上。物联网技术是不可或缺的一部分，但不是全部，而且现在不是物联网技术决定成败的时候。

◉ **提　问**：您怎么看当前的各家物联网创新公司的技术差异带来的优势？

◉ **潘金钊**：我觉得是这样的，物联网技术里，ZigBee、Bluetooth、LoRa、Wi-Fi、NB-IoT 等，因为功耗、带宽、组网等因素导致它们适用的场景是有差异的，但对客户来说，我需要的是实打实的解决方案，产品可靠、稳定、易用而且价格合适是首要考虑，而往往不会太在意你用的什么技术。所以上游各种技术方案可能会从客户需求、成本、综合性能去考虑做技术选型，最终融合在一个场景里，而不太会是一种物联网技术主导整个应用市场的情况。

◉ **提　问**：如果从物联网产业链来看，从采集端的芯片、传感器，到通信传输、网关，再到做系统、平台、PaaS、应用，您觉得哪个层次会最先获益？在哪个领域布局最好？

◉ **潘金钊**：我个人认为最先获益的还是会在应用层这边。因为从整个商业逻辑来说，只有在应用层有需求后，才会往上游去传导到整个行业的采购或革新。然后，PaaS 要在应用层爆发之后才会有真正为它持续付费的客户，否则，大家都来做平台，谁来做应用呢？云计算的发展也是这个路径。

◉ **提　问**：您觉得未来物联网平台最有机会从哪一个方面做起来，如设备连接、数据分析、PaaS 支撑？

◉ **潘金钊**：跨协议、跨平台。未来的应用场景下可能会有基于 LoRa、NB-IoT 等不同协议的节点去做采集和控制，也会使用不同公有云或者私有云去做存储、分析，一个好的 PaaS 平台应该可以让用户以最优的方案去解决业务需求，而不必花精力在协议、平台的对接方面。

◉ **提　问**：很多物联网公司的一些大的订单都来自政府单位，这个会不会不够"性感"？因为有些物联网公司 80% 收入来自政府，机构是否都会对这类项目打个问号？

◉ **潘金钊**：在 C 端或者 B 端的需求没有爆发的时候，政府的投资和采购是很重要的，这能帮助企业度过最艰难的阶段，如美国很多企业的发展都有当地政府的支持。拿到政府订单之后你也能去做标杆案例以及作为重要的现金流来源，只是如果长期依赖政府订单输血而无法走向更开放的市场的话，大家可能就会对企业的产品能力打个问号了。政府采购场景现在看来不会是一个特别大的市场，而且可能在地域上缺乏可拓展性。来自政府的物联网订单通常很难持续，真正体现行业 Know-how 的产品才是一个公司的顶梁柱，才值得投资。

◉ **提　　问**：我个人之前接触过几个工业 IoT 的项目，发现很多创业者是从设备的监测和运维切入，但 BD 工厂的领导付几十万元来做这个事，感觉有点儿难，起量的速度比较慢，您怎么看待这种情况？

◉ **潘金钊**：这是行业现状，因为设备运维这一块是比较独立的，切入门槛相对比较低，对团队的要求也不会那么高，但是还没接触到产业的核心诉求，客单价自然就不会高。如果只是采集设备运营状态、节省维修成本，那么企业愿意支付的费用上限就是：你帮我所节省的运维费用，因为你没有帮我增收。但如果你带着包括物联网在内的一套技术方案帮我重新优化了生产流程，大幅降低成本，甚至带来了新的收入，这个方案一年能帮我多赚几百万元，那我为此愿意付的费用就是另一级别的了。所以说不定最后把物联网做起来的是熟悉行业的、做 ERP 的这帮人，物联网就是他们的 RPA。

◉ **提　　问**：你认为 5G 对物联网领域的影响首先会有哪些行业受益？

◉ **潘金钊**：5G 的特点是高带宽、大接入量、低时延。这就像以前 Windows 和 Intel 的关系一样，Intel 的芯片处理能力越强大，Windows 的应用就可以做得越复杂；现在 5G 把数据通道做得更好了，内容方就能够更好地利用这些通道，在手机端的话，有更实时、更高清的内容或更大的文件传输需求，对快应用也可能有很大的促进作用。又如医疗场景中的远程机器的操作、VR/AR 中的云端渲染等，这些行业都是能直接看到收益的，还有一些场景可能是大家暂时无法想象到的，等真的出现的时候，大家会觉得：嗯，真香！

◉ **提　　问**：如果以手机为载体，有没有设想过基于 5G 技术的一些比较好玩的 App？

◉ **潘金钊**：AR 肯定是一块，还有手机端更高品质的游戏、更高清的视频、直播等，还有高清视频会议应用可能更普及、更便宜，这是目前能想象到的。当然 5G 手机的配置也会变化，射频天线、存储、CPU、GPU 的变化与 AR 模块的增加等，这可能打开了一扇新的窗户。

◉ **提　　问**：5G 在物联网应用领域是不是会对工业的影响更大一些？

◉ **潘金钊**：5G 自身并不产生数据，它起到的是帮助方便接入、加快数据传输的作用。对工业场景下已有的数据传输需求，5G 可以做得更好、更快，这时 5G 就有价值，但对于 5G 之前就一直难以解决的需求，5G 也无能为力。所以我们不需要去神话 5G，这是一个很好的工具，但对业务本身并不会带来质变。

◉ **提　　问**：你认为目前阻碍物联网发展的因素有哪些？

◉ **潘金钊**：两个方面。一方面，大背景下，整个经济增速放缓，企业端收入增速放缓甚至有下降，在新技术上的投入节奏也会放缓；另一方面，企业在经历信息化之后，很多数据已经能够拿到，物联网提供的数据又多是价值密度比较低的，很多企业数据采集完存在那里后，发现并没有带来什么价值，离散的数据采集服务难以触动企业的购买欲望。

◉ **提　　问**：所以归根到底是这个数据到底能解决什么问题，通过物联网的方式采集只是降低了采集成本和加快了更新速度。

◉ **潘金钊**：要能产生价值，然后我会去看实现这个价值的成本是多少，这是商业本质，创业不能脱离商业本质。所以总结来看第一是场景，这个场景基于数据本身到底能不能解决问题；第二是产品本身的适用性，除了适用单一场景外，还有没有向其他行业拓宽的可能性；第三是团队对于产业本身的理解程度、学习能力、解决问题的能力怎么样。

◉ **提　问**：你觉得现在物联网领域的项目，怎样的估值法会比较合理？

◉ **潘金钊**：对于现阶段物联网方向的项目，我个人会比较倾向于通过加减分项的方式去衡量项目。如果减到一定分数之后就可能不会投资，包括行业规模和需求程度、团队对行业的理解和资源、对产品或者对底层技术的使用和调整能力、团队配置情况。

如果笼统地去看 PE 或者 PS 是不科学的，很多制造业 PE 很低，有些软件、SaaS 按 PS 来看都会觉得很高。需要把业务拆开来看：核心业务里面有多少是卖别人的传感器、模组的，有多少是卖体现对行业的理解的核心功能的，有多少是卖人力服务实施的。这里面，对行业的理解和相应的软件、数据服务是影响估值最重要的部分，贸易商或者人力资源外包类的对估值的影响会比较小。

◉ **提　问**：常垒资本的背景和对物联网领域的布局计划是怎样的？

◉ **潘金钊**：常垒资本定位在信息技术和产品，包括物联网、软件领域，这两块我们都会更多关注应用层的机会，投资阶段主要集中在 A 轮附近。我们精选一两个赛道，合伙人都会集中一起看，看准了就出手，每年投的项目不会很多，六七个足矣。

9.4 名川资本：IoT 是新经济的基础设施，行业渗透将无所不在

名川资本创立于 2016 年 5 月，是数据驱动领域最活跃的投资机构之一，是重点投资 Pre-A 和 A 轮的初创企业，本次采访嘉宾为名川资本创始合伙人王求乐。王求乐拥有 11 年风险投资从业经验，11 年通信领域工程、研发、管理经验。与他的交流过程中，王求乐喜欢用最朴素的逻辑去探索未来变化中的趋势，给我们勾勒出还未发生的世界。

◉ **提　问**：在互联网时代，投资可能大部分偏重于模式创新，物联网时代是否和之前有些不太一样。您怎么看待物联网时代和互联网时代的区别？

◉ **王求乐**：首先我不太认可"过去是模式为主，今后将转变为技术为主"的说法。过去 C 端所感受的互联网服务只是互联网的一个方面，其实很多底层技术的突破没有被大家感受到。以阿里巴巴为例，有人认为它做的是买卖，没有什么技术。但事实上阿里巴巴是一个靠数据驱动的公司，我们姑且不说它把买家、卖家、支付、物流打通，就从它的数据化本身来看，实现千人千面，后台系统把几十万甚至上百万的服务器连接在一起，能接入各种行业应用，这里面的难度其实是非常高的。

我觉得在物联网时代仍然会延续这条路，它在初期阶段是需要解决基础设施的问题，包括芯片、模组、传感器、网络、应用等，但搭建完之后还是会走到应用端，最终还是会进入我们的衣食住行消费娱乐里面去。

◉ **提　问**：您刚才提到基础设施这个关键词，现在有很多大公司，例如阿里巴巴、华为、中国移动等都在推 PaaS 平台，您觉得这个细分赛道的创业者是否

会受到大平台挤压而跑不出来？

◉ **王求乐**：创业企业干 PaaS，难度肯定特别大。真正大的基础设施这一级的都是巨头的游戏，所需要投入的资源都是初创公司不能达到的，但是最后是不是中国移动、阿里巴巴等这几家，我觉得未必，没准可能还有其他巨头。

◉ **提　问**：在应用领域，您觉得物联网技术在哪个行业产生的效果会更大？

◉ **王求乐**：几乎无所不在，会成为各个行业的标配，因为各行各业都会慢慢变得更加智能化、自动化。其实零售业都已经在缓慢地被物联网化，现在你去好多商场它都有探针检测，能够通过检测到你的手机而为你推送信息，可能你并没有意识到。汽车和家居也在陆续上网，这些都是物联网。

◉ **提　问**：您一直很提倡数据智能，您觉得数据驱动和互联网的流量驱动有什么差别？

◉ **王求乐**：它们其实是演进的关系，数据驱动是在流量驱动的基础上更升华或聚焦。以阿里巴巴为例，早期的阿里巴巴是希望能先被大城市的人群使用，然后慢慢扩展至中等城市、农村等，这就是流量驱动。但到今天，阿里巴巴的用户已经足够多，增长流量已经很难，那么它的增长，新的业务的增长要从哪来？它要做用户的分析，同时也要做对供应商、对卖家的分析，做很多的算法匹配，这就是典型的数据驱动。

◉ **提　问**：听着很有意思，能不能介绍几个名川布局过的数据驱动项目？

◉ **王求乐**：我们投了一家公司叫诸葛找房，现在房产类的流量平台已经足够多了，如果我们重玩流量意思不大，市场也没有这么多的需求。但是百姓买房子时会多渠道去找而不是只在一个渠道上去找，诸葛找房可以全平台搜索，多地点、多维度比较，解决百姓更个性化的诉求。

此外，还投了一个小项目——小木屋图书，是YC中国跟我们合作的第一家。从图书阅读，到书单和读书笔记，到出版社的读书分享会以及帮出版社做宣传发行、再版，这里均有沉淀的数据，将来可以赋能出版业的各个环节。我们非常喜欢这种有数据沉淀、有分析能力的公司，物联网恰好是获取和沉淀数据非常好的工具。

◉ **提 问**：您刚才提到物联网基础设施的建设和未来的应用开发都会有发展，站在您的角度，您觉得在未来3～5年的投资里面是倾向于基础设施类还是应用类？

◉ **王求乐**：我觉得两个都会发生，未来几年行业的重心还是在基础设施上，现在属于从刚完成标准的制定到基础设施建设的过程中。应用层会有些早的探索者，到底谁能跑出来，判断难度还是很大。但其实我们投资人在这两端都会深挖，二者有时候并没有明显的界限。

◉ **提 问**：您怎么看客户机构主要是政府的这类物联网项目？我们现在观察到很多公司的收入中，都有不少来自政府的订单。

◉ **王求乐**：我主要是看需求,需求是不是自然的,是不是可持续的。就像买房子，人永远需要房子，看书，人永远需要学习。海康的很多客户是政府，华为的主要客户也是国企，二者都是好公司，所以客户是不是政府不重要，重要的是背后需求的驱动力，是自然而然的需求还是忽悠政府去做的？如果不是内在的自然需求产生的，这就很拧巴了。

◉ **提　问**：5G没有来之前或者说物联网还没有完全成形之前大家可能都处于一种盲人摸象的状态，您觉得这会带来什么样的创业机会？

◉ **王求乐**：目前物联网的协议非常多，包括ZigBee、Wi-Fi、Bluetooth、Infra-Red、LoRa以及3G、4G、5G或NB-IoT等。对物联网来讲，5G的到来主要是会造成成本的下降，尤其会倒过来进一步压缩上一代技术譬如4G的成本，能够实现很多今天由于成本原因而实现不了的物联场景。

◉ **提　问**：能不能畅想一下5G+物联网还有可能做出什么样的新应用？

◉ **王求乐**：在未来，汽车智联是一个很大的事，将来的汽车体验跟今天肯定是不一样的。在医疗上，无论远程医疗还是远程手术都能够有很大的改变，病人的住院时间可能缩短很多，做完核心手术有一定的痊愈后就可以回家恢复，之后医生通过智能设备监测他的病情就行。在工业领域，马斯克这个偏执狂，他在尽可能地将生产线做成智能柔性生产线，他说如果想从Model S的生产线切换到Model X的生产线时，只要"啪"地按一个键，就实现自动切换，这可能是最科幻的未来智能工厂。

◉ **提　问**：纵向来看，工业/制造业领域涌现了大批物联网创新，您怎么看待工业领域的IoT改造？

◉ **王求乐**：国外的工业进化经历两百年，是渐进地发生的，从最早的手工业到机械化，再到机电一体化，现在从机电一体化往更智能的方向走。而下一个工业 4.0 时代，我们就需要让每个器械完成数字化改造、让每个环节实现数字化改造，要把它们尽可能智能地联在一起协同作业，才能发挥它最大的效益，我觉得这类前景很大。

现在日本和德国还大多在用 2G 和 3G，还有 ZigBee 等，这些已经非常老，它的速率、效率各方面已经不那么理想，我们没有历史包袱，完全可能实现跳跃式发展，用最先进的技术、最先进的协议直接做。国内行业的落地会多层次体现出来，例如化工、能源等都属于高附加值行业或者特别需要精细化运营的行业，目前已经相当物联网化，但如纺织等行业可能暂时没有动机实现智能化，因为这里面的附加值没那么高。

◉ **提　问**：您觉得现在制约工业物联网发展的因素可能有哪些？

◉ **王求乐**：制约是指被卡脖子，目前还没到那一步，可能有几个方面需要改进。例如，我们国家将来主要是用 NB-IoT 还是在 LoRa 上改一改？ NB-IoT 是以 4G 还是 5G 为主？这是非常重要的课题。用户对物联网的理解和接受需要一个过程，需求才能一点一点地被看到。目前无论供给端还是需求端其实都还没有准备好，还需要不断地往前发展。

◉ **提　问**：在投资方面，您更看中什么样的团队？

◉ **王求乐**：我觉得大方向跟大家差不多，第一，要有远见，也就是 vision（视野），要看得稍远一点；第二，要有比较强的执行能力；第三，学习力也是比较重要的；最后一个是创始人一定要耐得住，我们管这叫 perseverance（毅力），指的是坚韧不拔。这里面一头一尾格外强调一下，我们希望在 vision（视野）里是有

passion（激情）的，创始人自己一定要相信这个事情，看到它、相信它、全力以赴对待它，坚持到底，伟大是熬出来的。

◉ **提　问**：如果说给物联网领域的创业者三点建议，您觉得他们应该要多注意哪几点？

◉ **王求乐**：我觉得可以借用朱升给朱元璋提出的"高筑墙，广积粮，缓称王"策略。高筑墙是要建立壁垒，要建立业务的技术壁垒；广积粮是要把业务基础打牢，一旦建立壁垒，就要把业务基础夯实，把客户基础搞好；缓称王是指不要追求虚无缥缈的目标，只要企业发展得当，市场自然会给予奖励。

9.5　丰厚资本：人工智能+物联网将"感官"延伸，应用将更加智能

丰厚资本成立于2012年年底，发行过5期基金，投了140多个项目，主要关注科技和消费领域的投资，其中多家公司已经成为行业龙头。本次访谈的吴智勇先生是丰厚资本的创始合伙人之一，吴智勇先生一直热衷于对科技领域的投资，具有十多年专业的投资和并购经验，曾参与多家中国公司在美国纳斯达克或纽约证券交易所的增发或IPO（首次公开募股）。丰厚资本团队早几年就在关注物联网赛道，沉淀了很多对这个行业的"冷"思考。

◉ **提　问**：您好像很早就在关注物联网领域，是什么样的变化让您察觉到了这个领域里有趋势红利？

● **吴智勇**：一方面我们很早就了解通信行业内关于 5G 的推广计划，判断这肯定会带来革命性的变化，我们认为 5G 对物联网会有很大的带动，从那时便开始研究物联网，但在当时并没有出现太多智能的东西。再到后来，人工智能的加速发展需要大量数据，而物联网恰好能提供大量的数据基础，如果架构在物联网之上，会变得更加智能，让 AI 像人的眼、耳、鼻、舌、皮肤感知一样，收集到比人感受得更强、更远、更细的数据。看到这些后，我们就觉得有很大的机会。

● **提　　问**：从产业链的角度看，您觉得感知层、网络层、PaaS 层，还是应用层的创新哪个更有机会？

● **吴智勇**：我们有半年的时间都在梳理这个事情，也在跟其他机构包括专业院所交流，从不同方向、层次画图谱研究后，发现行业整体还不成熟，5G 也没那么快。以我们基金的特性来讲，是投应用层多一些。因为应用是架构在底层之上的，应用没丰富的话，底层的持续性需求、出货量、收入都会起不来。我们看过很多传感器的项目，包括汽车、机器人和智能制造领域的，都觉得是这种情况。

● **提　　问**：应用层看的场景特别碎片化，投起来是不是难度特别大？

● **吴智勇**：我个人的观点是确实碎片化很明显。物联网包含设备太多，从井盖到摄像头、从磕头机到灯泡，每个点的需求都不一样，场景差别太大，而且目前很多厂家的平台接口和标准等也不太统一。所以在看碎片化的应用场景的时候，首先就要看痛点痛不痛，如果只是痒点的不投。痛点可能是人的、政府的或者某类民营企业的。其次看企业能不能通过自己的产品或者服务持续地满足客户的这一刚性需求。

我们看的项目很多，总结下来基本就两种：一种不做应用做底层，如采集、传输，以硬件为主做依托，大量出货；还有一种是方案解决商，从传感器的部署开始，先做数据的可视化，然后基于数据分析和优化，结合订单、产能、生产线做应用，再做设备诊断以及周期管理。这种整体解决方案，它需要把一个行业吃透，做几个大公司后找到规律，形成通用的模块，再做行业间的复制。

◉ **提　问：** 现在哪些行业最先开始需要数据可视化？目前只做监测的话客户埋单性强吗？

◉ **吴智勇：** 有的特殊场景可能只需要监测，像企业能耗的监控，还有比如政府，对监管、安防的需求就很大。如果从管理需求的角度来讲，中国最大的管理者就是政府，所以政府出于监管诉求最先采购监测类 IoT 平台的概率最大，产生的效果最有力，因为管理的事务够多，综合价值大。

◉ **提　问：** 如果订单太依赖政府，未来的持续性是不是就有问题？

◉ **吴智勇：** 这一点我不太赞同。关键还是看需求是痒点还是痛点，只要满足客户痛点需求，客户能持续付费，政府也是很好的埋单客户。我觉得 2G（政府）的模式反而会快速成功。物联网领域最先起量的可能就是政府需求，如建设智慧城市，而且政府的付费能力高。政府是最大的管理部门，它们的需求大而且要求技术先进，并且发达地区政府的付费能力强，政绩上对它们也有要求。

◉ **提　问：** 很多观点说 5G 和物联网对工业的未来改变最大，您怎么看？

◉ **吴智勇：** 工业物联网领域我们投了寄云科技，现在应该算是行业内比较知名的项目，但收入的增长并没有指数级那么快，2B生意本身慢、物联网也慢，两个叠加，就需要更多的时间和耐心。这个行业现在是早中期阶段，大家都在慢慢试，很多就是项目导向的，需要很多定制化工作，还不能完全产品化。

另外，5G本身的进展也没有想象中的快。目前，在5G标准中，在高带宽方面的标准相对成熟了，可以推广，但是在低时延和大连接方面的国际标准都还没有完全成熟和统一，这也需要时间和过程。

◉ 提　问：未来工业IoT平台从监测切入拿到数据，一段时间后，平台基于收集的数据加入控制模块，来提升工厂的管理效能，您觉得这是行业的发展趋势吗？

◉ 吴智勇：关键生产环节完全交给服务平台控制，这个太难了。这里有两个问题：第一，如果生产线上的某点出现问题，整条生产线都会瘫痪；第二，很多设备如果不做旁路监控，而占用被检测设备的资源，如流量、内存、算力等，也可能会导致设备运行出问题。关键部位还是需要人，哪里出了问题，人过去处理一下就可以了。可能在不关键的位置还是可以的，这个需要大规模的验证后才能行。

◉ 提　问：5G时代到来后您觉得哪些新的东西会出来？

◉ 吴智勇：我随便猜想一下某些可能的变化场景。例如，高流量会给视频应用带来很大变化，靠视频会议系统收费的应用会受冲击。我觉得VR、AR的使用也会有很大变化，5G的时候用户体验会有革命性提升。总体来说，5G的最终结果是什么，现在真说不准，也许你以为的，最后都不是，但肯定最后会是个大惊喜。

◉ 提　问：我们也看了很多用不同的方法做安全的，有做传感器从采集端做安全的，有做管道的，有做网关的，还有做服务器的。您感觉物联网安全应该怎么做？

◉ **吴智勇**：2017年我们开始看物联网领域的时候，感觉这行业这么大，从哪下手比较好呢？物联网痛点在哪儿？想了好几个月，我们当时觉得与安全有关的是最有机会的，所以我们从公共安全到物联网安全都有看。

物联网时代传感器的终端实在太多了，而且平台标准很可能都不一样，这些联网设备对安全防护的要求是巨大的。以后可能要加强身份的认证，什么样的人有什么样的权限去访问什么样的设备和数据，这是要控制好的，而不是在服务器层整体加一个防护软件，这是不行的。例如，摄像头有安全身份识别验证才能访问，或者直接在摄像头芯片上嵌入安全模块等。

◉ **提　问**：现在阻碍物联网发展的最大因素是什么？是基础设施不完善吗？

◉ **吴智勇**：5G还没有真正到来，到来后铺开也要时间，用户养成使用习惯也需要一个过程，物联网也不完全是2B的，也有很多2C的。基础设施还不够完善，现在只是做设备的连接，只有设备多了才能有数据，之后才能做增值服务，目前物物互联的程度还很低。

而且，行业标准也没统一。小米做小米的生态，华为有华为的生态，它们各自为政，外边的设备连不进去。涂鸦是在各个生态缝隙里边做生态，它努力适配其他所有，凡是不是其他大生态里边的都可以来我这个生态里边，再通过我连接别人。

◉ **提　问**：早期投资人对人的判断很重要，您觉得在物联网领域什么样的创业者更容易成功？

- **吴智勇：** 创始人有很多因素我们要去考察，包括有没有领导力、讲不讲诚信、人脉资源等。但从投过的项目里边我发现，2B 的创始人要成功，行业积累的重要性是要排在第一位的。技术大牛如果行业积累不够深，即使产品做得好，但很可能敲不开门卖得不行；纯销售出身的创始人即使他行业人脉足，但如果产品团队不给力，也是很难持续的。

  我们更喜欢在细分领域干了很多年，有足够行业积累并且很懂产品、擅长跟人打交道的人，他能知道行业痛点在哪儿，知道客户在哪儿，而且通过自己的资源能联系到客户，这是 2B 的共性，跨行业去打单太难了。

- **提　问：** 物联网领域的项目怎么估值比较合理？国外企业服务项目的估值是高毛利业务扣除成本的 10 倍 PS，您怎么看待这个问题？

- **吴智勇：** 早期的项目估值都是凭经验定，找标的物、根据行情以及对后期估值的预期来定。项目越往后走越看财务数据，后期估值一般采用比较法，比较同一领域上市公司的估值而定。

- **提　问：** 能不能给我们这个领域的创业者提点儿建议？

- **吴智勇：** 首先，切入点可以是小的、巨头没有注意到的点，先把小赛道做好再横向拓展。其次，要关注是不是痛点，仔细甄别，切中痛点才能存活。最后，保证创业企业的现金流，有些创业者心态对于估值还是虚高，在现在这种行情下，创始人要管控好现金流和估值，不要因为估值而融不到钱倒下。

生态重塑

5G 生态系统的建设是一场内外交替的迭代之旅。与传统的竞争优势理论中对竞争对手压倒性的"零和游戏"不同，5G 生态优势强调"合作共赢"，而且在这一轮技术更迭中，很有可能见证新巨头的诞生。

10

第 10 章

智能革命的未来

- 6G 终将到来
- 创新不会穷尽
- 奇点的到来悄无声息

各种智能化技术正在改变我们的经济与社会，进步和发展是人类社会永恒的主题。我们一直都有一个最古老的梦想，有一天人们不需要工作，也不需要做任何事情，就能实现所有的物质梦想，而且可以自由追求我们的兴趣、爱好或者激情。现在我们离这个梦想的实现越来越近了。

趋势一：人工智能从感知智能向认知智能演进

人工智能已经在"听、说、看"等感知智能领域达到或超越了人类水准，但在需要外部知识、逻辑推理或者领域迁移的认知智能领域还处于初级阶段。认知智能将从认知心理学、脑科学及人类社会历史中汲取灵感，并结合跨领域知识图谱、因果推理、持续学习等技术，建立稳定获取和表达知识的有效机制，让知识能够被机器理解和运用，实现从感知智能到认知智能的关键突破。

趋势二：工业互联网的超融合

5G、IoT 设备、云计算、边缘计算的迅速发展将推动工业互联网的超融合，实现工控系统、通信系统和信息化系统的智能化融合。制造企业将实现设备自动化、搬送自动化和排产自动化，进而实现柔性制造，同时工厂上下游制造生产线能实时调整和协同。这将大幅提升工厂的生产效率和企业的盈利能力。对产值数十万亿元乃至数百万亿元的工业产业而言，提高 5%～10% 的效率，就会产生数万亿元的价值。

趋势三：机器间大规模协作成为可能

传统单体智能无法满足大规模智能设备的实时感知、决策。物联网协同感知技术、5G 通信技术的发展将实现多个智能体之间的协同——机器彼此合作、相互竞争共同完成目标任务。多智能体协同带来的群体智能将进一步放大智能系统的价值：大规模智能交通灯调度将实现动态实时调整，仓储机器人协作完成货物分拣的高效协作，无人驾驶车可以感知全局路况，群体无人机协同将高效打通最后一公里配送。

有时生活中最大的不幸，莫过于得到了自己想要得到的东西。我们所处的这个时代是不同的。面对未来科技发展趋势，我们是否做好了应对的准备？

10.1　6G 终将到来

你可能会疑惑：6G 离我们如此遥远，现在就开始布局有必要吗？有必要。站在历史的角度，5G 的发展并不是等到 4G 技术出现局限性时才开始的，而是早在好几年前就已经开始了，但真正成熟的技术却是在 10～15 年之后，直到 2019 年年初我们才敢说 5G 技术准备开始商用。5G 时代的毫米波尚且如此，更不用说 6G 时代的太赫兹频段了。

2019 年 11 月 6 日，中国科学技术部在官网上发文称，为促进我国移动通信产业发展和科技创新，推动第六代移动通信技术（6G）研发工作。2020 年 11 月初，全球首颗 6G 试验卫星"电子科技大学号"（星时代—12/天雁 05）搭载长征六号遥三运载火箭在太原卫星发射中心成功升空，宣示了国内的 6G 研究已经取得了突破性进展。

如果说 4G 的目的是实现人与人之间的高速通信连接，传输速率可以达到 100Mbps；5G 是实现物与物之间的高速连接，传输速率 1Gbps，低通信时延 1ms，支持海量机器通信。那么，6G 的愿景则是让人类社会进入泛在的智能化信息社会，它将实现更高的传输速度，是 5G 的 10～100 倍；更低的通信时延；更广的通信覆盖，覆盖空、天、海、地；更快的运动速度。

为了实现目标，6G 的挑战自然是巨大的，面临提升网络容量、频谱效率、系统覆盖等一系列问题。比如在新空口上，6G 需要支持多种通信标准的无线传输接入，实现全球无线覆盖，要向更高频段扩展，以获取更大传输带宽，如毫米波、太赫兹、可见光等，以支持 10～100 Gbps 用户接入速度，采用超大规模天线阵列、更高阶的调制解调技术等。

工业互联网将产生大量业务敏感和个人数据，互联网公司已经证明私人信息的使用是多么有利可图，从现实世界中收集的私人信息可能非常敏感，并以多种方式用于侵犯人们的利益。我们相信，要使 6G 为社会所接受，对私人信息的保护将是发挥其全部潜力的关键推动力。

公平的市场要求有可能保护业务敏感数据。用户最终应该能够通过简单直观的用户界面来控制和管理其私人数据。对个人数据的所有权和控制权应交给相关个人或实体。

由 6G 设备和公共与私有网络中的元素生成的某些数据对许多社会功能具有价值，并且可能对收集数据的公司以外的其他私有公司有价值。6G 数据市场提供了自然而然的新业务案例。需要为这个市场制定明确的规则，以便包括普通消费者在内的所有类型的参与者都可以进入该市场。

在 6G 中，将完善和扩展 5G 范式。一种可能性是虚拟化关键设备之间通过移动网络到分组数据网络以及到云的端到端连接。在 6G 范式下，网络寻求通过多种技术手段（如智能流量管理、边缘计算、用户主动或针对每个交易或通过流量编排设置的策略）最大化用户福利或体验质量。例如，后者可以使用由用户或运营商为一组订户使用的策略，每个订户在该组中均被平等对待。在某种意义上说，网络是中立的，它平等地对待一个片中的所有应用程序，并且平等对待具有相同订阅类型的所有用户。

6G 还将持续推动各种新服务。在 5G 蜂窝系统之前，蜂窝开发的重点一直放在通信方面，而其他服务（如定位）的优先级却很低：它们已经很晚才引入系统设计中。这并未导致最佳性能或系统功能的充分利用。未来的服务（如混合现实）将很难生产，并且需要大量组件使能器（如定位、3D 映射、数字内容与物理模型的融合以及低延迟的超高速通信），以至于设计必要的促成因素不仅是可取的，而且对于实现良好的混合现实性能至关重要。密集的无线网络在边缘具有高频天线阵列和强大的计算能力，可为此类集成服务提供自然支持。挑战在于如何以节能的方式实现这些目标。

在深度学习方面的最新突破、可用数据的增加以及智能设备的兴起推动下，人工智能正在见证无线领域的空前发展。迫在眉睫的 AI 用例（特别是用于强化学习）围绕着创建可以自主管理资源和控制功能的自学网络和系统。此外，随着新一代自治设备的出现，它们在本地环境中进行传感、通信和操作。在实践中，将大量本地数据传输到集中式云以进行训练和推理。这需要新的神经网络体系结构及其相关的无线链路通信效率训练算法，同时在网络边缘进行实时可靠的推断。这样的架构还带来了新的挑战：对训练数据的访问受限，推理准确性低，缺乏通用性，以及边缘设备的处理能力和内存受到限制。

边缘计算为在基础架构方面运行计算密集型、低延迟的用户应用程序提供了新的可能性。此类计算的第一个示例是针对移动虚拟现实体验的偏向渲染。第二个例子是物理世界和数字世界的融合（将虚拟内容与 3D 点云匹配）以实现混合现实应用。第三种有趣的可能性是本地即时信息服务：边缘云可以快速发现人员、服务、设备、资源以及用户附近无法通过集中式搜索引擎收集的任何动态且高度本地化的信息。这样的边缘信息服务平台可以用于创建服务、事物和信息的本地和动态市场。边缘计算的极端情况是瘦用户客户端，本质上是一种轻巧的低能耗设备，能够与人类的感知或神经系统进行交互，而所有用户特定的计算都在边缘云中进行。

与当前的网络不同，未来的通信系统将遍及多个垂直行业，从而实现大量需要定位的服务，如资产跟踪、上下文感知营销、运输和物流系统、增强现实和医疗保健。实际上，依赖 GPS 卫星和小区多重定位的传统定位方法在城市和室内部署场景中是有限的，甚至是不切实际的。极高的载波频率、大带宽、庞大的天线阵列、致密化和设备到设备的通信是即将到来的技术，这些技术因其通信优势而广受赞誉，而其固有的本地化潜力通常被忽略。例如，虽然 3D 波束成形可在总体上提高频谱利用率和信号质量，但它还可以为 IoT 应用程序进行精确定位。

基于 RF 的传感是未来网络的高载波频率所带来的另一种定位机会。例如，3D THz 成像可通过准确的位置确定和物体检测来提高交通安全性。基于光学或无线电技术的 3D 映射将是未来混合现实系统中的关键组成部分，并且将成为未来边缘服务的自然组成部分。5G 及以后的系统通过大规模天线阵列支持大带宽（数百兆赫兹），也将提供进行高精度 RF 定位和跟踪的潜力。但是，此类技术的完整应用仍然受到发射机与接收机之间足够的隔离的困扰：下一代接入点很可能能够通信，同时解决来自不同目标的反射。太赫兹频率的频谱环境传感是另一个有趣的新机会。它允许诸如检测和识别环境中的有害或有毒气体等方面的操作。

上面讨论的启动器将处理和存储有关用户的个人和非常敏感的信息。例如，假设你的银行或身份验证应用程序在网络边缘而不是个人移动设备上运行。令人难以置信的是，任何人都同意在网络中运行此类应用程序而没有一定程度上关注信任、隐私和信息安全性。这是与通信系统安全性略有不同的目标。服务启用者对隐私数据和安全性的要求更高，因为它们在不保护 E2E 加密（如

VPN）的情况下处理个人数据（如果用户应用程序在边缘运行，则很明显）。边缘服务问题使人联想到云服务，但由于边缘中的用户应用程序和上下文需要跟随用户，因此增加了移动性挑战。

从手抱功能机打电话、发短信到拿着智能手机玩游戏、看视频，这在 20 年前也是很多人所想象不到的事情，不过经历过通信技术的迭代之后，我们就没有理由不去相信 "4G 改变生活、5G 改变社会、6G 创新世界" 的观点。虽然科技美好，同样也需要我们脚踏实地，毕竟 5G 商用才刚刚起步。对于我们而言，5G 国际标准还未完全完成，布网工作甚至还尚待更多时日完成。如今 6G 才刚刚进入起步阶段，研究也才刚刚开始，甚至清晰的定义和关键的技术还在摸索中，所以美好的想象也还需要时间的论证。

10.2 创新不会穷尽

早在 10 年前，爱立信、IBM、思科、Gartner 等公司就纷纷给出乐观估计，他们普遍预测：到 2020 年，全球将有 500 亿台联网设备，共同创造一个巨大的物联网市场。然而事实呢？当时间真的来到 2020 年，我们能够实现的也只有这个目标的 20%。

对于任何一位出色的科学家来说，数据都是任何假设的最终决定因素。我们都曾经对未来充满憧憬，然而其间到底发生了什么？为什么我们没有达到这个预期目标呢？

戈登写道："由一系列不连续的创造和发明构成的创新进程，会带来技术领域的极大发展和提升，这种发展和提升最终会开拓、挖掘出原始创造和发明的所有潜力。这是一种非常有用的想法。" 这种观点看起来非常明智。像蒸汽机或者计算机这类的发明创造出现之后，我们会不断地从中获取经济收益。这些收益在技术还不成熟、还没得到广泛使用时仅仅是涓涓细流，但当通用目的技术提升、扩散开来之后，收益就会变成滔滔洪流，然后随着技术提升，尤其是技术扩散的逐渐消亡，收益又回归到涓涓细流。

当多种通用目的技术同时或者稳定地连续出现时，我们就可以在很长一段时间里维持较高的增长率。但如果在主要的创新之间有大的断裂带出现，那么经济增长将逐渐放缓。我们把这种创新称为果实类创新，以纪念泰勒·考恩所设想的所有挂得比较低的果实被采摘的情况。这种观点的实质是，我们提到的创新就像是生长的果实，而开发、拓展一种创新就像是一直吃掉采摘的果实。

另一种思想观点认为，创新所做的真正工作并不是发明什么大的和新鲜的事物，而是把已经存在的事物重组起来。而且我们对实现创造和发明的相关领域的知识和能力的主要进展了解得越深入，这种重组的观点就显得越有意义。下面这一位诺贝尔化学奖得主的创新，就很好地诠释了这一点。

凯利·穆利斯（Kary Mullis）因发现聚合酶链式反应（PCR）技术而荣获了1993年的诺贝尔化学奖，这是一项现在普遍应用的扩增DNA技术。这个想法在他的脑海里出现，是一天晚上他在加利福尼亚州开车的时候。虽然他当时完全没在意。当发表获奖感言时，他说："有点儿莫名其妙，我觉得，这一定是一场幻觉……简直是太简单的事情了……我并没有独自且默默无闻地去思考和研究这个课题，我所做的每一步，都已经有人做过了。"穆利斯做的"所有"工作就是重组在生物化学领域众所周知的技术，然后生成一种新的技术。当然很显然的是，穆利斯的重组具有非常大的价值和意义。

思考了很多发明创造、创新、技术发展案例之后，复杂性科学的研究专家布莱恩·阿瑟（Brian Arthur）确信，类似发现聚合酶链式反应技术这类的发明创造故事是普遍而非极端的案例。正如他在《技术的本质》一书中总结的："创造某个东西，就是去之前存在这个东西的地方发现它。"经济学家保罗·罗默（Paul Romer）强烈地支持这种观点，即经济学里所谓的新经济增长理论。之所以叫这个名字，是为了能与戈登的理论观点有所区别。罗默固有的乐观主义理论强调了重组式创新的重要性。

他写道："只要人们能把资源调动起来，并且按一定的方式重新配置，使得这些资源价值更大，那么经济增长就会发生……每代人都会察觉到增长的极限：如果没有新的……发展思想和理念，有限的资源、不合时宜的负面效应都会纷至沓来，给经济的发展施加魔咒。每一代人都会低估发现新的……发展思想和理念的潜力。我们始终都无法掌握，究竟有多少发展的思想和理念还没有被发现，但发展的可能性不仅仅遵从加法法则，还可能遵从乘法法则。"

罗默把这一切归结为一种重要的思想和理念，即"元思想"。可能在所有思想中，最重要的就是"元思想"——那种支持其他思想产生以及传播的思想……这里有两个非常可信的预测。第一，在21世纪引领发展潮流的国家将会是能够实施创新，并且这种创新能有效地支持私有部门新思想产生的国家。第二，上面提到的新的"元思想"将会被发现。

任何一种传统事物，都有可能在最新技术的赋能下，找到新的模式，发挥新的效用。新的机会，不一定意味着我们非得颠覆传统、大拆大建，创造出新东西来。引入一些新的元素，对旧的东西进行重组和优化，新机会可能就出现了。其实并没有所谓的"命运"，只有我们为自己所创造的"未来"。

10.3 奇点的到来悄无声息

"技术奇点"这个词是1983年由科幻小说家库兹韦尔创造的，他预测："我们很快就能创造比我们自己更高的智慧……当这一切发生的时候，人类的历史将到达某个奇点，这种智力的转变，就如同黑洞中心错综复杂的时空一样令人费解，而这样的世界将远远超出我们的理解能力。"

库兹韦尔在《奇点临近》一书中提出加速循环规则，简而言之，就是技术的力量会以指数级的速度迅速发展并扩充。笔者认为到达这一奇点的进程要受到摩尔定律的驱动。它的成倍累积效应将最终创造出计算处理能力和存储容量比人类大脑还要强大的计算机。

一旦这一切发生，事情就变得极其不可预测了。机器就会具有自我意识，人类和计算机毫无缝隙地合并在一起，或者其他根本性的转变也会出现。库兹韦尔对指数级能量提升的解释超过了任何人，《奇点临近》中预言，按照现在的进展速度，这些转变将发生在大约 2045 年。

最近有很多关于机器智能的思考，当机器具备了"真正的"思维之后会发生什么？人们很容易会低估未来可能发生的事情。让我们来想象一下，当我们的穴居祖先们仰望着鸟儿在空中翱翔的时候，他们无法想象，在几千年之后，每天会有数以百万计的人类，坐在飞机上穿梭于世界各地；当我们的祖先仰望着天上的星星和行星时，做梦都不敢想象，我们有朝一日会在月球上行走。曾几何时，人类的平均寿命甚至还无法超过 30 岁。

经济学家罗宾·汉森（Robin Hanson）提醒我们：虽然如此的快速增长似乎显得荒谬，想一下在那个狩猎和采集的时代，经济翻倍了 9 次；在耕作的时代，则翻倍了 7 次；而在当前的工业时代，迄今已经翻倍了 10 次。假如由于某些未知因素，导致在这三个时期中发生的翻倍次数竟如此相仿，那么我们似乎已经在接下来的转变中滞后了。

如今，军用机器人出现在战场上，无人飞机布满天空，无人驾驶汽车开始上路行驶，"远程监控机器人"令人们能将他们自己的身影从其实际位置几乎呈现到世界的另一边。机器人技术帮助政府、企业和普通人收集、理解并处理现实世界中的巨量数据，这无疑将改善人类的生活。但它们也有可能造成与我们的设想相反的结果。

在《第二次机器革命》一书中，两位经济学家作者认为，相较于人的劳动，机器人技术越来越高效，在完成常规手工工作和简单脑力任务方面都提供了显著的投资回报。人类工人的整体表现并不会随着时间的推移而改变很多，但不像人类工人的是，机器人雇工会不断变得更有效率。伴随机器人能力的每一次进步，雇用人类越来越欠缺正当理由，甚至在需要专门技能或知识的工作岗位上也是如此。阻止机器人长驱直入劳动力市场的根本性障碍并不存在：在计算技术和机器人技术呈现指数级进步的时代，几乎所有工作岗位，不论蓝领岗位还是白领岗位，都将面临风险。结果可能是更高的失业率，这反过来可能会助推经济不平等上升，因为从新技术创造的财富中获益的人群会越来越少。

我们几乎不大可能濒临《黑客帝国》《终结者》这类好莱坞电影天马行空般描绘的那种噩梦般的未来。不过，人与机器可能将牵涉难以掌控的权衡，在未来只有2%的人将控制未来，成为他们或被淘汰，在这样一个问题上很容易引发集体性的身份危机。

涉及任何技术革新时都会出现这样的熟悉警告。但目前正在发生的事情与机器人技术的上一次重大进步之间存在关键性的区别。那是20世纪晚期，制造业中的自动装置开始出现在工厂车间。当时，工业机器人与人类之间存在清晰的边界：防护围栏隔开了机器人工作区域，确保人与机器之间的最少接触，而且在不进行互动的情形下，人类与机器人履行完全不同的职责。

这样一种屏障已经被打破，不仅在工作场所，而且在更广泛的社会领域：机器人现在与人共用之前只有人类才能出现的公共场所，人类在社交方面将越来越多地与一个机器人构成的多样化生态系统打交道。人与机器越来越多地融为一体。对于未来的所有事情，最明智的做法就是"永远也不要说绝不会"，因为我们仍旧有很长的一段路要走。

跋

在写作本书的过程中，我有很多意想不到的收获，很明确的一种感触浮现在脑海：未来已经来临，只不过分布不均。趋势总是扑朔迷离，本书尽力做到通过既有事实，做出科学合理的预测。其实如果我们能够控制未来，就不必去预测它。小心翼翼地谨慎尝试，是在实践中检验趋势预测的最优策略。

因此，本书尽力收集和呈现了针对各种技术趋势，已经尝试践行的现有案例和企业，作为共性，它们的测试并非起步于冲动的"全部"或"全无"，而是"少量"的"小步"迭代。

为了学习和写作，我阅读和追溯了很多智联网原创性思维诞生的过程，技术趋势仅仅涉及了表象，更深层次的感悟是我看到了有一些人，他们是如何从大的问题入手，解决市场痛点，从而形成原创想法，并化身为技术和产品。因此在追踪趋势发展的历程中，我的态度变得越来越虔诚和感恩。

本书并不是仅靠我的个人力量完成的，而是得到了很多好友的大力相助。首先由衷感谢史扬、吴才龙、宋华振、郑宇铭、熊志敏、曹寅，你们帮我剔除了大量的市场噪声和盲目跟风，让传递真实价值的"趋势之音"变得越来越纯粹，让我仿佛听到了你们心中通过亲身实践谱成的"乐章"。

诚挚感谢赵云、张波、乔栋、张毅和李昊，你们坦诚、达观、耐心而且充满智慧，没有比你们更好的战友了，有缘在一起工作，让我觉得格外幸运。

还要感谢北京颉腾文化传媒有限公司创始人、原机械工业出版社副社长周中华，不辞辛劳地支持本书的出版，是你让这本书变得越来越好。

一并感谢物联网智库的小伙伴们，徐小威，特别感谢你的协助，这本书才得以成形，你那些坦率的建议让我非常受用。王苏静和吴艺，谢谢你们才华横溢的想象力和积极乐观的感染力。刘敏和邓明华，谢谢你们在文字和呈现方面对我的帮助。

最后，还要感谢我的家人，你们的宽容、关爱和间歇式捣蛋，永远激励我一路向前。

当下，我们面临的情形与上辈人的场景已有本质不同，这次是多个科技浪潮同时冲来，多种技术形成相互作用力叠加发展，如果仍旧以孤立的眼光看待和判断某种技术的演进，必将受到眼界和格局的困囿，从而错失时代机遇。

针对本书提出的几种未来趋势，在实践的过程中，它们彼此之间的关系并非"单选题"，而是"多选题"，"兼顾多者，而非其一"，多目标追踪的思维模式必不可少。当然，并非每种趋势对你的分量都相同，如何做好权衡是重要课题。结束即是开始，这次变革前人的经验无法参考，将是对于你我能力的一次彻底挑战。

彭昭
2021 年 2 月

参考文献

[1] 陈美华,辛磊.李嘉诚全传[M].中国戏剧出版社,2005.

[2] 雷·库兹韦尔.奇点临近[M].李庆诚,董振华,田源,译.机械工业出版社,2011.

[3] 彭昭.智联网·新思维:"智能+"时代的思维大爆发[M].电子工业出版社,2019.

[4] 阿里研究院.安筱鹏|数字基建:通向数字孪生世界的"铁公基"[EB/OL].(2020-04-08).https://www.sohu.com/a/386400112_384789.

[5] 刘珺.新经济视角下,金融如何为制造业变革赋能[EB/OL].(2019-08-25). https://mp.weixin.qq.com/s/S4Ey79m7NF36TJ0LcsiI8g.

[6] 阮一峰.开源许可证教程[EB/OL].(2017-10-11).https://www.ruanyifeng.com/blog/2017/10/open-source-license-tutorial.html.

[7] 林诚夏,Ted Liu,庄表伟.专家解读:开源软件项目是否会被限制出口?[EB/OL]. (2019-05-20).https://mp.weixin.qq.com/s/_wmBHskWi5CCTjDWu6fMAg.

[8] 埃里克·史蒂文·雷蒙德.大教堂与集市[M].卫剑钒,译.机械工业出版社,2014.

[9] 林师授.专访Linux基金会执行董事Jim Zemlin:开源从曲高和寡到妇孺皆知[EB/OL]. (2017-06-09).http://mdsa.51cto.com/art/201706/541993.htm.

[10] 格林·穆迪.天才莱纳斯:Linux传奇[M].朱正茂,译.机械工业出版社,2002.

[11] Stephen Cass. Linux at 25: Q&A With Linus Torvalds [EB/OL].(2016-03-29). https://spectrum.ieee.org/computing/software/linux-at-25-qa-with-linus-torvalds.

[12] June 2019 Web Server Survey[EB/OL].(2019-06-17).https://news.netcraft.com/archives/2019/06/17/june-2019-web-server-survey.html.

[13] 开源社.2018 中国开源年度报告：问卷篇 [EB/OL].(2018-10-24).https://mp.weixin.qq.com/s/BezUAa7eKjqWNn4qMoDq4A.

[14] 张乎兴.从开源小白到 Apache Member，我的成长之路 [EB/OL].（2019-06-03）https://developer.aliyun.com/article/704398.

[15] 腾讯科技.开源独角兽 Confluent D 轮融资 1.25 亿美元 [EB/OL].(2019-01-24).https://tech.qq.com/a/20190124/009224.htm.

[16] 魏永明.开源软件及国内发展现状 [EB/OL].(2012-09-25).https://www.oschina.net/news/33260/china-opensource-status.

[17] 木环.Linus Torvalds：Linux 之旅既有趣又幸运，我不敢奢望精通内核的全部 [EB/OL].(2017 -07-05).https://www.infoq.cn/article/2017/07/Linus-Torvalds-no-Linux.

[18] Jim Zemlin：中国是开源最重要的市场 [EB/OL].(2018-07-03).https://blog.csdn.net/sunhf_csdn/article/details/80899921.

[19] 微月人话.开源的 7 大理念 [EB/OL]. (2019-08-12).https://mp.weixin.qq.com/s/15k-CZNCG1psxyWv0WfOHAw.

[20] 李美云.服务业的产业融合与发展 [M].经济科学出版社,2007.

[21] 赵刚,汤世国,程建润.大变局：经济危机与新技术革命 [M].电子工业出版社,2010.

[22] 里德·霍夫曼，叶嘉新.闪电式扩张 [M].路蒙佳，译.中信出版社，2019.

[23] 华为技术有限公司.释放 Wi-Fi 的潜能，2019~2023 企业级 Wi-Fi 6 产业发展与展望白皮书 [EB/OL].(2020-03-30).https://e.huawei.com/cn/material/networking/wlan/36a627ad6bfd40f2968f87899551cdf8.

[24] 郑秀丽，蒋胜，王闯.NewIP：开拓未来数据网络的新连接和新能力.电信科学 [J], 2019, 35(9): 2-11

[25] 杰奥夫雷·帕克、马歇尔·埃尔斯泰恩、桑基特·邱达利. 平台革命：改变世界的商业模式 [M]. 志鹏，译. 机械工业出版社, 2017.

[26] 通用电气公司（GE）. 工业互联网：打破智慧与机器的边界 [M]. 机械工业出版社, 2015.

[27] 埃里克·布莱恩约弗森, 安德鲁·麦卡菲. 第二次机器革命 [M]. 中信出版社, 2016.